# Wie halten Sie Ihre Gabel?

# Gundolf R. Wende

# Wie halten Sie Ihre Gabel?

## Von mentaler Programmierung zu innerer Freiheit

 Springer

Gundolf R. Wende
Ofterdingen, Deutschland

ISBN 978-3-658-40044-6          ISBN 978-3-658-40045-3 (eBook)
https://doi.org/10.1007/978-3-658-40045-3

Die Deutsche Nationalbibliothek verzeichnet diese Publikation in der Deutschen Nationalbibliografie; detaillierte bibliografische Daten sind im Internet über http://dnb.d-nb.de abrufbar.

Springer

Einbandabbildung: designed by deblik, Berlin © istockphoto

Springer ist ein Imprint der eingetragenen Gesellschaft Springer Fachmedien Wiesbaden GmbH und ist ein Teil von Springer Nature.
Die Anschrift der Gesellschaft ist: Abraham-Lincoln-Str. 46, 65189 Wiesbaden, Germany

# Vorwort

## Halte ich meine Gabel etwa falsch?

Wenn es Ihnen so geht wie fast allen Menschen in unserer Kultur, dann denken Sie nie darüber nach, wie Sie Ihre Gabel halten. Wozu auch? Nehmen wir einmal an, Sie sitzen mit Kolleginnen und Kollegen in der Kantine eines Unternehmens am Mittagstisch. Sie essen Kabeljaufilet mit Broccoli und benutzen dazu eine Gabel. Aber Ihre Aufmerksamkeit ist nicht etwa bei der Gabel. Sie ist nicht einmal beim Essen. Sondern sie ist bei dem Tischgespräch, an dem Sie gerade aktiv teilnehmen oder dem Sie zumindest kauend zuhören. Sie konzentrieren sich ganz auf das Gespräch und beachten weder das Essen noch das Besteck. Fisch und Gemüse finden wie von selbst in Ihren Mund. Wenn ich jetzt mit an Ihrem Tisch sitze und Sie frage, wie Sie Ihre Gabel halten, werden Sie wahrscheinlich stutzen. Sie unterbrechen den Essvorgang. Meine Frage bringt Sie aus dem Konzept! Nachdem Sie mich zwei, drei Sekunden lang verwundert angesehen haben, fragen Sie vielleicht: „Halte ich meine Gabel etwa falsch?"

Dies ist kein Benimmbuch und ich bin kein Knigge-Coach. Als Biologe, Betriebswirt, Hypnotherapeut, Life-Coach und Experte für mentale und emotionale Gesundheit im Berufsleben interessiert mich überhaupt nicht, ob Ihre Gabelhaltung nach Einschätzung sich als kultiviert empfindender Zeitgenossen „richtig" oder „falsch" ist. Für mich ist viel spannender, weshalb und seit wann Sie Ihre Gabel so halten, wie Sie sie halten. Oder warum Sie höchstwahrscheinlich noch nie über Ihre Gabelhaltung nachgedacht haben. Auch ohne Biologiestudium wissen Sie, dass die Benutzung einer Gabel dem Menschen nicht angeboren ist. Anders als der angeborene Saugreflex eines Babys ist unser Umgang mit Besteck vollständig antrainiert. Die Gabel kommt hauptsächlich in der westlichen Welt zum Einsatz und ihre technische Beherrschung nützt einem in Asien schon wieder nichts, weil da Stäbchen auf dem Tisch liegen. Aber wie kommt es zu einer individuell jeweils etwas verschiedenen Gabelhaltung? Warum denken wir über die Haltung des Bestecks normalerweise nicht mehr nach, nachdem wir sie einmal erlernt haben? Und verändern sie auch nicht mehr?

### Wie wir unbewusst mental programmiert werden

Sobald ein kleines Kind nicht länger gefüttert werden muss, sitzt es mit den Eltern und Geschwistern am Tisch und versucht, durch Nachahmung so zu essen wie die Erwachsenen und älteren Kinder. Nachdem sich das Kind eine Zeit lang mit dem Besteck abgemüht hat, sagt der Vater vielleicht irgendwann: „Wie hältst du denn deine Gabel? Guck mal zu mir, so macht man das!" Oder die Mutter wendet sich dem Kind zu und sagt: „Ich zeig' dir mal, wie man die Gabel hält. So nimmst du sie in die Hand zum Schaufeln. Und so, um etwas aufzuspießen. Die Erbsen schiebst du mit dem Messer auf die Gabel. Die Möhrchen spießt du am besten auf und führst sie dann so zum Mund." Klar gibt es auch ungeduldig raunzende Mütter und sehr einfühlsam erklärende Väter. Doch egal, ob Sie Ihre Gabelhaltung auf rustikale oder liebevolle Art gelernt haben: Sie ist eine erworbene Fähigkeit.

Konrad Lorenz, der Zoologe und Pionier der Verhaltensbiologe, hat diesen Vorgang bei Tieren „Prägung" genannt. Die Prägung steht im Gegensatz zu angeborenen und genetisch weitergegebenen Fähigkeiten. Ich spreche in diesem Buch in Bezug auf den Menschen lieber von „mentaler Programmierung" als von Prägung. Prägungen bei Tieren lassen sich später praktisch nicht wieder rückgängig machen. Wir Menschen dagegen können uns nahezu uneingeschränkt neu programmieren! Da sind wir wie ein Computer, bei dem ich die Software immer wieder mit Updates überschreiben und somit aktuell halten kann. Bei den Computern halten wir das Aktualisieren für selbstverständlich. Wir machen es regelmäßig, wenn auch manchmal widerwillig, weil es Zeit kostet und uns nervt. Und bei uns selbst? Wie oft bekommen unsere eigenen Programme von uns ein Update? Wohl eher viel zu selten! Oft gar nicht. Denn wir machen uns häufig weder klar, dass und wie eine solche Neuprogrammierung funktioniert, noch merken wir, wann es höchste Zeit dafür wäre. Um das zu verdeutlichen, noch einmal zurück zur Gabel.

Wenn Sie Ihre Gabel in Zukunft anders halten möchten, als es Ihnen Ihre Eltern in frühester Kindheit beigebracht haben, müssen Sie dazu erst einmal wissen, dass andere Möglichkeiten der Gabelhaltung überhaupt existieren. So wie Sie bei Ihrem Computer wissen müssen, dass eine Aktualisierung verfügbar ist. Sonst empfinden Sie Ihre Gabelhaltung subjektiv als so natürlich wie Ihre Augenfarbe, obwohl nur eines von beiden genetisch bedingt ist. Wie erfahren Sie also, dass Sie Ihre Gabel auch ganz anders halten könnten? Vielleicht macht Sie jemand auf Ihre Gabelhaltung aufmerksam — etwa eine Freundin oder ein Freund:

„Du hältst deine Gabel aber komisch!" Oder Sie besuchen ein Knigge-Seminar, in dem Tischsitten ein Thema sind. Oder, als dritte Möglichkeit: Sie schauen einen Hollywoodfilm oder eine Netflix-Serie und da gibt es eine Szene, in der reiche Leute, die sich für besonders vornehm halten, beim Abendessen zu sehen sind. Und auf einmal entdecken Sie, dass diese Menschen die kleinen Häppchen Fleisch und Gemüse mit dem Messer auf die *Rückseite* ihrer Gabel schieben und die Gabel so in den Mund führen, dass der Bogen der Zinken nach *unten* geöffnet ist und nicht nach oben.

Vielleicht fällt Ihnen dieses Detail nicht einmal auf. Wenn Sie nie über Ihre Gabelhaltung nachgedacht haben, ist es sogar gut möglich, dass Sie es komplett übersehen. Aber es stimmt: Im englischsprachigen Raum hält man in „besseren Kreisen" die Gabel falsch herum – aus deutscher Sicht. Als ich in Schottland studierte, fiel mir diese eigenartige Gabelhaltung bei einigen Kommilitonen erstmals auf. Später habe ich dann in Filmen und Fernsehserien immer wieder darauf geachtet. Noch eine weitere Gabelhaltung sah ich schließlich in irgendeinem Film, in dem Seeräuber sich bei einem Landgang auf einen Festschmaus stürzen. Sie erinnert etwas an die Messerhaltung des Mörders in der Duschszene von Hitchcocks „Psycho". Mit der Gabel in der geschlossenen Faust lässt sich eine komplette Hähnchenkeule von oben aufspießen und danach zum Mund führen. Lassen sie mich aber nochmals betonen, dass es mir nicht darum geht, die Gabelhaltungen zu bewerten. Das Interessante sind die verschiedenen Varianten.

Und wie steht es nun mit Ihnen? Wie halten *Sie* Ihre Gabel? Sollte ich Sie diesbezüglich verunsichert haben, sehen Sie es mir bitte nach. Das geschah in bester Absicht. Denn dann erleben Sie gerade den Unterschied zwischen einer unbewussten mentalen Programmierung und einer, die ihnen bewusst geworden ist. Und über die Sie jetzt beginnen zu reflektieren. Der entscheidende Punkt dabei: Was Ihnen bewusst ist und worüber Sie reflektieren, das können Sie auch verändern.

### *Unsere große Chance, echte innere Freiheit zu erlangen*

Sie haben es längst gemerkt: Die Sache mit der Gabel war nur ein Aufhänger, um das Grundprinzip der unbewussten mentalen Programmierung zu verdeutlichen. In diesem Buch geht es nicht um Esswerkzeuge, sondern um die unbewusste Programmierung von uns Menschen in sämtlichen Lebensbereichen – privat, beruflich und gesellschaftlich. Denn in sämtlichen Lebensbereichen sind wir unbewusst programmiert. Sehr vieles von dem, was wir tagtäglich tun, ist weder genetisch bestimmt noch die Folge einer freien und souveränen Entscheidung in der jeweiligen Situation. Es laufen vielmehr mentale Programme in uns ab, die uns unbewusst steuern und über die wir normalerweise nie nachdenken. Genauso wenig wie über unseren Umgang mit Messer und Gabel. Viele Programmierungen sind ähnlich alt wie unsere antrainierte Besteckhaltung. Sie stammen von den Eltern und wurden bereits in früher Kindheit angelegt. Die Eltern wiederum haben sie von ihren Elternhäusern und aus Kultur und Religion übernommen. Andere Programme stammen aus Medien und Werbung und sind ein Spiegel der materialistischen Konsumgesellschaft. Dies sind nur wenige Beispiele. Ich werde in diesem Buch insgesamt neun Lebensbereiche unter die Lupe nehmen und aufdecken, wie sich mentale Programmierungen dort auswirken, wie wir sie erkennen und wie wir sie verändern können. Das Spektrum reicht von der Familie über die Arbeitswelt und das Bildungs- und Gesundheitswesen bis hin zu Staat und Gesellschaft, wo über die Rahmenbedingungen für unsere Zukunft entschieden wird.

Während der zurückliegenden Jahre meines Berufslebens habe ich nicht länger als Wissenschaftler, sondern als Führungskraft in verschiedenen Unternehmen im Bereich der Biotechnologie, Pharma und Medizintechnik gearbeitet.

Auch auf den Führungsetagen reflektiert kaum jemand, in welchem Umfang wir alle mental programmiert sind. Häufig beschweren sich Führungskräfte in Unternehmen, dass ihre Mitarbeitenden nicht das machen wollen, was sie machen sollen. Daraufhin greifen sie zu verschiedensten Maßnahmen der Motivation, deren Wirkung allerdings regelmäßig verpufft.

Sie müssten viel tiefer ansetzen! Wenn ein Mitarbeiter gegen Veränderungen in den inneren oder auch äußeren Widerstand geht oder eine Mitarbeiterin ihre wirklichen Talente nicht in dem Maße einsetzt, zu dem sie in der Lage wäre (es aber selbst nicht merkt), dann hat das meist sehr viel mehr mit mentalen Programmierungen des jeweiligen Menschen aus seiner Kindheit, Jugend und Ausbildung zu tun als mit der aktuellen Situation. Man schaut jedoch als Führungskraft allein auf die gegenwärtigen Bedingungen und versucht diese zu ändern. Mithilfe spiritueller Intelligenz lernen Führungskräfte sukzessive, genauer hinzusehen und bewusst wahrzunehmen.

Erst wenn wir unsere mentalen Programmierungen in der Tiefe erkannt haben und in der Lage sind, diese zu verändern, können wir nicht allein uns selbst und unsere Unternehmen, sondern die gesamte Gesellschaft zukunftsfähig aufstellen.

Veränderung fängt immer bei uns selber an. Das Ziel für jeden Einzelnen sollte es sein, echte innere Freiheit zu erlangen. Eine Freiheit, die souveränes Handeln ermöglicht und uns unbeeinträchtigt von den heute überall bremsenden Störfaktoren gemeinsam kreativ arbeiten lässt. Dann verschwindet in einer Zeit gewaltiger Veränderungen auch die Sorge, die bei vielen Menschen durch Digitalisierung, Automatisierung und Künstliche Intelligenz hervorgerufen wird. Sie sind für die digitale Transformation mental bestens gerüstet. (Die Frage, inwieweit Künstliche Intelligenz überhaupt mit menschlicher Intelligenz vergleichbar ist, wird uns in Kap. 7 noch beschäftigen.) Auf dem Weg zum Fernziel der Freiheit geht es zunächst um mehr mentale Fitness und mentale Flexibilität. Dazu muss ich im ersten Schritt meine mentalen Programmierungen erkennen können. Dann geht es um mehr emotionale Eingebundenheit, bessere Emotionsregulation und höhere emotionale Stabilität. Daraus folgen mentale Gesundheit und psychologische Sicherheit, die schließlich die Voraussetzungen bilden für wirkliche innere Freiheit. Allein innerlich freien Menschen, die unbewusste Programmierungen erkannt, auf den Prüfstand gestellt und bei Bedarf geändert haben, wird es gelingen, Wirtschaft und Gesellschaft jetzt so zu erneuern und ökologisch, freiheitlich und gerecht umzubauen, dass wir alle gelassen in die Zukunft blicken dürfen. Noch einmal: Der allererste Schritt zu tiefgreifendem Wandel besteht darin, mentale Programmierungen (bei uns selbst) überhaupt aufzuspüren! So kam ich auf die Idee zu diesem Buch.

**Wir geben den Algorithmen unseres Verstandes zu viel Macht**
Die grundlegenden mentalen Programmierungen erfahren wir während unserer Kindheit und Jugend. Nicht immer geht es dabei um so harmlose Dinge wie den Umgang mit Besteck. Wie tragisch sich Einflüsse des Elternhauses im späteren Leben auswirken können, zeigt das Beispiel Michael Jackson. Laut der Biografie des einstigen „King of Pop" [1] stellte der autoritäre und körperlich gewalttätige Vater den kleinen Michael regelmäßig wegen seiner Nase

an den Pranger. „Du hast eine hässliche, dicke, fette Nase", soll er gesagt haben. Seine Kinder standen zu der Zeit als „Jackson Five" bereits auf der Bühne und der sensible, hochbegabte Michael litt anscheinend ebenso sehr unter den verbalen wie den körperlichen Attacken seines Vaters. Bekanntlich ließ sich der erwachsene Michael Jackson immer wieder an der Nase operieren. So oft, bis seine Nase für das Schönheitsempfinden der meisten Menschen entstellt aussah, zumindest völlig unnatürlich. Das ist eine besonders bittere Ironie. Eltern können bei Kindern die Wahrnehmung des eigenen Körpers sowohl positiv beeinflussen als auch erheblich stören. Werden solche mentalen Programmierungen später nie aufgelöst, hat das Konsequenzen für das Ausleben der Talente und Fähigkeiten eines Menschen und prägt auch seine zwischenmenschlichen Beziehungen. Das Körpergefühl entscheidet wesentlich mit darüber, was ich mir zutraue, ob ich mich mit anderen Menschen wohlfühle und ob ich gut mit ihnen zusammenarbeite. Geistiges und Körperliches hängen sehr eng zusammen. Ich werde darauf noch zurückkommen.

Ein Teil des menschlichen Verstandes lässt sich tatsächlich wie ein Computer begreifen. Das ist kein Wunder, denn unser Verstand hat den Computer hervorgebracht, gewissermaßen als sein Abbild. Dem Verstand lässt sich alles Mögliche einprogrammieren, das er später immer wieder abspult, ohne dass jemals eine Auffrischung der Programmierung notwendig wäre. Mentale Programmierungen sind damit so etwas wie die Algorithmen unseres Verstandes. Und das hat wie alles, was die Evolution hervorgebracht hat, zunächst einmal sein Gutes. Das menschliche Leben wäre undenkbar, wenn nicht die meisten Handlungen im Alltag wie computergesteuert ablaufen würden. Diese Fähigkeit des Menschen, sich auf das Wesentliche zu konzentrieren, während mentale Algorithmen den Rest erledigen, hat uns schon als Jäger und Sammler überleben lassen. Es ermöglicht es uns heute, beim Autofahren nebenbei noch ein wichtiges Telefonat zu führen. Unsere erlernten Algorithmen lassen uns so spielerisch leicht Auto fahren, dass das Fahren nicht unsere gesamte Aufmerksamkeit benötigt. Inzwischen demonstriert die Autoindustrie, dass an dieser Stelle tatsächlich auch die Algorithmen eines Computers übernehmen könnten. Hier wird die Entwicklung in den nächsten Jahren noch sehr viel weiter gehen.

Problematisch wird es erst dann, wenn etwas an unsere mentalen Algorithmen delegiert ist, über das wir besser frei und souverän entscheiden sollten. Der Autopilot im neuesten Elektroauto kann mich sicher und zuverlässig sogar durch dichten Verkehr auf der Autobahn bringen, ohne dass ich als Fahrer eingreifen muss. Aber er wird mir niemals sagen, wo ich hinfahren soll. Auch, ob meine Beifahrerin gerne einen kurzen Abstecher zu einem Shoppingcenter nahe der Autobahn machen würde, kann er nicht einschätzen. Geschweige denn, ob ich diesen müde und schon etwas verzweifelt aussehenden Anhalter mitnehmen sollte, der noch einen weiten Weg vor sich hat. Das kann ich nur als Mensch entscheiden, dank meiner verschiedenen Intelligenzen, die mich den großen Zusammenhang erkennen lassen. Ich muss von meiner mentalen Freiheit allerdings auch Gebrauch machen! Bin ich durch mein Elternhaus so programmiert, dass man auf Autofahrten keine Pausen macht, weil man keine Zeit verlieren will, oder grundsätzlich keine Anhalter mitnimmt, und lasse ich mich jetzt allein von den dadurch in mir programmierten Algorithmen steuern, dann treffe ich möglicherweise keine besonders empathische Entscheidung.

Und wenn ich meine programmierten Algorithmen durchschaue und sie mir egal sind? Dann bin ich mental flexibel, emotional stabil und frei, weil ich nicht gleich mein emotionales Gleichgewicht verliere, sondern in der Lage bin, mich so zu entscheiden, wie ich es in der Situation für angemessen halte.

In diesem Buch geht es keineswegs darum, dass Sie sich von sämtlichen mentalen Programmierungen lösen sollen. Das wäre sowohl unmöglich als auch vollkommen unsinnig. Das Buch lädt Sie vielmehr dazu ein, genauer hinzusehen, wo wir alle von außen programmiert sind und uns nur allzu oft und gerne auf unsere Algorithmen verlassen. Wir geben unseren mentalen Programmen eine ungeheure Macht. Einfach dadurch, dass wir nicht richtig hinsehen und sie ablaufen lassen. Vielleicht fragen Sie sich: Warum hat Michael Jackson nicht besser eine Therapie gemacht, statt sich immer wieder operieren zu lassen? Wenn es dem Weltstar so ging wie den meisten Menschen, dann ist ihm seine Programmierung durch den eigenen Vater wahrscheinlich nie aufgefallen! Wir Menschen lassen uns oft widerstandslos – wie im Halbschlaf – von dem bestimmen, was Eltern, Lehrer, Kirchenvertreter, Werbeleute oder Politiker uns eingetrichtert haben. Dann passiert mental das Gleiche, das sich im Alltag oft auf der Körperebene beobachten lässt: Menschen wippen beim Sitzen die ganze Zeit mit einem Bein oder spielen ständig mit einem Stift. Sie könnten das auch lassen – wenn es ihnen überhaupt auffiele! Wir machen oft keinen oder zu wenig Gebrauch von unserer Freiheit. Dabei könnten wir innerlich souverän sein und viel öfter frei entscheiden

Das Schöne ist: Sobald wir beginnen, unsere eigenen mentalen Programmierungen zu beobachten, haben wir deren Macht bereits gebrochen. Dann sind uns unsere Algorithmen bewusst und nicht länger im Unbewussten verborgen. Und dann können wir alles auch jederzeit ändern. Dieses Buch bietet Ihnen in erster Linie eine Fülle von Anregungen, wo Sie genau hinschauen und mentale Programmierungen aufspüren können. Der Rest ergibt sich dann fast von allein – durch die geistige Freiheit, die wir alle besitzen und auf die wir uns lediglich besinnen müssen.

In diesem Buch verwende ich zufällig die geschlechts-
neutrale, die weibliche und auch die männliche Formulierungen nebeneinander. Die verwendeten Personenbe-
zeichnungen beziehen sich stets – sofern nicht anders
kenntlich gemacht – auf alle Geschlechter.

Ofterdingen, Deutschland              Dr. Gundolf R. Wende
November 2022

# Inhaltsverzeichnis

# Über den Autor

**Dr. Gundolf R. Wende** Als Hauptschüler gestartet, absolvierte er zunächst eine Ausbildung zum Kaufmann im Einzelhandel. Nach einer Tätigkeit als Filialleiter bei ALDI schloss er ein Studium der Wirtschaftswissenschaften ab. Später erreichte er im Fach Biologie die Spitze von Wissenschaft und Forschung. Nach einem Wechsel in die Wirtschaft arbeitete er u. a. als Geschäftsführer in einem Biotechnologieunternehmen.

Als Experte für **Leistungserbringung, Gesundheit, Potentialentfaltung und Erfolg** ist Dr. Wende nun gefragter Keynote Speaker und Autor von Büchern und Zeitschriften-Kolumnen im DACH-Gebiet tätig.

**Aufbauend auf seinen Erkenntnissen aus Wissenschaft und Forschung hat sich der Autor – begleitet durch regelmäßige mehrtägige Meditations-Retreats – intensiv mit östlichen Weisheitslehren beschäftigt.**

**Seine Schlussfolgerung**: Östliche Weisheitserfahrungen lehren – jenseits von Religiosität –, dass ein spirituelles Bewusstsein notwendig ist, um vermeintliche Gegensätze als ein harmonisches Ganzes erkennen zu können. Auf der Basis von Spiritueller Intelligenz ist mentales und spirituelles Wachstum möglich. Das Ergebnis ermöglicht souveränes Handeln basierend auf innerer Freiheit durch Stärkung der psychischen Widerstandsfähigkeit.

# 1

# Familie ist die Keimzelle
# mentaler Programmierungen

Biologisch gesehen kommt jeder Mensch zu früh auf die
Welt [2]. Das ist keine These von mir, sondern seit Langem
Stand der Wissenschaft. Rund 16 Monate müssten wir
eigentlich im Mutterleib bleiben, um direkt nach der Geburt vergleichbar überlebensfähig zu sein wie ein Baby
unserer engsten genetischen Verwandten, der Affen. Wenn
wir nach nur neun Monaten Austragungszeit bereits auf die
Welt kommen, sind wir im Gegensatz zu Affenbabys vollkommen hilflos. Ohne die Fürsorge der Eltern oder anderer
Erwachsener droht ein menschliches Neugeborenes nach
kurzer Zeit zu verhungern, zu verdursten oder an Unter-
kühlung zu sterben. Es sieht nicht richtig, kann weder laufen noch krabbeln und besitzt lediglich einen rudimentären
Orientierungssinn. Die körperliche Überlebensfähigkeit er-
wirbt ein Kind erst nach und nach, im Zusammenspiel mit
seiner jeweiligen Umwelt.

Was sich auf der körperlichen Ebene abspielt, hat sein
Gegenstück auf der mentalen: Beim Neugeborenen ist der
Kopf – bildlich gesprochen – noch so gut wie leer. Der Ver-

© Der/die Autor(en), exklusiv lizenziert an Springer Fachmedien     1
Wiesbaden GmbH, ein Teil von Springer Nature 2023
G. R. Wende, *Wie halten Sie Ihre Gabel?*,
https://doi.org/10.1007/978-3-658-40045-3_1

stand muss durch das soziale Umfeld erst programmiert werden. Das ist beim Menschen ähnlich wie bei einem Computer, der gerade frisch aus der Produktionshalle kommt: Er besteht lediglich aus Hardware und der sogenannten Firmware, auch BIOS genannt (für Basic Input/ Output-System). In diesem Zustand kann man mit einem Computer nicht viel mehr machen, als ihn ein- und auszuschalten. Alles Weitere hängt davon ab, welche Software ihm aufgespielt wird. Bei uns Menschen stellt die mentale Programmierung während der Kindheit die Weichen fürs spätere Leben. Am deutlichsten merken wir das bei der Sprache. Ich schreibe dieses Buch auf Deutsch, weil mir die deutsche Sprache im Elternhaus einprogrammiert wurde. Eine Chinesin, die kein Deutsch versteht, kann dieses Buch nicht ohne Weiteres lesen. Natürlich hat sie die Möglichkeit, auch als Erwachsene noch Deutsch zu lernen. Aber das ist viel mühsamer und dauert viel länger als die ursprüngliche Sprachprogrammierung im Elternhaus. Ein kleines Kind nimmt diese Programmierung überhaupt nicht als kräftezehrend wahr. Vom seltenen Fall einer Lernbehinderung abgesehen, lernt es eine Sprache wie von selbst – und zwar von den Eltern. Deshalb der Ausdruck „Muttersprache". Später in der Schule wird die Muttersprache nur noch verfeinert.

Der „Trick" der frühen Geburt, den die Evolution beim Menschen angewendet hat, lässt uns also körperlich hilflos und mental formbar wie Wachs auf die Welt kommen. Dadurch ist der Mensch einerseits stark eingeschränkt. Wir sind „Mängelwesen", so eine berühmt gewordene Formulierung des Philosophen Arnold Gehlen (1904–1976) [3]. Andererseits sind wir – wie andere Vertreter der philosophischen Anthropologie des 20. Jahrhunderts ihrem Kollegen Gehlen entgegengehalten haben – so mental offen und innerlich frei wie kein zweites Lebewesen auf diesem

Planeten. Unsere frühe Geburt bedeutet insofern Segen und Fluch zugleich.

> Wir besitzen trotz oder gerade wegen unserer Mängel ein nahezu unendliches Potenzial, unseren Verstand auf verschiedene Arten und Weisen zu formen.

Gleichzeitig sind wir während der ersten Jahre unseres Lebens abhängig davon, was andere uns einprogrammieren – in der Regel unsere Eltern, Geschwister und weitere Familienangehörige. Es ist ihre Aufgabe (und große Verantwortung), unsere in früher Kindheit noch weitgehend „leeren" Köpfe zu füllen. Oft schießen die Familie und das Umfeld dabei jedoch übers Ziel hinaus. Sie programmiert mehr, als nötig wäre. Damit schränkt sie die Freiheit eines Kindes, selbstbestimmt eigene mentale Programme zu schreiben, vorzeitig ein. Der östliche spirituelle Lehrer Osho sprach von einem „Kuhhandel", den alle Menschen als kleine Kinder eingehen: Für Sicherheit und Versorgung tauschen wir unsere geistige Freiheit ein! Aber wir haben kaum eine andere Wahl [4].

### Wie positive Anker uns neue Türen öffnen

Als kleine Kinder glauben wir alles, was Erwachsene uns sagen und übernehmen es als unsere Wahrheit. Eine andere Quelle der Wahrheit steht uns noch nicht zur Verfügung. Wir sind von unseren Eltern abhängig. Wenn sich die Erwachsenen darüber einig sind, was uns ausmacht und wo einmal unser Platz im Leben sein soll, dann akzeptieren wir das unhinterfragt. Unsere mentalen Algorithmen ergeben später in der Summe ein einigermaßen widerspruchsfreies Programm, über das wir nie nachdenken und das wir unbewusst sogar für unser eigenes halten. Selbst dann, wenn keiner dieser Algorithmen aufgrund unserer freien Entscheidung programmiert worden ist. Anders sieht es aus, wenn sich nicht alle Erwachsenen in unserem frühkindlichen Umfeld einig sind. Wenn es zum Beispiel einen Familienangehörigen gibt, der in uns nicht dasselbe sieht wie der Rest der Familie.

> Vielleicht ermutigt uns eine enge Bezugsperson sogar bewusst, den eigentlich von der Familie vorgezeichneten Weg zu verlassen. Wenn wir Glück haben, dann treffen wir während unserer Kindheit und Jugend immer wieder auf solche Menschen.

Durch ihre Authentizität und das, was sie zu uns sagen, können sie zu positiven Ankern für eine spätere mentale Neuprogrammierung werden. Sie sind dann wie Blaupausen für das Überschreiben unserer ursprünglichen Programme, das wir nunmehr selbstbestimmt vornehmen.

Meine Großmutter mütterlicherseits war für mich solch ein positiver Anker. Sie war Jahrgang 1904 und als Land- und Gastwirtin eine für ihre Generation ungewöhnlich selbstbewusste Frau. Sie las Zeitung, verpasste keine Nachrichtensendung im Fernsehen und kleidete sich bis ins hohe Alter modisch und schick. Ich war noch klein, wahrscheinlich ging ich gerade erst in die Grundschule, da sagte sie zu mir: „Gundolf, du wirst einmal Medizin studieren." Einige Zeit später, ich war ungefähr 8 Jahre alt, hatte ich mit einem Freund auf dem Schulhof Fußball gespielt und wir waren auf dem Weg nach Hause. Mein Schulfreund kam auf das Thema Berufswahl zu sprechen und fragte mich, ob ich schon wisse, was ich einmal machen wolle. „Ich studiere Medizin", antwortete ich, ohne nachzudenken. Darauf der Freund: „Du spinnst wohl!" Meine mittelmäßigen Noten waren sicher nicht der Hauptgrund dafür, dass mein Schulkamerad ein Medizinstudium für Spinnerei hielt. Das größere Hindernis bestand vielmehr darin, dass wir beide die

Hauptschule besuchen sollten. Mein Kamerad wusste genau, was das bedeutete: Hauptschüler studieren später nicht. Hauptschüler können froh sein, wenn sie nach der Schule einen Ausbildungsplatz finden. Hauptschüler werden Arbeiter wie ihre Eltern. „Aber meine Oma hat gesagt, ich soll Medizin studieren!", protestierte ich. Ich vertraute meiner Großmutter und ließ mich nicht von dem Gedanken an ein Medizinstudium abbringen. Dieser positive Anker war mir jedoch im späteren Leben zunächst nicht mehr bewusst. Erst vor wenigen Jahren erwähnte dies der damalige Schulkamerad – wir stehen seit unserer Schulzeit immer noch in Kontakt – so ganz nebenbei in einem Gespräch.

Am Ende studierte ich – auch – Medizin, aber nicht bis zum Abschluss. Ich erwarb zunächst einen Abschluss in Wirtschaftswissenschaften und später noch einen in Biologie. Als Biologe schrieb ich schließlich meine Doktorarbeit zu einem Thema auf dem Gebiet der Pflanzenphysiologie, Biochemie und Organischen Chemie. Ohne den positiven mentalen Anker, den meine Großmutter bei mir gesetzt hatte, hätte ich vielleicht nie die mentale Stärke aufgebracht, auf dem Zweiten Bildungsweg Abitur zu machen, zu studieren und Wissenschaftler zu werden. Die mentale Programmierung durch mein Elternhaus hatte für mich jedenfalls einen anderen Lebensweg vorgesehen. Mein Vater war Fabrikarbeiter und meine Mutter Hausfrau. Da schien es für mich und meine fünf Geschwister in einem kleinen Ort im Sauerland vorprogrammiert zu sein, einen höchstens mittleren Schulabschluss zu erwerben, eine Lehre zu machen und dann einfach arbeiten zu gehen. Akademiker waren eine völlig andere, uns fremde Gesellschaftsschicht, zu der wir keinen Kontakt hatten. Für Kinder aus Akademiker- und Beamtenfamilien war es damals selbstverständlich, dass sie nach der Grundschule aufs Gymnasium gingen und nach dem Abitur studierten. Ich dagegen bekam nach der vierten Klasse der Grundschule eine Empfehlung für die Hauptschule. Daran erinnere ich mich noch genau und ich weiß auch noch, wie ich dachte: Jetzt muss ich auf die „Doofenschule". Meine späteren Leistungen auf der Hauptschule waren dann wohl ein Spiegel meiner Lustlosigkeit und Unterforderung. Trotzdem blieb die ganze Zeit in meinem Kopf: Ich studiere Medizin!

Nach dem Hauptschulabschluss wusste ich zunächst nicht, welchen Beruf ich ergreifen sollte. Es hatte mich auch nie jemand danach gefragt! Weder im Elternhaus noch in der Schule erhielt ich Hilfestellung bei der Berufswahl. Bei der Berufsberatung in meiner Abschlussklasse hörte ich lediglich: „Das musst du doch selbst wissen!" Und bei einem dreiwöchigen Berufspraktikum als Konstruktionsmechaniker bekam ich ein Stück Eisen, das ich während der gesamten Praktikumszeit mit einer Feile bearbeiten sollte. Als ich nach einem Tag fertig war, fand der mich betreuende Geselle das nicht lustig. Die restliche Zeit durfte ich den Boden der Werkshalle fegen! Ich begab mich dann schließlich auf die Suche nach einer geeigneten Ausbildung. Um während der Wartezeit aktiv zu bleiben und eigenes Geld zu verdienen, arbeitete ich als Hilfsarbeiter in einer Fabrik. Nach einigen Monaten bekam ich einen Ausbildungsplatz zum Einzelhandelskaufmann bei der seinerzeit bekannten Lebensmittelkette COOP. Da war ich 16. Meine Kollegen in der Fabrik wollten mir ausreden, die Ausbildung anzutreten. „Hier verdienst du doch viel mehr", argumentierten sie. „Und in der Produktion werden immer Leute gebraucht!" Automatisierung im großen Stil und der Einsatz von Robotern waren damals, Anfang der 1970er-Jahre, noch Zukunftsmusik. Mein Argument, dass ich ohne Berufsausbildung keine Chance haben würde, im Leben weiterzukommen, akzeptierten meine Kollegen nicht. „Du kommst sowieso wieder zurück zu uns", bekam ich stattdessen zu hören. Meine Kollegen waren allesamt anständige

Männer und Frauen und ich bin mir heute sicher, dass es nicht Neid und Missgunst waren, die aus ihnen sprachen. Es waren ihre mentalen Programmierungen! In ihren Elternhäusern hatten sie wahrscheinlich Sätze gehört wie: „Sieh zu, dass du möglichst schnell arbeitest und Geld verdienst!" Oder: „Eine Ausbildung lohnt sich nicht, denn danach verdienst du auch nicht mehr als ohne." Gegen rationale Argumente waren die Kollegen deshalb immun.

> Unsere unbewussten mentalen Programmierungen sind immer erst einmal stärker als Argumente.

Das erlebte auch derselbe Schulfreund, der mich einst auf dem Weg vom Fußball nach Hause für verrückt erklärt hatte, weil ich Medizin studieren wollte. Er stammte ebenfalls aus einer Arbeiterfamilie. Als er nach dem Abschluss der Handelsschule und später der Höheren Handelsschule sowie einer Berufsausbildung schließlich studieren wollte, brauchte er für die Beantragung von BAföG die Unterschrift und den Einkommensnachweis seines Vaters. Er war mathematisch und logisch begabt und hatte in seinem Wunschfach Betriebswirtschaft gute Erfolgsaussichten. Doch sein Vater verweigerte ihm zunächst die Unterschrift mit den Worten: „Aus unserer Familie hat noch niemand studiert!" Ein Satz wie ein Donnerschlag. Eltern wollen stets das Beste für ihre Kinder und ich habe keinen Grund zu der Annahme, dass es bei diesem Vater anders gewesen sein sollte. Er konnte jedoch wahrscheinlich nicht anders, als seine eigenen unbewussten Programme zum Maßstab für seine Kinder zu erheben. Das tun (fast) alle Eltern in allen Kulturen zu allen Zeiten. Später bekam mein Freund aus Kindertagen dann doch noch den Einkommensnachweis und die Unterschrift seines Vaters. Einem Beginn seines Studiums stand nun nichts mehr im Wege. Er studierte dann BWL an einer Gesamthochschule. Dank zusätzlich belegter sogenannter Brückenkurse erhielt er am Ende einen Universitätsabschluss. (Ohne die Brückenkurse wäre es ein Fachhochschulabschluss gewesen.) Er war schon immer ein „bockiges" Kind gewesen, genau wie ich auch. Rückblickend sagte er einmal – ein wenig neidisch –, dass ich als Kind stets „besser drauf" gewesen sei als er – höchstwahrscheinlich durch den Anker meiner Großmutter. Wenn die von vielen Eltern gefürchtete Bockigkeit eines Kindes positive Anker findet und das Kind dadurch selbstbestimmte Lebenswege kennenlernt, dann steht die Tür zu innerer Freiheit schon zum ersten Mal einen Spalt weit offen.

> Als „bockig" bezeichne ich die natürliche und positive Eigenschaft von Kindern, sich gegen ein Zuviel an mentaler Programmierung von außen zu wehren. Es ist ein Zeichen, als selbstständiges menschliches Lebewesen wahrgenommen werden zu wollen.

Leider wird dies allzu oft nicht als solches erkannt.

### Biografische Erinnerung als erster Schritt zur Bewusstheit

Wahrscheinlich braucht jeder Mensch einen Zündfunken, der ihn irgendwann erkennen lässt, dass er mehr ist als seine mentalen Programmierungen. Es ist diese Initialzündung, die uns aus der Unbewusstheit holt und uns zumindest ahnen lässt, dass es da einen Raum der Freiheit jenseits dessen gibt, was uns seit frühester Kindheit eingetrichtert wurde. Einige besitzen schon als Kind eine Art mentales Immunsystem, das sie zu viel Fremdbestimmung intuitiv abwehren lässt. Das sind die bockigen Kinder. Andere erleben zumindest einen positiven Anker, selbst wenn sie dessen Bedeutung erst viel später verstehen. Wieder andere wachen sehr spät aus der Unbewusstheit auf. Über Jahre und Jahrzehnte kommen sie nicht auf den Gedanken, dass da noch etwas sein könnte, das hinter all dem ist, was sie von außen übernommen haben.

Dies deutet Hermann Hesse in seinem Roman „Narziß und Goldmund" an, in dem es über Goldmund heißt, dass er „mit jenen väterlichen Geboten, die er so lange mit seinen eigenen Wünschen verwechselt hatte" im Leben unterwegs gewesen sei.

Was genau hinter allen unseren mentalen Programmen steht und unser wahres Selbst ausmacht, lässt sich – noch – nicht wissenschaftlich beschreiben. Mit „spiritueller Intelligenz" (ein von den Autoren Danah Zohar und Ian Marshall geprägter Begriff [5], den ich bereits in meinem Buch „Mehr arbeiten, weniger leiden" verwendet habe und auf den ich in Kap. 2 zurückkommen werde) lässt es sich aber mehr und mehr erfassen. Nötig ist dazu lediglich ein wenig Übung. Auch östliche Meditationstechniken sind ein Weg, um sich dem „Dahinter" zu nähern. Wir beginnen dann, unsere mentalen Programme zu beobachten und merken, dass wir in Wirklichkeit mehr der Beobachter sind als die Summe dieser Programme. Wäre das anders, dann wären wir den mentalen Programmen aus unserer Kindheit wohl bis ans Lebensende ausgeliefert. Wir hätten nie eine Chance, sie zu durchschauen und schließlich zu verändern. Denn nur das, was ich erkenne, kann ich auch ändern. Allein das Unbewusste wird zum Schicksal. Ein erster Schritt zur inneren Freiheit kann in diesem Sinn die bewusste, reflektierende Erinnerung an eigene biografische Prägungen sein. Es gilt, aus einer unbewussten Inkompetenz eine bewusste Inkompetenz werden zu lassen. Daraus wird eine bewusste Kompetenz, um schließlich zu einer unbewussten Kompetenz zu werden.

Wie geht es Ihnen mit dem, was Sie bisher gelesen haben? An welche frühen Programmierungen durch Ihr Elternhaus und Ihr soziales Umfeld erinnern Sie sich dadurch vielleicht spontan? Gab es auch bei Ihnen „Ankerpersonen", die Sie in eine andere Richtung gewiesen haben als die von Ihrem Elternhaus vorgezeichnete? Bei den meisten Menschen, mit denen ich in den vergangenen Jahren über dieses Thema gesprochen habe, war das so. Ich selbst hatte mich zunächst jahrzehntelang kaum mit meiner Herkunft, meiner Ursprungsfamilie und meinen ersten Schritten in der Erwachsenenwelt beschäftigt. Meine Vergangenheit war für mich abgehakt. Mir war es auch nicht recht, die Aufmerksamkeit anderer darauf zu lenken. Lieber definierte ich mich über meine Leistungen – zunächst als Wissenschaftler, später als Führungskraft in hoch innovativen Unternehmen.

> Dass ich heute unbefangen über meinen Weg vom Hauptschüler und Hilfsarbeiter zum Akademiker und Manager sprechen kann, ist das Ergebnis eines inneren Prozesses, meines mentalen Wachstums.

Als ich einmal bereit war, mich genauer an Dinge zu erinnern und auch mit Familienangehörigen, Schulfreunden und ehemaligen Studienkollegen über die Vergangenheit zu sprechen, fielen mir nicht nur immer mehr alte Programme bei mir auf. Sondern ich sah auch die Ankerpersonen, die mir immer wieder Alternativen eröffnet hatten.

Ich kann allen erwachsenen Menschen nur raten, sich Zeit zu nehmen für biografische Arbeit, um insbesondere über ihr Elternhaus – und damit die ältesten Wurzeln ihres heutigen Denkens und Handelns – zu reflektieren. Vertrauen Sie dabei Ihrer Intuition! Wenn Sie sich bewusstzurückerinnern, dann werden Sie sehr wahrscheinlich Schlüsselsituationen Ihrer mentalen Programmierung erkennen und aus dem Schatten der Unbewusstheit holen. Sprechen Sie aber unbedingt auch mit Menschen aus Ihrer Vergangenheit und fragen Sie diese, wie sie die damalige Zeit erlebt haben. Klassentreffen sind dazu eine sehr gute Gelegenheit. Bei solchen lockeren Zusammenkünften unterhält man sich oft bis spät in die Nacht. Da ist dann sicher irgendwann auch Gelegenheit, persönliche Fragen zu stellen und herauszufinden, wie andere die Vergangenheit erlebt haben und an was sie sich noch alles erinnern. Ich habe auf diese Weise erkannt, dass ich neben meiner Groß-mutter noch weitere positive Ankerpersonen hatte, an die ich mich zunächst kaum noch erinnern konnte. Ich war zum Beispiel als Kind in einem Fußballverein und dort hat-ten wir zeitweise einen Studenten als Trainer. Mir ist erst später klargeworden, welch großen Einfluss es auf mich hatte, einen Menschen hautnah zu erleben, der studierte. Wow, dachte ich zu der Zeit – studieren! Das will ich auch! Ich will mir Wissen selbst aneignen können. Ich will lernen, wie das geht.

Meine Ausbildung zum Kaufmann im Lebensmittel-einzelhandel konnte ich vorzeitig nach zweieinhalb Jahren erfolgreich abschließen. Nach dem Wehrdienst wurde ich dann mit 20 Jahren einer der jüngsten Filialleiter bei Aldi. Anschließend ergab sich für mich die Möglichkeit, auf-bauend auf meiner kaufmännischen Erfahrung an einer Wirtschaftsakademie BWL zu studieren. Nach dem erfolg-reichen Abschluss war ich mit Begeisterung zurück im Lernprozess. Deshalb setzte ich mir als nächstes Ziel, mein Abitur nachzuholen. So würde ich vielleicht doch noch Medizin studieren können. Alternativ ein naturwissen-schaftliches Fach oder Psychologie. Auf dem Köln-Kolleg sagte mein Lateinlehrer vor der gesamten Klasse: „Der Gundolf Wende wird einmal Professor." Das hatte ich total vergessen, bis es mir jemand bei einem Klassentreffen vor ein paar Jahren in Erinnerung rief. Dieser Lateinlehrer setzte also einen weiteren positiven Anker bei mir und war auch jemand, der mir mehr zutraute als alle anderen. Einen Abschluss in Betriebswirtschaftslehre zu haben und nun auch noch die Allgemeine Hochschulreife nachzuholen, um noch weiter studieren zu können, war für mich bereits ein Riesenschritt. Weit größer als alles, was mein Elternhaus jemals für möglich gehalten hätte! Aber Professor werden? Das hatte noch einmal eine andere Dimension. Es hätte sich damals für meine Herkunftsfamilie, meine Arbeitskollegen und die meisten meiner Freunde wie Größenwahn angehört.

Nahezu mein gesamtes Umfeld hatte sogar noch versucht, mir die Idee mit Abitur und Studium auszureden. Filialleiter bei Aldi wurden damals sehr gut bezahlt, weit über dem Branchendurchschnitt. „Mehr kannst du doch als Akademiker auch nicht verdienen", behauptete meine Stellvertreterin. Ich ließ mich aber nicht aufhalten. Nach zwei abgeschlossenen Studien sowie einer Promotion in Biologie und mehrjähriger internationaler wissenschaftlicher Tätigkeit bekam ich dann eine Stelle an der Universität von Swansea in Wales angeboten – mit einem „Lectureship", das ist vergleichbar mit dem im Jahr 2002 in Deutschland eingeführten „Junior Professor" als zeitnaher Aufstiegsmöglichkeit. Es hätte mich ein herrlicher, direkt am Meer gelegener Campus erwartet. Man kann dort praktisch während jeder Kaffeepause an den Strand gehen. Ich lehnte jedoch ab, weil ich die akademische Welt verlassen und mich zukünftig in der betrieblichen Praxis einbringen wollte. So nahm ich das Angebot an, als Geschäftsführer in einem Biotechnologieunternehmen tätig zu werden. Aber durch den unbewussten Anker, den mein Lateinlehrer gesetzt hatte, hatte ich offensichtlich keine Schwierigkeit mit der Vorstellung, Professor zu werden. Meine ältesten familiären Programme hatte ich zu dem Zeitpunkt schon mehr und mehr mit dem überschrieben, was nach meiner eigenen

Einschätzung für mich das Richtige war. Ich hatte gelernt, von meiner inneren Freiheit zunehmend Gebrauch zu machen.

### Es wird heute genauso programmiert wie früher

Mentale Algorithmen sind – wie sämtliche Algorithmen – Muster der Wiederholung. Weil wir das, was uns einmal einprogrammiert worden ist, ständig wiederholen, wird es irgendwann sehr mächtig. Wir erleben als Kinder, wovon unsere Eltern immer wieder sprechen und was sie immer wieder tun. Schritt für Schritt übernehmen wir es und wiederholen es später selbst permanent. Der Satz des Vaters meines Studienfreunds bringt es auf den Punkt: „Aus unserer Familie hat noch niemand studiert." Ein Muster der Wiederholung – und die Wiederholung des Musters! Das genügte in diesem Fall als Argument. Dabei ist es bereits ungewöhnlich, über mentale Programmierungen überhaupt zu sprechen. Das meiste davon bleibt so unbewusst wie unausgesprochen. Selbst wenn Kinder sich gegen ihre Eltern auflehnen, geht es meist eher um Vordergründiges. Es geht um Machtfragen, um Freiräume und Grenzen, um Geben und Nehmen. Selten oder nie geht es darum, was Kinder von ihren Eltern übernehmen möchten und welche überkommenen mentalen Programme ihrer eigenen Entfaltung möglicherweise im Weg stehen.

Sicher: Ich spitze an dieser Stelle stark zu. Die Realität ist nie schwarz-weiß. Ich erinnere mich zum Beispiel gut daran, dass auch mein Vater wissbegierig war und den Wert von Bildung zu schätzen wusste. So kaufte er während meiner Kindheit einmal ein zweibändiges Lexikon und nahm sich Zeit, um mir als ältestem Sohn zu zeigen, wie man darin etwas nachschlägt. Bevor unsere Familie vom Sauerland ins Bergische Land zog, bildete sich mein Vater beruflich weiter. Während der letzten Jahre seines Arbeitslebens war er dann nicht mehr Arbeiter, sondern Angestellter.

Sogar unbewusst sehr einseitig programmierte Menschen versuchen hin und wieder, aus ihren Programmen auszubrechen. Manchmal gelingt ihnen das auch. Den unendlichen Raum der Freiheit hinter unseren mentalen Programmierungen vergessen wir nie vollständig. Wir haben manchmal vielleicht nur eine Ahnung von dieser geistigen Freiheit, aber sie bleibt präsent und ist unauslöschbar.

> Die Macht der mentalen Programmierungen brechen wir allerdings erst dann, wenn wir unsere existenzielle Freiheit reflektieren und auch gezielt von ihr Gebrauch machen.

Selbstverständlich ist mir bewusst, dass sich die Welt seit meiner Kindheit stark gewandelt hat. Das bezieht sich nach meiner Beobachtung allerdings mehr darauf, was Kindern in ihren Elternhäusern einprogrammiert wird und weniger auf den Vorgang der Programmierung an sich. So sind die einst starren Grenzen zwischen den Milieus der Arbeiter, Angestellten, Beamten und Akademiker innerhalb der letzten rund 60 Jahre sehr durchlässig geworden. Nicht zuletzt dank Bildungsreform, BAföG und Reform-Universitäten ist es für Arbeiterkinder heute selbstverständlicher geworden, Abitur zu machen und zu studieren, auch wenn ihr Anteil mit 21 von hundert Grundschülern aus Arbeiterfamilien immer noch sehr gering ist – so der Hochschul-Bildungsreport 2020. Bei Grundschülern, von denen mindestens ein Elternteil einen Hochschulabschluss hat, liegt der Wert mit 74 dreieinhalb Mal so hoch. Nicht aufgelöste mentale Programmierungen spielen dabei offensichtlich eine wesentliche Rolle. Täuschen wir uns also nicht: „Klassismus", wie das die Soziologie nennt, gibt es auch im Deutschland der 2020er-Jahre noch überall. Heute sind vor allem Menschen mit Migrationshintergrund oder Fluchterfahrung davon betroffen. In den Augen vieler Alteingesessener sollen sie froh sein, wenn sie in Deutschland einen Ausbildungsplatz bekommen. Genau wie wir damals als Hauptschüler darüber froh sein sollten. Wenn Geflüchtete mit erst wenigen Deutschkenntnissen sagen, dass sie Professor oder Professorin werden wollen, schmunzeln viele. Dabei ist es grundsätzlich kein Problem, dieses Ziel zu erreichen – mentale Stärke vorausgesetzt.

Ich habe häufig mit Kindern zu tun, nicht nur, aber auch mit den Kindern meiner Geschwister. Wenn ich beobachte, was ihnen heute einprogrammiert wird, und das mit der Situation während meiner Kindheit vergleiche, dann spielt jetzt zum Beispiel der Konsummaterialismus eine viel größere Rolle bei der mentalen Programmierung. Welches Kind ab welchem Alter welches Smartphone hat und wie lange pro Tag nutzen darf, ist ein heißes Thema. Auch sind Konkurrenzdenken und der Wettbewerb um die „besten Plätze im Leben" heute viel dominierender als noch vor 50 oder selbst 25 Jahren. Eltern wollen die beste Schule und die optimale Bildung für ihr Kind. Manchmal wird bei den Freizeitaktivitäten 12-Jähriger bereits darauf geachtet, inwieweit diese für eine spätere Karriere nützlich sein könnten. Dass Kinder nachmittags einfach einmal in Ruhe gelassen werden, um mit Gleichaltrigen nach Herzenslust die Umgebung zu erkunden – wie es in den 1960er- und -70er-Jahren noch gang und gäbe war –, lässt sich heute kaum noch beobachten. Allein der extrem gestiegene Leistungsdruck in den Schulen macht dies fast unmöglich. Der Nachmittag gilt als Lernzeit. Hinzu kommt eine gesteigerte Angst um die Sicherheit der Kinder, die nicht zuletzt durch Medienberichte geschürt wird. Ich werde auf die gesellschaftliche Konditionierung, die quasi eine Blaupause für die mentale Programmierung von Kindern im Elternhaus bildet, im dritten Kapitel dieses Buchs noch näher eingehen.

Trotz alledem und auch trotz vieler seelischer Zumutungen, die Kinder während der Corona-Pandemie erdulden mussten, leben wir heute in Zeiten, die einen hoffnungsfroh stimmen können. Immer mehr Eltern pflegen einen bewussten, nachhaltigen und achtsamen Lebensstil. Sie reflektieren auch darüber, was sie ihren Kindern wann mit auf den Weg geben. Mehr noch: Sie machen sich Gedanken darüber, inwieweit sie überhaupt zulassen möchten, dass ihr Kind von außen beeinflusst wird und Überzeugungen von anderen Menschen übernimmt. Dazu ein kleines Erlebnis:

Während meines letzten Urlaubs besuchte ich eine langjährige gute Freundin. Wir saßen nach dem Mittagessen gerade bei einem Espresso, als ihre Tochter aufgelöst und beunruhigt nach Hause kam. Sie ist 16 und geht in die letzte Klasse der Realschule. Auf die Frage ihrer Mutter, was denn los sei, sagte sie: „In meiner Klasse wissen schon alle, was sie werden wollen, nur ich nicht!" Meine Freundin nahm ihre Tochter erst einmal in den Arm. Dann sagte sie zu ihr: „Mia, du brauchst nichts anderes zu werden als das, was du schon bist. Denn du bist bereits ein ganz toller Mensch. Dein Vater und ich, wir sind stolz auf dich. Du meinst wahrscheinlich, dass du noch nicht weißt, was du einmal beruflich machen möchtest. Das ist etwas anderes, als etwas zu werden." Die Tochter nickte. Sie konnte schon wieder ein wenig lächeln. „Wie wäre es, wenn wir heute Abend, wenn Gundolf wieder gefahren und dein Vater von der Arbeit zurück ist, einmal in Ruhe darüber sprechen?", schlug meine Freundin vor. Ihre Tochter war einverstanden und sah sehr erleichtert aus. Ich freute mich, dass ich dieses kurze Gespräch miterleben durfte. So ermutigend und unterstützend können Eltern sein! Indem die Mutter die Aussage der Klassenkameradinnen ihrer Tochter wörtlich nahm und dadurch entschärfte, sendete sie Mia ein wichtiges Signal: Du brauchst Sätze, die du von anderen hörst, nicht einfach zu übernehmen, sondern du darfst sie erst einmal hinterfragen. Wetten, dass Mia sich das fürs nächste Mal gemerkt hat?

*Unbewusste Programmierung oder liebevolle Anleitung?*
Die grundlegenden mentalen Programmierungen aus dem
Elternhaus haben kaum zu unterschätzende Auswirkungen
auf unser Denken und Handeln als erwachsene Menschen.
Dennoch beschäftigen wir uns bis heute erst wenig damit.
Lieber lassen wir unseren Forschergeist immer weiter in die
Außenwelt wandern. So gelang Astronomen im Jahr 2019
erstmals die Fotografie des Schattens eines Schwarzen
Lochs. Eigentlich saugen Schwarze Löcher das für jede
Fotografie notwendige Licht vollständig ein. Doch 200 Astronomen aus 13 international führenden Forschungs-
instituten kombinierten die Signale der acht größten und
modernsten Radioteleskope der Welt und machten damit
das bisher Unmögliche möglich. Die Kosten des Fotos des
Schattens eines Schwarzen Lochs beliefen sich auf rund
10 Millionen US-Dollar. So viel ist es uns Menschen wert,
bis an die Außengrenze des Wahrnehmbaren vorzudringen
und dort das eigentlich Unsichtbare sichtbar zu machen.
Aber was ist uns der Blick nach *innen* wert? Wie viel Mühe
verwenden wir darauf, das Unsichtbare in unserem eigenen
Inneren ans Licht zu bringen? Wohl die wenigsten Erwachsenen stellen sich jemals folgende einfache Fragen:

> Warum denke ich, wie ich denke? Wo liegt der Ursprung
> meiner Überzeugungen? Wie kann ich sicherstellen, dass ich
> nicht lediglich etwas wiederhole, was andere mir erzählt
> haben? Oder positiv gewendet: Woran erkenne ich, dass ich
> selbstständig denken kann?

Ein wesentliches Merkmal selbstständigen Denkens ist
die Fähigkeit, seine Ansichten ändern zu können. Mein
Selbstbild, mein Weltbild, meine Meinungen, meine Ver-
mutungen, meine Vorurteile – wenn das alles nichts Stati-
sches ist, sondern flexibel und wandelbar, dann bin ich
meiner mentalen Programmierung schon ein Stück weit

entronnen. Diese mentale Flexibilität wird entweder im Elternhaus bereits trainiert – oder ich muss sie mir später selbst aneignen. Vereinfacht gesagt gibt es heute zwei Arten von Elternhäusern: jene, in denen Kinder nach wir vor einprogrammiert bekommen, was ihre Eltern unreflektiert für wahr und richtig halten. Und jene, in denen Kinder von ihren Eltern dabei unterstützt werden, sich selbst zu entdecken, zu eigenen Erkenntnissen zu gelangen und ihren individuellen Weg zu finden. Manchmal zeigt sich schon an Kleinigkeiten, wozu Kinder selbstständig in der Lage sind. So beobachtete ich neulich einen Vater, der mit seinen zwei kleinen Söhnen ein Restaurant verließ. An der Garderobe zog er erst dem älteren Sohn im Alter von etwa zweieinhalb Jahren die Jacke an und holte anschließend die Jacke des jüngeren Kinds vom Haken. Der ältere Sohn hielt ein Spielzeug in der linken Hand und wollte es in seine rechte Jackentasche stecken; der Reißverschluss war jedoch zu. Mit der rechten Hand bemühte er sich vergeblich, den Reißverschluss nach unten zu ziehen. Nach einigen Versuchen merkte er, dass er mit seiner linken Faust etwas oberhalb des Reißverschlusses drücken musste, damit dieser sich öffnen ließ. Als er das gemacht hatte, steckte er sein Spielzeug in die Tasche und zog den Reißverschluss wieder zu. Sichtlich erfreut sprang er herum. Wäre der Vater nicht durch sein anderes Kind abgelenkt gewesen, hätte er sicherlich sofort versucht, seinem älteren Sohn zu helfen. Denn er traute seinen Kindern ja anscheinend nicht einmal zu, selbst ihre Jacken anzuziehen! Selbst wenn sich Kinder in solchen Situationen abwenden und damit signalisieren, dass sie keine Hilfe möchten, beharren die allermeisten Eltern dennoch darauf, zu helfen.

Kinder sollten ausreichend Zeit bekommen, um selbstständigLösungen für alltägliche Probleme zu finden. Sie können es öfter, als wir denken! Sobald sie nicht weiterwissen, bitten sie ohnehin Erwachsene um Hilfe. Es genügt häufig, sie auch erst dann zu unterstützen. Gleichzeitig bedeutet das aber nicht, dass Kinder überhaupt keine Anleitung bräuchten. Kinder einfach sich selbst zu überlassen, ist keine gute Idee. Die vielen Experimente mit antiautoritärer Erziehung, die es vor ungefähr 50 Jahren gab, gelten heute aus wissenschaftlicher Sicht als gescheitert. Alles endete in Chaos und Anarchie. Teilweise sogar in Missbrauch, der erst Jahrzehnte später aufgedeckt wurde, nachzulesen etwa in dem Buch „Die Revolution missbraucht ihre Kinder" von Christian Füller. Viele Kinder trugen damals ähnliche seelische Verletzungen davon wie durch eine übertrieben autoritäre Erziehung. Es ist insofern kein Fehler, einem Kind zu zeigen, wie man eine Gabel hält. Genauso gut kann man das Kind aber auch eine Weile allein mit der Gabel üben lassen und dann erst eingreifen. Viel wichtiger ist hier die innere Haltung bei uns Erwachsenen. Sind wir darüber reflektiert, dass wir Kindern durch unsere Anleitung etwas einprogrammieren? Und gehen wir mit der unbestreitbaren Macht, die wir dadurch über Kinder haben, achtsam um? Vielleicht sind wir als Erwachsene ja sogar zunehmend in der Lage, Kindern zu vermitteln, dass jede von uns vorgeschlagene Lösung vorläufig ist. Und dass sich Dinge, die wir einmal erlernen, später auch wieder ändern lassen.

> Nicht alles, was Erwachsene an Kinder weitergeben, ist also unbewusste Programmierung. Es gibt auch die bewusste, liebevolle Anleitung. Diese Form der Unterstützung will innere Freiheit fördern, statt sie vorzeitig zu beschneiden.

**Beispiel: Eine kleine Geschichte**

Ich behaupte: Kinder merken das und wissen es auch zu schätzen! Bestätigt hat mir das vor einiger Zeit ein etwa 12-jähriger Junge, der an einem warmen Sommertag an einem Teich spielte. Seine Mutter saß in einiger Entfernung auf der Terrasse eines Cafés und trank einen Kaffee. Da alle Tische besetzt waren, fragte ich die Frau, ob ich mich mit an ihren Tisch setzen dürfe. Sie stimmte lächelnd zu und kurz darauf waren wir im Gespräch. Ich sagte ihr, wie schön ich es fand, dass sie ihren Sohn einfach in Ruhe am Teich spielen und alles entdecken ließ, was es dort zu entdecken gab. Die Mutter bestätigte, wie wichtig es ihr war, dass ihr Sohn nicht nur Sport macht und ein Musikinstrument lernt, sondern oft auch einfach draußen ist, sich frei bewegt und die Möglichkeit hat, seine Welt zu erobern. Da kam ihr Sohn mit einem Becher angelaufen, in dem er ein paar Tierchen aus dem Wasser gefischt hatte. Die wollte er seiner Mutter unbedingt zeigen. Die Mutter wandte sich ihrem Sohn zu und auf seine Frage, was genau das denn für Tierchen seien, gab sie ihm eine überzeugende Kostprobe ihrer Kenntnisse in Biologie. Der Junge staunte. Da sagte ich zu ihm: „Du hast aber eine tolle Mama, die dich das alles so machen und erkunden lässt!" Daraufhin drückte der Sohn seine Mutter ganz fest und sagte: „Ja, ich habe eine tolle Mama."

So lernen Kinder in Freiheit und mit Freude die Welt kennen. Dieser kleine Junge hatte sichtlich Spaß und wusste gleichzeitig auch, dass er mit Fragen jederzeit zu seiner Mutter kommen konnte. Sie verstand ihr Wissen und ihre Lebenserfahrung als ein Angebot, das ihr Sohn jederzeit in Anspruch nehmen durfte. Kinder, die so aufwachsen, werden immer noch mental programmiert: durch die politischen Vorgaben in unserer Gesellschaft, durch die Schule und ihre Lehrpläne, durch Werbung und deren subtile Manipulation, um nur einige Beispiele zu nennen. Aber sie lernen früh, wo sich sozusagen die Ausgänge befinden. Sie wissen irgendwann, dass da immer irgendwo eine Tür ist, durch die es zu anderen Möglichkeiten geht. Man muss sie nur finden, die Klinke drücken und hindurchgehen. Alle, die wie ich als Kind kein so unterstützendes Umfeld hatten, brauchen deswegen aber nicht zu verzweifeln. Es hilft dann, sich ohne Groll und Bitterkeit zu erinnern und die eigene Vergangenheit nach Möglichkeit zu akzeptieren und anzunehmen. Und es lohnt sich, im Rückblick nach Ankerpersonen zu forschen, die einem Mut gemacht und vielleicht zum ersten Mal einen Weg zu sich selbst gezeigt haben. Die Erinnerung stärkt einen auch später noch mental. Ich bin überaus dankbar für alle Ankerpersonen, für meine Großmutter, meinen Fußballtrainer, meinen Lateinlehrer und noch manche andere, die ich in diesem Buch nicht erwähne. Gleichzeitig weiß ich, dass Menschen auf solche positiven äußeren Anstöße letztlich nicht angewiesen sind. In unserem Inneren ist immer schon alles da. Alles, was wir brauchen, um uns auf den Weg zu wirklicher Freiheit zu machen. Früher oder später bekommen wir alle die Chance, unsere Freiheit zu entdecken. Indem Sie dieses Buch lesen, haben Sie sich bereits auf Ihre Entdeckungsreise gemacht.

# 2

# Was das Bildungssystem wirklich fürs Leben lehrt

Was haben Sie eigentlich in der Schule gelernt? Sicherlich den Satz des Thales aus der Geometrie, nach dem (vereinfacht ausgedrückt) sämtliche Dreiecke innerhalb eines Halbkreisbogens rechtwinklig sind. Oder dass Goethe und Schiller miteinander befreundet waren und zur selben Zeit in Weimar lebten. Vielleicht auch noch, dass semiarides Klima – wie etwa in Zentralafrika oder im Norden Australiens – trotz Niederschlagsperioden im Jahresverlauf für den Ackerbau zu trocken ist. Das sind Beispiele für bewusst erworbenes, theoretisches Wissen. Den größten Teil Ihres in bis zu rund 12.000 Schulstunden (je nach Dauer des Schulbesuchs) erworbenen Wissens haben Sie allerdings längst vergessen. Je älter Sie sind, desto weniger werden Sie davon noch im Kopf haben. Unser kognitiver Apparat sortiert überflüssiges Wissen allmählich aus – sofern es nicht mit starken Emotionen verknüpft ist. Am besten erinnern wir uns an das, was für uns später beruflich wichtig wurde oder unseren Interessen und Hobbys entspricht. Ein Hobbyhistoriker wird wahrscheinlich wissen, was der Reichs-

© Der/die Autor(en), exklusiv lizenziert an Springer Fachmedien
Wiesbaden GmbH, ein Teil von Springer Nature 2023
G. R. Wende, *Wie halten Sie Ihre Gabel?*,
https://doi.org/10.1007/978-3-658-40045-3_2

deputationshauptschluss war. Bei allen anderen dürfte dieses Wortungetüm eher Achselzucken hervorrufen.

Bereits etwas anders sieht es mit den *Fähigkeiten* aus, die Sie in der Schule erworben haben. Lesen, zum Beispiel, oder Schreiben. Heute vergeht kein Tag, an dem Sie nicht irgendetwas lesen oder schreiben. Je nach Schulform haben Sie auch praktische Dinge erlernt, etwa Holz zu bearbeiten oder Lebensmittel zuzubereiten. Diese Fähigkeiten haben Sie unter Anleitung bewusst erworben, genauso wie das theoretische Wissen. Aber Sie verlieren sie später nicht mehr so leicht – weil sie sie täglich anwenden. Lesen, Schreiben oder Kopfrechnen stehen Ihnen heute so selbstverständlich zur Verfügung, dass Sie nie mehr an die Mühe denken, die es Sie gekostet hat, es zu erlernen.

Doch ist das bereits alles? Hat das Bildungssystem Ihnen ausschließlich vermittelt, was in Lehrplänen stand? Nein, denn in Wirklichkeit findet auch in der Schule eine unbewusste mentale Programmierung statt. Sie haben in der Schule eine bestimmte Denkweise verinnerlicht, ein *Mindset*, das Sie für sich akzeptieren mussten, um Ihre Schulzeit unbeschadet überstehen zu können. Über dieses mentale Programm denken wir als Kinder und Jugendliche so gut wie nie nach. Dabei beeinflusst es unser späteres Leben deutlich mehr als der Satz des Thales oder Goethes und Schillers Freundschaft. Zu diesem Programm gehört beispielsweise, dass Leistung objektiv vergleichbar erscheint. Wenn Ella und Lina einen Aufsatz schreiben und darin ihre jeweils individuellen Gedanken formulieren, dann sind die Ergebnisse nicht nur unterschiedlich, sondern sie werden auch unterschiedlich bewertet. Allerdings nicht individuell – das ist der entscheidende Punkt –, sondern anhand einer einfachen Skala mit sechs Stufen. Danach ist Ellas Aufsatz beispielweise „gut" und Linas „ausreichend".

Ella geht jetzt aber nicht nach Hause und sagt zu ihren Eltern: „Mein Aufsatz wurde als ‚gut' bewertet." Sondern sie sagt: „Ich habe eine Zwei bekommen." Auch Lina sagt zu Hause nicht: „Leider konnte ich mit meinen Gedanken und meiner Sprache die Lehrerin nicht voll überzeugen." Sondern sie sagt: „Ich habe nur eine Vier." Beide Mädchen sagen „ich". Damit beziehen sie die Bewertung wie selbstverständlich auf sich selbst. Das ist bereits das Ergebnis einer unbewussten mentalen Programmierung. Vielleicht fragt Linas Mutter ihre Tochter beim Abendessen: „Was hat Ella denn in Deutsch bekommen?" Nachdem Lina erzählt hat, dass Ella für ihren Aufsatz eine Zwei bekommen hat, sagt ihr Vater: „Dann ist Ella ja schon wieder *besser als du*. Das muss sich jetzt aber bald mal ändern!" So festigen die Eltern das unbewusste mentale Programm des Schulsystems. Für Ella und Lina ist die Sache damit klar: In der Schule wird das, was man sagt, schreibt und tut, anhand einer simplen Skala von außen bewertet. Nach dieser Bewertung ist man entweder an der Spitze, im Mittelfeld oder unten. Es gilt, sich auf den herrschenden Bewertungsmaßstab perfekt einzustellen, um möglichst weit an die Spitze zu kommen. Nur so hat man im Wettbewerb um die besten Plätze im Leben eine Chance.

### Wenn Funktionieren das wichtigste Ziel für Kinder ist

Was das Bildungssystem wirklich fürs Leben lehrt, ist also zum Beispiel, sich mit anderen zu vergleichen und mit ihnen um die vorteilhafteste Bewertung von außen zu konkurrieren. Genau wie Unternehmen im Wettbewerb stehen und um die Gunst der Kunden konkurrieren. Diese Parallele ist kein Zufall. Denn die Schule ist ein Spiegel der Gesellschaft. Sie ist in den allermeisten Fällen kein Ort, an dem junge Menschen sich ausprobieren und Schritt für Schritt entdecken, was in ihnen steckt. Sondern der Platz, an dem die Spielregeln der Gesellschaft eingeübt werden. Dieses Einüben läuft jedoch weitgehend unbewusst ab! Die Regeln werden in der Schule allgemein weder hinterfragt noch kritisch diskutiert. Natürlich soll im Schulunterricht auch kritisch-analytisches Denken geübt werden. Allerdings ausschließlich in dem vorgegebenen Rahmen und auf der Grundlage einer sozialen Konditionierung, die als solche nicht zur Debatte steht. Das kritische, analytische und in Ansätzen selbstständige Denken darf anhand von Aufgaben demonstriert werden – und auch dafür gibt es am Ende eine Schulnote. Dabei existiert so etwas wie ein mentales Metaprogramm, das lautet: Halte dich an die Regeln!

> Rebellische, „bockige" Kinder und Jugendliche bekommen in der Schule schnell zu spüren, dass die Bereitschaft, nach den geltenden Regeln zu spielen, wesentlich wichtiger ist als individuelle Begabung, Kreativität und geistige Freiheit.

Angenommen, es gibt an einer durchschnittlichen Schule einen Jungen, der über das Sprachtalent eines jungen Goethe verfügt und dazu noch die mathematische Begabung eines kleinen Einstein besitzt. Er schreibt tolle Aufsätze voller origineller Einfälle und löst in Algebra bereits Gleichungen, die erst drei bis vier Jahre später auf dem Lehrplan stehen – und das wie im Schlaf. Mit den Hausaufgaben hat er es allerdings nicht so. Oft sagt er in der nächsten Stunde, er hätte keine Lust dazu gehabt, weil er die Aufgaben doof fand. Der Junge schafft es auch nie, pünktlich zu einer Stunde zu erscheinen, weder morgens zu Schulbeginn noch nach den Pausen. Im Unterricht kann er nicht stillsitzen und den Mund halten, sondern quatscht ständig dazwischen. Während der Pausen wird er häufig aggressiv. Immer wieder müssen Mitschüler im Medizinraum wegen blutender Nasen behandelt werden, die auf sein Konto gehen. Wird dieser Schüler an seiner Schule als eines der größten Talente gelten? Oder als einer der größten Problemfälle? Wenn Sie jemals eine typische öffentliche Schule besucht haben, kennen Sie die Antwort. Gut möglich, dass der Fokus allein darauf liegen wird, die unerwünschten Verhaltensweisen des kleinen Jungen abzustellen – und für die Förderung seiner Talente dann keine pädagogischen Ressourcen mehr übrig sind.

Nun könnten Sie fragen: Wie viele Hochbegabte gibt es denn? Sind das nicht Einzelfälle, denen man irgendwie gerecht werden muss, ohne deshalb gleich das System zu kippen? In den letzten Jahren häufen sich die Stimmen in der Wissenschaft, dass Hochbegabung sehr viel häufiger ist als gemeinhin angenommen. Der Neurobiologe Gerald Hüther behauptet sogar:

> „Jedes Kind ist hochbegabt" – so der Titel eines Buchs, das er gemeinsam mit dem Journalisten und Erziehungsexperten Uli Hauser geschrieben hat. Der bekannte britische Erziehungswissenschaftler und Bildungsexperte Sir Ken Robinson sieht die Sache ganz ähnlich: „Im Kindergarten", sagt er in dem Dokumentarfilm „alphabet" [6] von Erwin Wagenhofer, „sind 98 Prozent der Kinder hochbegabt. Am Ende der Schulzeit sind es noch 2 Prozent."

Hochbegabung manifestiert sich nicht in guten Noten. Schulnoten sind vielmehr das Ergebnis einer Anpassung an das SystemSchule und eine Bewertung von außen. Sie sagen nichts oder nur sehr wenig über die wirkliche Begabung eines Kindes aus. Es konnte sogar wissenschaftlich nachgewiesen werden, dass die positive oder negative Einschätzung eines Schülers oder einer Schülerin durch die Lehrkräfte einen großen Einfluss auf die Leistungsfähigkeit und somit auch die Noten hat. Das ist der sogenannte Pygmalion-Effekt [7], eine Spielart der sich selbst erfüllenden Prophezeiung. In Experimenten wurde Lehrern von Psychologen suggeriert, ein bestimmter Schüler sei besonders begabt. Durch die besondere Aufmerksamkeit und

Förderung seitens der Lehrer verbesserten sich die Leistungen dieses Schülers dann tatsächlich erheblich. Benannt ist der Effekt nach dem Bildhauer Pygmalion aus der griechischen Mythologie, der sich, von Frauen enttäuscht, als Statue die „vollkommene" Partnerin erschuf – eine Projektion seiner eigenen Erwartungen. Es gibt allerdings durchaus objektive, wissenschaftlich belegbare Merkmale von Hochbegabung [8]. Das sind zum Beispiel eine ausdrucksvolle Sprache, ein hohes Maß an Neugierde und ein ganz natürlicher Wissensdrang. Hinzu kommt die Fähigkeit, neues Wissen nicht nur schnell abzuspeichern, sondern auch eigenständig mit anderem Wissen und bereits bekannten Fakten zu verknüpfen. Hochbegabte Kinder und Jugendliche erkennt man außerdem an ihrer Zielstrebigkeit und ihrem oft sehr ausgeprägten Gerechtigkeitssinn. Es sei denn – und das ist der entscheidende Punkt – die Rahmenbedingungen stimmen nicht und äußere Störfaktoren machen die Hochbegabung bereits bei Sechs- bis Achtjährigen zunichte.

Es genügt jedoch nicht, Kindern und Jugendlichen zu signalisieren, dass sie besonders begabt sind. Manchmal kann dies sogar kontraproduktiv sein, insbesondere dann, wenn der Hinweis fehlt, dass es für Erfolge nicht allein Talent braucht, sondern auch Disziplin und Durchhaltevermögen. Warum das so ist, beschreibt die Psychologin Carol Dweck ausführlich in ihrem Buch „Selbstbild".

**»Sie spricht darin von einer auf Wachstum ausgerichteten mentalen Einstellung („Growth Mindset" [9]), das bei Schülerinnen und Schülern nur dann entsteht, wenn sie nicht allein für ihre Leistungen anerkannt werden, son-**

dern auch für ihre Bereitschaft, sich anzustrengen und diszipliniert zu arbeiten. Positives Feedback auf Disziplin und Durchhaltevermögen macht Schüler mutig, Neues auszuprobieren.

---

Der Erfolg von Schülern, die allein für ihre Intelligenz gelobt werden, erwies sich demgegenüber in psychologischen Experimenten als nicht nachhaltig. Der Anreiz, Neues zu lernen, ließ bei ihnen bald nach; sie wurden risikoscheu und waren sehr darauf bedacht, „ihr Gesicht zu wahren". Kinder, die in jungen Jahren ermutigt werden, nicht aufzugeben, sondern dranzubleiben, belohnen sich im späteren Leben selbst. So wie der Tennisspieler Ivan Lendl, der in den 1980er-Jahren von sich sagte, er habe im Vergleich zu Boris Becker weniger Talent. Ihm war bewusst, dass er das fehlende Talent mit Disziplin kompensieren musste. Das Ergebnis: Ivan Lendl war mit 270 Wochen mehr als 20 mal so lang die Nummer 1 der Tenniswelt wie Boris Becker mit 12 Wochen.

Disziplin wirkt allerdings nur dann positiv, wenn sich kein Drill dahinter versteckt, der am Ende doch nur aufs Funktionieren zielt. Ein hochbegabtes Kind, das in einem starren System vor allem funktionieren soll und emotional nicht eingebunden ist, wird eher zum Problemfall als zum Klassenbesten. Bei dem Jungen, der auf dem Schulhof prügelt, kann es sogar sein, dass er eigentlich über ein sehr hohes Gerechtigkeitsempfinden verfügt. Bloß wurde sein Sinn für Gerechtigkeit durch die herrschende unbewusste Programmierung bereits so sehr verletzt, dass ihn das extrem wütend macht. Er fühlt sich ständig ungerecht behandelt, weil das System seinen wirklichen Talenten und

Stärken nicht *gerecht* wird und es diese nicht fördert. Sein auffälliges und destruktives Sozialverhalten ist lediglich eine Rebellion gegen Rahmenbedingungen und Störfaktoren. Dadurch büßt er erheblich an emotionaler Einbindung ein. Der Entzug an Lob und emotionaler Unterstützung durch Eltern, Lehrer und Mitschüler macht ihn schließlich nur noch wütender. Ein Teufelskreis!

Unbewusst wünschen sich viele Eltern, dass ihre Kinder in der Schulefunktionieren und sozial gut integriert sein sollen. Das Motiv dahinter muss nicht einmal elterlicher Ehrgeiz in Bezug auf die Leistungen des Kindes sein. Sondern die Eltern wünschen sich oft schlicht, dass es ihren Kindern gut geht und sie eingebunden und emotional ausgeglichen sind. Da die meisten Eltern über die unbewusste mentale Programmierung nie nachdenken, suchen sie den Fehler beim Kind, sobald es in der Schule nicht mehr rund läuft. Was sie selbst in der Schule erlebt haben und was das für ihre Kindheit bedeutete, haben sie häufig vergessen oder verdrängt. Oder sie haben nie darüber reflektiert. Also bemerken sie nicht, dass der Fehler in einem System liegen könnte, das die wirkliche Begabung ihres Kindes zu wenig fördert.

---

### Beispielgeschichte

So war es auch bei meinem Neffen Bernd. (Seinen Namen habe ich hier geändert.) Im Alter von 6 Jahren gingen seine Eltern mit ihm zum Arzt, weil er sich in der Schule nicht konzentrieren und disziplinieren konnte. Bereits durch den Gang zum Arzt signalisierten sie dem Kind unbewusst: Mit dir stimmt etwas nicht! Die Bestätigung kam prompt: Bei Bernd wurde ADHS diagnostiziert. Diese Abkürzung steht für Aufmerksamkeits-Defizit/Hyperaktivitäts-Störung. Unaufmerksamkeit, Hyperaktivität und Impulsivität sind die wichtigsten Symptome. Bis zu seinem 13. Lebensjahr bekam Bernd deshalb Ritalin. (Das ist der gebräuchliche Handelsname für Methylphenidat, einen Dopamin- und Noradrenalin-Wiederaufnahmehemmer.) Dieses Medikament ist gefährlich, umstritten und fällt in Deutschland unter das Betäubungsmittelgesetz. Bernd sagte von Anfang an: „Ich will das nicht." Über die Jahre der Einnahme wirkte er zwar ruhiger und machte in der Schule etwas weniger Ärger – gleichzeitig hatte ich den Eindruck, als hätte etwas seine Lebendigkeit und frühere Neugierde ausgelöscht. Wenn ich die Familie besuchte, sagte Bernd mir immer wieder: „Ich will diese Tabletten nicht mehr nehmen." Eines Tages meinte ich zu ihm: „Bernd, du bist nicht krank, du bist hochbegabt!" Denn zu dieser Überzeugung war ich längst gekommen. Anfänglich konnte Bernd meine Worte kaum glauben; allzu tief war die alte Programmierung verankert. Und seine Begabung zu fördern, schien für seine Eltern, Lehrer und Ärzte kein vorrangiges Ziel zu sein. Er sollte in der Schule funktionieren und gute Noten bekommen. In seinem eigenen Interesse! Alle meinten es gut mit ihm, daran habe ich keinen Zweifel. Sie reflektierten lediglich nicht über die mentale Programmierung, die sie zu ihren falschen Schlüssen kommen ließ.

Einige Monate lang beschäftigte ich mich immer wieder intensiv mit meinem Neffen. Bernd durfte zeigen, was in ihm steckte, und in der Folge besserten sich auch seine Symptome. Am Ende verlangte der betreuende Psychologe einen Konzentrationstest. Bernd bestand den Test und der Psychologe konnte, wie er sagte, „guten Gewissens empfehlen", das Ritalin abzusetzen. Dass es bei dem Test auch um seine persönliche Absicherung ging, liegt für mich auf der Hand. Heute, rund 16 Jahre später, käme niemand mehr auf die Idee, dass bei Bernd einmal ADHS diagnostiziert worden sein könnte. Ein paar Probleme mit Unaufmerksamkeit und Impulsivität sind immer noch da, doch mittels Emotionsregulation hat er gelernt, damit gut umzugehen.

Nach einer im Februar 2022 veröffentlichten Studie des Heidelberger Sinus-Instituts soll inzwischen in jeder fünften deutschen Familie ein Kind mit ADHS leben. Kann es wirklich sein, dass wir bei Kindern wie aus dem Nichts eine wahre Epidemie einer schweren neurophysiologischen Störung erleben? Als Wissenschaftler aus mehreren Disziplinen, der auf die größeren Zusammenhänge schaut, zweifle ich daran. Was geschieht hier wirklich? Es stimmt, dass

immer weniger Kinder im herkömmlichen Bildungssystem-
funktionieren. Statt aber das System zu hinterfragen, suchen wir den Fehler bei den betroffenen Kindern. Wir stellen ihnen eine klinische Diagnose. Wir glauben, dass sie
nicht ins System passen, weil sie krank sind – und nicht,
dass das System sie krank macht. Eigentlich ist aber das System krank. Woran krankt es? Es beruht auf einem fragwürdigen Modell von Intelligenz sowie einer veralteten Vorstellung von messbarer und vergleichbarer Leistung! In diese
Kerbe schlägt Gerald Hüther: „Unsere Vorstellung von Begabung und ‚Intelligenz' ist grundlegend falsch", sagt der
Neurobiologe. Das ist ebenfalls meine Beobachtung – in
Kap. 7 werde ich Intelligenz deshalb genauer definieren.

> In der Schule werden wir unbewusst darauf programmiert,
> einen bestimmten Maßstab für Intelligenz, Begabung und
> Leistung für unumstößlich zu halten. Dieser Maßstab stammt
> jedoch aus einer vergangenen Zeit. Wenn wir nicht noch
> mehr Kinder mit Psychopharmaka behandeln wollen, müs-
> sen wir uns grundlegend neu orientieren.

### *Perfekt darauf vorbereitet, sich dem Leben im 20. Jahr-hundert anzupassen*

Im Mittelalter definierte die Kirche, wer ein Heiliger war
und wer ein Sünder. Alle mühten sich ab, heilig zu werden – niemand stellte die Maßstäbe der Kirche in Frage.
Kein Wunder, denn darauf stand die Todesstrafe. Im
20. Jahrhundert definierten Wissenschaft, Unternehmen,
Bildungspolitik und einflussreiche internationale Organisa-
tionen, was Intelligenz, Bildung und vergleichbare Leistung
in der Breite der Arbeitsgesellschaft war – und für lange
Zeit sein sollte. Das gipfelte im Jahr 2000 in dem Start-
schuss für die internationalen PISA-Studien der Organisation für wirtschaftliche Zusammenarbeit und Entwicklung
(OECD). Die OECD wird oft für eine Unterorganisation

der Vereinten Nationen gehalten, ähnlich UNICEF oder UNESCO. In Wirklichkeit handelt es sich – vereinfacht gesagt – um den Interessenverband der reichen, entwickelten und marktwirtschaftlich orientierten Länder der Erde. Laut OECD-Konvention lauten die drei Hauptziele der Organisation Wirtschaftswachstum, freier weltweiter Waren- und Kapitalverkehr sowie Steigerung des Lebensstandards in den Mitgliedsstaaten [10]. Die OECD hat seit Langem erkannt, dass das Bildungssystem für diese Ziele eine Schlüsselrolle spielt. Bei PISA geht es letztlich um einheitliche Standards, die Kinder und Jugendliche fit machen sollen für einen verschärften globalisierten Wettbewerb. Das muss man nicht in allen Punkten kritisieren, sollte es aber wissen, bevor man PISA zum Maß der Dinge erhebt.

Der Dokumentarfilm „alphabet" richtet den Fokus auf das PISA-Musterland China. Das dortige Schulsystem ist von Disziplin, Leistungsdruck und strenger Auslese geprägt. Wir erleben im Film den Koordinator der OECD für das PISA-Programm, den Deutschen Andreas Schleicher, bei einem China-Besuch. Im Gespräch schwärmt er über Chinas Schulen und Schüler und empfiehlt China als Vorbild für den Westen. Bei seinen Aussagen nehme ich seine deutliche Angst wahr: Wenn wir in Europa die Zügel nicht kräftig anziehen, werden wir im globalen Wettbewerb bald zu den Verlierern zählen!

> **Beispiel**
>
> Der Film kontrastiert die Welt der Bildungsfunktionäre mit Beobachtungen aus dem Alltag eines 13-Jährigen, der als Supertalent gilt. Wir sehen ihn mit seiner Mutter in einer winzigen Wohnung, an deren Wände Urkunden für die Siege des Schülers bei den chinesischen „Mathematik-Olympiaden" hängen. Die Mutter lächelt stolz, ihr Sohn wirkt müde. Sein Gesichtsausdruck und seine Körperhaltung sind schlaff, die Augen leer. Freizeit hat der Junge keine. Er lernt oft bis in die

Nacht, dann schläft er kurz, danach ist es wieder Zeit für die Schule. In einer langen Kameraeinstellung sehen wir den 13-Jährigen im Schulbus gegen das Einschlafen im Sitzen kämpfen. Allen, die auch nur über ein Minimum an Empathie verfügen, kann dieser Junge nur leidtun. Im Film sagt der chinesische Pädagogikprofessor Yang Dongping, ein ruhiger Mann über 50, der resigniert wirkt: „Unsere Kinder gewinnen am Start, aber verlieren am Ziel." Suizid ist seit Jahren die häufigste Todesursache bei jungen Chinesen.

Gleichzeitig sind mittlerweile 14 auf Schülernachhilfe spezialisierte chinesische Unternehmen an US-amerikanischen Börsen notiert. Mir scheint, dass hier etwas vollkommen aus dem Gleichgewicht geraten ist.

Im Kern setzt das Bildungssystem sowohl in China als auch bei uns auf unausgesprochene Annahmen aus der Vergangenheit, die einer Überprüfung längst nicht mehr standhalten. Leistungsdruck und Konkurrenz sind nachweislich keine Garanten für Hochleistung! Für gesunde und dauerhafte Hochleistung, die nicht in psychischen und somatischen Erkrankungen oder gar Suizidgedanken enden soll, sind emotionale Einbindung und gezielte Förderung individueller Fähigkeiten viel wichtiger. Natürlich kann ich Leistung kurzfristig auch über Druck oder mit Anreizsystemen erzwingen. Aber wozu?

Wenn wir versuchen, unsere Schüler so zu drillen, dass sie mit der Künstlicher Intelligenz Schritt halten können, dann werden wir verlieren. Die rein rationale, operative Leistung der alten Industriegesellschaft ist aber auch gar nicht die Leistung, die wir im Zeitalter von Digitalisierung, Automatisierung und Künstlicher Intelligenz brauchen. Sondern die kreative Leistung, das selbstständige, vernetzte Denken sowie die Kooperationsfähigkeit mit vielen unterschiedlichen Menschen.

Das bekommen wir nur, wenn wir den ganzen Menschen mit seinen individuellen Stärken sehen, ihn emotional einbinden und immer wieder neu ermutigen. Das scheint bei der OECD niemand verstanden zu haben! Die einseitige Besessenheit des chinesischen Schulsystems vom Fach Mathematik ist kein Zufall – sondern Ausdruck einer veralteten, reduktionistischen Vorstellung von Intelligenz. Damit sind wir zum Kern des Problems vorgedrungen.

Was wir in der Schule wirklich lernen: Hohe Leistung basiert auf hoher Intelligenz. Und diese Intelligenz ist als eine rein logische, rationale Intelligenz definiert. Wenn wir allein diese Intelligenz bei Kindern und Jugendlichen fördern und trainieren, dann ist das so, als wollten wir sie dazu bringen, die besseren Computer zu sein. Das ist weder möglich noch im Zeitalter von Digitalisierung, Automatisierung und Künstlicher Intelligenz sinnvoll. Wir brauchen zukünftig vielmehr menschliche Intelligenzen, wie zum Beispiel Empathie, Intuition, Fähigkeit zur Selbstreflexion und Kreativität. Die Angst, dass Automatisierung und Künstliche Intelligenz 80 Prozent unserer Arbeitsplätze vernichten könnten, entsteht nur, weil wir meinen, mit Maschinen auf dem Gebiet der logischen Intelligenz konkurrieren zu müssen. In Wirklichkeit kommt es aber darauf an, uns auf unsere eigentlich menschlichen Stärken zu besinnen. Das muss in der Schule beginnen – oder noch besser bereits in der Kita – und später an den Fachhochschulen und Universitäten fortgeführt werden! Wir müssen uns dazu die alten, unbewussten Programme bewusst machen, um sie danach durch neue zu ersetzen. Gelingt das, brauchen Kinder kein Ritalin mehr und werden auch keine Suizidgedanken bekommen.

Die heute noch allgegenwärtige Vorstellung von Intelligenz wurde in der Psychologie um die Mitte des 20. Jahrhunderts geprägt. Es ist eine rationale, logische Intelligenz, die sich mittels Intelligenztests messen und vergleichen lässt. Auf dieser Ebene treten Menschen gegen Schachcomputer an. Und auf dieser Ebene finden auch PISA-Tests statt. Wir alle besitzen in unterschiedlichem Maß diese rationale, logische Intelligenz – und sie ist in vielen Lebensbereichen auch sehr wertvoll! Im Bildungssystem wie auch in der Arbeitswelt haben wir die Begabung des Menschen jedoch zu lange auf diese Form der Intelligenz, den IQ, reduziert. Bereits seit einigen Jahrzehnten gibt es in der Psychologie ergänzend das Konzept der Emotionalen Intelligenz, abgekürzt EQ. Dieser Begriff wurde erstmals 1990 von den US-Professoren John Mayer und Peter Salovay verwendet. Die Grundlage dafür bildete die Theorie der multiplen Intelligenzen von Howard Gardner. Emotionale Intelligenz zeigt sich vielleicht am deutlichsten in der Fähigkeit, positive zwischenmenschliche Beziehungen herzustellen und dauerhaft zu pflegen. Positiv in dem Sinne, dass diese Beziehungen auf Empathie und Verständnis von Emotionen beruhen und nicht lediglich auf Macht, Abhängigkeit oder dem Versuch, andere Menschen für die Erfüllung eigener Bedürfnisse zu instrumentalisieren.

> Während das alte Konstrukt der rein rationalen Intelligenz davon ausgeht, dass Wissen und kognitive Fähigkeiten über den Erfolg im Leben entscheiden, lenkt das Konzept der emotionalen Intelligenz die Aufmerksamkeit auf Fähigkeiten wie Kooperationsfähigkeit, Netzwerken oder Co-Kreativität. Und das sind genau jene Eigenschaften, die wir im Zeichen einer digitalen, global vernetzten Ökonomie brauchen! Hinzu kommen weitere Merkmale emotionaler Intelligenz, wie etwa emotionale Stabilität, die durch die Fähigkeit zur Emotionsregulation erreicht wird. Sie ermöglichen uns, gelassen mit einer globalen ökonomischen, politischen und ökologischen Situation umzugehen, die zunehmend instabil, uneindeutig und nicht-linear ist.

Als jüngstes Konzept kommt schließlich noch die spirituelle Intelligenz hinzu. Der Begriff wurde vor rund 20 Jah-

ren von den Autoren Danah Zohar und Ian Marshall weltweit bekannt gemacht und mit SQ abgekürzt. In meinem
Buch „Mehr arbeiten, weniger leiden" habe ich darüber geschrieben, wie zentral spirituelle Intelligenz zu einer gesunden Hochleistung beiträgt. Das Adjektiv „spirituell" wird
weder von Zohar und Marshall noch von mir im Sinne von
„religiös" gebraucht, bezieht sich also nicht auf die Praxis
eines bestimmten Glaubens. Vielmehr geht es hier um die
Fähigkeit, hinter vielen einzelnen Phänomenen das Eine,
das Ganze, das Verbindende zu sehen. Man könnte in diesem Sinn auch von „holistischer Intelligenz" sprechen,
wobei mir der Begriff „spirituelle Intelligenz" besser gefällt.
Spiritualität ist nämlich nichts anderes als die innere Verbindung mit dem Ganzen! Ohne spirituelle Intelligenz und
entsprechendes Handeln werden wir langfristig kaum verhindern können, dass unser Planet im Chaos versinkt.

Zusammenfassend lässt sich sagen: In unserem Bildungssystem werden junge Menschen auf der Basis eines Kon-
zepts von Intelligenz konditioniert, das sie perfekt darauf
vorbereitet, sich den Lebensbedingungen des 20. Jahrhundert anzupassen. Sie kommen dann aber nach der
Schule in eine Arbeitswelt des 21. Jahrhunderts. Dort sagt
man ihnen: Sei co-kreativ! Sei ein Netzwerker! Sei ein
„Business Punk"! (So der Titel eines Wirtschaftsmagazins
von Gruner & Jahr mit der Kernzielgruppe 20- bis
35-jährige Männer.) Der Punk oder Rocker vom Schulhof,
der mit Ritalin ruhiggestellt wurde, soll nun als „Business
Punk" oder „Corporate Rockstar" zeigen, was in ihm steckt!
Das wird nur wenigen auf Anhieb gelingen – nämlich denjenigen, die aufgrund mentaler Stärke in der Lage waren,
ihre Programmierungen zu erkennen und zu verändern.
Der Rest erlebt in Abstufungen das, was ich zurzeit überall
in Unternehmen beobachte: Es klafft eine riesige Lücke
zwischen Anspruch und Wirklichkeit! Insofern sollte nicht
nur die Schule, sondern sollten auch Unternehmen über

das nachdenken, was Intelligenz, Talent und Leistung eigentlich bedeuten. Wir brauchen vor Künstlicher Intelligenz keine Angst zu haben, wenn wir unsere wahren Stärken als Menschen besser erkennen. In dem Buch „Intelligenz des Herzens" von Osho heißt es:

> „Der gewöhnliche Zustand des Menschen ist der eines mechanischen Funktionierens: homo mechanicus."

**Sind wir bereit, diesen Zustand zu überwinden?**

Haben wir den Mut, uns endlich dem ganzen Spektrum der Talente unserer Kinder zuzuwenden und diese zu fördern, statt ihnen weiter nur unsere alten Vorstellungen von Rationalität, Leistung, Konkurrenz und Wettbewerb aufzuzwingen?

***Was Bill Gates und Mark Zuckerberg gemeinsam haben***
Glücklicherweise hat ein Umdenken längst eingesetzt. Zu erkennen ist es unter anderem an den intensiven Debatten, die über Schule und Bildung geführt werden. Eine Kölner Schülerin twitterte im Jahr 2015 den Satz [11]: „Ich bin fast 18 und habe keine Ahnung von Steuern, Miete oder Versicherungen. Aber ich kann 'ne Gedichtsanalyse schreiben. In 4 Sprachen". Damit löste sie eine Kontroverse aus. Viele applaudierten ihr, viele kritisierten sie aber auch. Ich gehörte eher zu den Skeptikern. Soll die Schule wirklich das Ausfüllen einer Steuererklärung unterrichten – wo doch gerade das als Paradebeispiel für eine Aufgabe gilt, die in Zukunft schneller und besser von Künstlicher Intelligenz erledigt werden kann? Umso erfreuter war ich, als ich die Antwort der 18-jährigen Franziska Heinisch [12], damals Mitglied der Landesschüler*innenvertretung NRW, auf den

Tweet der Kölner Schülerin entdeckte. „Bildung muss nicht immer nützlich sein – sie muss sinnvoll und sinnstiftend sein", schrieb Franziska Heinisch. Um das zu erkennen, braucht es spirituelle Intelligenz! Konkret hieß das für die Schülerin:

» „Bildung befähigt mich, mein Leben selbstbestimmt nach meinen eigenen Vorstellungen zu gestalten. Sie gibt mir die Möglichkeit zu entscheiden, wer ich sein will – in meinem eigenen Leben, in dieser Gesellschaft, in dieser Welt. Was ist mir wichtig, worauf kommt es mir an, wonach richte ich mein Leben aus? Bildung bedeutet Reflexion und Verantwortungsbewusstsein. Bildung ist der Schlüssel zu den Türen, hinter denen die Zukunft für jede*n einzelne*n von uns liegt."

Diese Sätze einer damals 18-jährigen beeindruckten mich tief. Gleichzeitig war mir klar: Mit unserem Bildungssystem wird sich dieses Ziel nicht erreichen lassen. Auch nicht mit einem System nach den Vorstellungen der chinesischen Regierung und der OECD. Wir brauchen bewusste, reflektierte, nicht allein rational, sondern auch emotional und spirituell intelligente Menschen, die Kindern und Jugendlichen neue Wege eröffnen. Ich habe sehr großen Respekt vor dem Lehrerberuf und hatte das Glück, selbst teilweise großartige Lehrer gehabt zu haben. So erinnere ich mich zum Beispiel an einen Mathelehrer, der sagte: „Wenn jemand etwas nicht verstanden hat, dann habe ich es nicht gut genug erklärt." Ich traue unseren Lehrern und Lehrerinnen noch eine Menge zu – übrigens egal, welcher Generation sie angehören. In Hamburg gibt es eine über 60-jährige Lehrerin, die aus eigener Initiative für ihre Schülerinnen ein Online-Zusatzangebot aufbaut, das sich ganzheitlichen Lebensthemen widmen soll, die im Lehrplan – noch – keinen Platz haben. Dies zeigt: Lehrende, Eltern und Kinder können das Schulsystem von innen verändern! Das wird ihnen über kurz oder lang auch gelingen. Denn an der nötigen Bewusstheit mangelt es vielen nicht mehr. Noch einmal die Schülerin Franziska Heinisch: „Wir können Schule zu einem Trainingscamp für die Herausforderungen des Erwachsenenlebens machen. Vielleicht kommen wir dann noch schneller auf den Weg, der uns geradlinig ans Ziel führt, indem wir noch früher erwachsen werden und in dieser Gesellschaft reibungslos funktionieren. Aber ist das unser Ziel? Ist das unsere Vorstellung von Schule? Meine ist es nicht."

Die Zielvorstellung dieser Schülerin sieht vielmehr so aus: „Schule hat unermessliches Potenzial. Schule ist der Ort, an dem die Welt verändert werden kann. Sie kann ein Ort der Mitbestimmung und des Miteinanders sein … an dem jede*r einen Platz hat. Ein Ort, an dem Persönlichkeiten sich frei herausbilden können. Ein Ort, an dem gescheitert werden darf und jede*r gewinnt. Ein Ort, der den Facettenreichtum unserer Welt aufzeigt." Wie können wir jungen Menschen dabei helfen, dieses Potenzial zu verwirklichen? Wie können wir sie dabei unterstützen, ihre eigenen mentalen Programme zu schreiben – statt ihnen unsere anzubieten, die aus dem 20. Jahrhundert oder noch früheren Zeiten stammen? Wissen ist hierzu nicht der wichtigste Schlüssel.

**Erkenntnis**

Wissen allein führt lediglich zu Gelehrtheit durch Schärfung des Intellektes. Gebraucht wird die Fähigkeit, zu ganzheitlichen *Erkenntnissen* zu gelangen. Nötig sind dazu Erwachsene mit einem hohen inneren Freiheitsgrad. Und die gibt es! Viele von ihnen gehen jetzt einen ersten Schritt, indem sie die Freiräume innerhalb des Systems nutzen.

So wie eine Mutter aus Hessen, die über das bestehende Schulangebot an ihrem Wohnort so enttäuscht war, dass sie es ihrem Sohn nicht zumuten wollte und gemeinsam mit zwei anderen Müttern eine Montessori-Schule gründete. Das war keine leichte Aufgabe – aber es hat funktioniert! Montessori- und Waldorfschulen sind seit Jahrzehnten Vorreiter für selbstbestimmtes Lernen, das sich an den individuellen Talenten und Neigungen orientiert. Wenn ich mit Führungskräften spreche, merke ich allerdings oft, dass Montessori-Schulen nicht uneingeschränkt akzeptiert sind. Viele glauben, hier würde zu weltfremd unterrichtet und nicht ausreichend auf eine spätere Karriere in der Businesswelt vorbereitet. Ich kontere dann gerne mit einer kleinen Liste bekannter ehemaliger Montessori-Schüler: Larry Page und Sergeij Brin, Gründer von Google. Mark Zuckerberg, Gründer von Facebook. Bill Gates, Gründer von Microsoft. Jeff Bezos, Gründer von Amazon. Jimmy Wales, Gründer von Wikipedia. Und *last but not least* Peter Drucker, „Vater" aller modernen Management-Vordenker! Das zeigt:

Einige der wertvollsten Unternehmen unserer Zeit wurden nicht von Menschen gegründet, die vor allem gelernt hatten, zu funktionieren und nach vorgegebenen Regeln zu spielen. Sondern von solchen, die dank der Montessori-Pädagogik bereits in der Schule selbstständiges Denken, Empathie, Kreativität, Eigeninitiative und Kooperationsfähigkeit eingeübt hatten.

Interessant ist auch, dass das finnische staatliche Gesamtschulsystem, das sehr viele Elemente der Montessori-Pädagogik übernommen hat [13], nicht etwa zu den schlechtesten, sondern zu den besten Schulsystemen Europas zählt. Und das sogar nach den Maßstäben der PISA-Studien!

Es ist zum Glück nicht nötig, mit der Familie nach Finnland auszuwandern oder mit viel Geld eine eigene Montessori-Schule zu gründen, um Kinder dabei zu unterstützen, ihre eigenen erfolgreichen Wege zu finden. Auch öffentliche Schulen in Deutschland nutzen bestehende Spielräume, um vieles anders und besser zu machen als der Durchschnitt. Eine dieser Schulen ist die Grundschule im niedersächsischen Schüttorf [14], einem kleinen Ort nahe der holländischen Grenze. Im Jahr 2016 hat diese ganz normale staatliche Schule den Deutschen Schulpreis der Robert-Bosch-Stiftung, der ARD und des Verlags der Wochenzeitung „Die Zeit" gewonnen. Warum? Weil es dort Pädagogen und Pädagoginnen gibt, die ihren Beruf mit ganzem Herzen ausüben. Sie setzen auf neue Methoden des individuellen und selbstbestimmten Lernens. Diese Lehrenden wollten nicht warten, bis Regierungen die Lehrpläne ändern. Stattdessen haben sie sich gefragt, was sie innerhalb der bestehenden Rahmenbedingungen anders machen können. Dabei war ihr Ziel die größtmögliche Zukunftsfähigkeit der Kinder. Die Konrektorin wird in der Begründung der Preisverleihung mit dem Satz zitiert:

> „Wir brauchen in Zukunft kreative Vordenker; die Kinder von heute müssen lernen, die Probleme von morgen zu lösen."

In der Grundschule von Schüttorf geht es erklärtermaßen darum, den „Forschergeist" und das „Lernen von- und miteinander" zu fördern. Regelmäßig setzen sich die Lehrenden mit den Kindern zusammen und beraten die nächsten Lernschritte. Gelebte Demokratie sowie „gemeinschaftliches Handeln" von Eltern, Kindern und Schule zählen zu den obersten Werten. Doch der vielleicht wichtigste Wert lautet „Wohlfühlen". Die Schule soll nicht nur Lernort, sondern auch Lebensort sein. Ein Ort, an dem Kinder Spaß haben, Gemeinschaft erleben und sich geborgen fühlen – weil sie nur so wirklich kreativ sein können. Und kreativ sind die Kinder hier! Ein Beispiel: Die Schule hat ihr eigenes Radio. Schülerinnen und Schüler machen regelmäßig Programm. Über die Musikauswahl stimmen sie vorher demokratisch ab. Frontalunterricht gibt es an dieser Schule kaum noch. Wo die Kinder sich gegenseitig helfen können, halten die Pädagoginnen sich meist bewusst zurück. Aber sie bieten auch Hilfe an, damit alle die gleichen Chancen bekommen. Kinder mit Behinderungen gehören hier schon seit Jahren selbstverständlich dazu.

Eine weitere Besonderheit dieser Grundschule ist es, eigene Räume für unterschiedliche Begabungen zu bieten.

### So kann es gehen

So finden sich etwa die technikbegeisterten Mädchen und Jungen im „Bau- und Konstruktionsraum" zu einer Lerngruppe zusammen, während andere Kinder im Raum nebenan malen oder töpfern. Die Kinder entscheiden stets selbst, womit sie sich als Nächstes beschäftigen wollen. Schon die Kleinsten dürfen täglich neu bestimmen, ob sie allein, mit einem Partner oder in der Gruppe lernen wollen, in welchen Raum sie möchten und welche Materialien sie gegebenenfalls haben wollen. Überall stehen Computer, die von allen jederzeit genutzt werden können. Probleme werden im Klassenrat besprochen, den wöchentlich wechselnd ein Kind aus der jeweiligen Klasse leitet. An dieser Schule sehen sich die Erwachsenen als Begleiter und Moderatoren – und nicht als Lehrkräfte im herkömmlichen Sinn.

Da nicht alle Kinder zur selben Zeit das Gleiche lernen, wird den Pädagogen viel Flexibilität abverlangt. Doch die individuellen Bedürfnisse der Kinder gehen hier über alles! Wer bei der Einschulung bereits lesen kann, der wird nicht mit Silbenlernen gelangweilt.

Es ist jetzt an der Zeit, innerhalb des bestehenden Bildungssystems (von der Kita bis zur Fachhochschule und Universität) mehr auszuprobieren und einfach mehr zu machen – statt in unregelmäßigen Abständen immer neue „Bildungsdebatten" zu führen! Vor einiger Zeit habe ich mit Interesse das Buch „Ana, die Schule und der liebe Gott: Der Verrat des Bildungssystems an unseren Kindern" von Richard David Precht gelesen. Ich vermisste darin einen wirklich ganzheitlichen Ansatz, da auch Precht rein vom Intellekt und der logisch-rationalen Intelligenz ausgeht. Im Elfenbeinturm werden wir aber zu keiner wirklichen Lösung kommen. Eher werden wir uns in immer neue Diskussionen verstricken, bei denen es großen Egos weniger um die Kinder als ums eigene Rechthaben geht. Am meisten passiert gerade dort, wo Menschen aus eigenem Antrieb aktiv werden. So wie die Frau, die die Schule, auf die sie ihr Kind am liebsten schicken wollte, gemeinsam mit anderen Eltern selbst gründete. Oder wie das Lehrenden-Kollegium einer niedersächsischen Grundschule, das nicht warten wollte, bis die Politik die Lehrpläne ändert. Solche Menschen brechen ein verkrustetes System auf und öffnen Kindern und Jugendlichen eine Tür, durch die diese dann selbst hindurchgehen. Was lernen diese Kinder nun wirklich fürs Leben? Sie lernen, dass sie ihren einmaligen Neigungen und Interessen folgen dürfen und sich genau damit erfolgreich in die Gesellschaft einbringen können.

Wie intelligent, wissbegierig und bereit, eigenständig Dinge auszuprobieren bereits kleine Kinder sind – und wie schnell wir Erwachsenen das unterschätzen –, zeigt folgende kleine Geschichte:

**Beispielgeschichte**

Ein Bekannter von mir saß im Wohnzimmer auf der Couch und arbeitete an seinem Laptop. Da kam sein Sohn Marco, der etwa zwei Jahre alt war, zu ihm und wollte auch auf die Tasten des Laptops drücken. „Nein", sagte der Vater, das sei nichts für Marco. Der Vater hätte auch sagen können „Lass mich noch eine halbe Stunde in Ruhe arbeiten, dann kannst du auch einmal an die Tasten." Oder er hätte dem Jungen einen alten ausrangierten Laptop zum Spielen geben können. Wer hat nicht noch irgendwelche alten Computer im Schrank? So blockte er die Neugier des Kindes komplett ab. Enttäuscht zog sich Marco zurück. Etwas später spielte er in einer Ecke auf dem Fußboden mit seinem Stoffhasen. Der Laptop beschäftigte ihn anscheinend immer noch. Zwischendurch nuschelte er nämlich: „Papa darf, Marco nicht!" Am nächsten Tag saß mein Bekannter wieder mit seinem Laptop auf der Couch. Marco nahm jetzt seinen Stoffhasen und machte sich damit auf den Weg zum Laptop des Vaters. Der Junge nahm eine Pfote des Hasen und wollte damit auf die Tasten des Laptops drücken. Marco hatte seinen Vater offensichtlich so verstanden, dass das Verbot ihm galt, aber nicht dem Hasen! Das zeigt seine Intelligenz, denn er fand eine praktische Lösung, um sein Bedürfnis trotz des Verbots noch zu befriedigen.

Leider – so dachte ich, als ich diese Geschichte hörte – wird unser heutiges Bildungssystem sich viel weniger für Marcos Intelligenz interessieren als dafür, wie gut er im System funktioniert. Immer wieder werden Verbote seine Intelligenz ausbremsen, so lange, bis er irgendwann rebelliert oder resigniert. Als Gesellschaft haben wir jedoch immer die Möglichkeit, unser Bildungssystem zu ändern. Doch wie unbewusst programmiert sind wir Erwachsene eigentlich? Davon handeln die nun folgenden Kapitel.

# 3

# Kultur und Religion programmieren unsere Träume

Wie sehen die Lebensträume der Deutschen aus? Dazu
führte die Forsa GmbH, eines der führenden deutschen
Markt- und Meinungsforschungsinstitute, vor einiger Zeit
eine große repräsentative Befragung durch [15]. Das Ergebnis: 51 Prozent der Deutschen sind materielle Dinge und
ein Leben im Luxus am wichtigsten – eine Villa, die eigene
Yacht, teure Autos oder ganz allgemein finanzielle Freiheit.
Auf Platz zwei folgte das Liebesglück mit dem idealen
Lebenspartner. Platz drei belegte schließlich ein Leben in
der Ferne. Eine entscheidende Frage beantwortet die Forsa-
Umfrage allerdings nicht: Wo kommen diese Träume
eigentlich her? Es wird in den Interviews nicht nachgehakt,
warum Menschen sich genau diese Dinge so sehr wünschen! Ich behaupte, dass die meisten wohl auch überfragt
wären, wenn sie erklären sollten, weshalb sie sich gerade
von einer Villa, dem Traumpartner oder einem Leben in
einem fernen Land ihr Lebensglück versprechen. Tatsache
ist, dass wir uns unbewusst vor allem das wünschen, was die
meisten anderen Menschen in unserer Kultur auch erleben

© Der/die Autor(en), exklusiv lizenziert an Springer Fachmedien
Wiesbaden GmbH, ein Teil von Springer Nature 2023
G. R. Wende, *Wie halten Sie Ihre Gabel?*,
https://doi.org/10.1007/978-3-658-40045-3_3

wollen oder gar schon haben. Das zeigt: Wir glauben zwar, ein selbstbestimmtes Leben zu führen, machen uns dabei aber häufig nur etwas vor. Wir waren also nicht bloß als Kinder und Jugendliche leicht mental programmierbar – wie Sie in den ersten beiden Kapiteln dieses Buchs gelesen haben –, sondern wir sind es auch als Erwachsene noch.

Dieses Phänomen wurde seit den 1950er-Jahren in zahlreichen sozialwissenschaftlichen Experimenten immer wieder demonstriert. Einer der anschaulichsten Versuche fand vor einigen Jahren in den USA statt und wurde mit versteckter Kamera gefilmt [16].

---

### Beispielgeschichte

Man sieht eine junge Frau das Wartezimmer einer Augenklinik betreten und sich auf einen der letzten freien Stühle setzen. Sie weiß nicht, dass sie die Probandin eines Experiments ist und die anderen Patienten im Raum angewiesen sind, sich gleich auf eine bestimmte Art und Weise zu verhalten. Nichts ahnend nimmt sie sich eine Zeitschrift und beginnt, darin zu blättern. Plötzlich ertönt ein elektronischer Gong. Daraufhin stehen alle anderen Patienten von ihren Plätzen auf, bleiben kurz stehen und setzen sich dann wortlos wieder hin. Die Probandin ist sichtbar irritiert, liest aber erst mal weiter in der Zeitschrift. Da ertönt der Gong zum zweiten Mal. Wieder stehen alle anderen auf, bleiben kurz stehen und setzen sich wieder. Die junge Frau sieht jetzt gestresst aus. Als der Gong wenige Minuten später zum dritten Mal ertönt, steht sie zögernd mit auf. Ohne zu wissen, warum! Die Probandin fragt niemanden nach dem Grund, sondern macht von nun an einfach mit. Bei jedem Gong steht sie auf, bleibt kurz stehen und setzt sich dann wieder hin. Sie wird mental programmiert, eine vollkommen sinnlose Handlung auszuführen.

Das Experiment geht dann in die nächste Runde. Wie wird die junge Frau auf den Gong reagieren, nachdem sämtliche anderen Patienten aufgerufen worden sind, sie also allein im Wartezimmer sitzt und sich unbeobachtet fühlt? Der Gong ist zu hören, sie steht auf, bleibt kurz stehen und setzt sich wieder hin. Exakt so, wie es die Gruppe ihr vorgemacht hat.

Die Programmierung funktioniert also bereits ohne äußere soziale Kontrolle; die Probandin hat sie schon verinnerlicht. Nun kommt ein weiterer ahnungsloser Patient in den Raum, der sich auf einen der freien Stühle setzt. Der Gong ertönt und die junge Frau steht auf, bleibt kurz stehen und setzt sich wieder. Der neue Patient schielt verwundert zu ihr herüber. Beim zweiten Mal fragt er die junge Frau: „Warum tun Sie das?" Darauf sie: „Ich weiß es nicht, aber alle haben es gemacht, deshalb dachte ich, dass ich es auch tun sollte." Da nickt der neue Patient – und erhebt sich ab sofort auch bei jedem Gong. Nach und nach füllt sich das Wartezimmer mit weiteren Patienten, die ausnahmslos das absurde Verhalten von den bereits Anwesenden übernehmen. Auch als die ursprüngliche Probandin aufgerufen worden ist und den Raum verlassen hat, läuft das „Programm" unter den neuen Patienten weiter.

Wie unter dem Mikroskop verdeutlicht dieses Experiment die Funktionsweise sozialer Programmierung: Die Gruppe liefert eine Blaupause für das Verhalten des einzelnen Menschen. Um das Muster zu übernehmen, genügt es völlig, dieses bei der Gruppe zu beobachten. Das heißt, das Verhalten braucht nicht verstanden zu werden und das Individuum muss auch für sich persönlich keinen Sinn darin erkennen. Auf die Frage des neuen Patienten, was das sinnlose Ritual solle, antwortet die junge Frau wahrheitsgemäß, sie wisse es nicht. Zum Schluss hat die Blaupause sich verselbstständigt. Sie ist zu einem Meta-Programm für die soziale Konditionierung in diesem Wartezimmer geworden. Keiner der Anwesenden weiß mehr, wer dieses Verhaltensmuster ursprünglich in die Welt gesetzt hat und was es bedeuten soll. Trotzdem wird es von sämtlichen Neuankömmlingen übernommen. Einfach, weil die anderen es vormachen. Zur Erinnerung: Die Versuchspersonen in diesem Experiment sind erwachsene Menschen, keine Kinder!

Wenn wir jetzt einmal den Mikrokosmos des Wartezimmers auf den Makrokosmos der Kultur übertragen, dann haben wir eine Erklärung für die Ergebnisse der zitierten Forsa-Umfrage: Reichtum macht zwar nicht glücklich, und wenn ich mit mir selbst nicht zufrieden bin, kann weder der Traumpartner noch ein Leben in fernen Ländern daran etwas ändern. In diesen Punkten ist die sozialpsychologische Glücksforschung eindeutig. Doch was, wenn in einer Kultur trotzdem alle behaupten, reich werden, den Traumpartner finden oder auswandern zu wollen? Dann machen die meisten einfach mit! Ihre Träume sind programmiert und die Frage nach dem Sinn stellt sich ihnen gar nicht mehr.

### *Kulturelle Konditionierung und individuelle Bewusstheit*

„Die meisten Menschen sind Schafe", behauptete der ehemalige Schachweltmeister Bobby Fischer. Ist der Herdentrieb tatsächlich so viel stärker als unser freier Wille? Hier gilt es, genau hinzuschauen, um nicht zu vorschnellen und falschen Schlüssen zu gelangen. Die sogenannten Konformitätsexperimente der Sozialforschung (in denen es um viele Facetten von Gruppenzwang und Manipulation geht) werden gerne von Verschwörungstheoretikern aufgegriffen. Diese behaupten, die Medien oder der Staat manipulierten uns Bürgerinnen und Bürger die ganze Zeit absichtlich so, wie es in Konformitätsexperimenten zu sehen ist. So einfach ist die Sache aber nicht!

> Die Verschwörungstheoretiker verstehen vor allem nicht, dass sie ihre Erzählungen genauso unreflektiert von Gleichgesinnten übernommen haben, wie sie es der angeblich „dummen" Bevölkerungsmehrheit im Hinblick auf deren Vertrauen in öffentlich-rechtliche Medien oder die Regierung vorwerfen.

Mentale Programmierung findet in sämtlichen Gruppen, Familien, Staaten und Kulturen statt. Sie ist zunächst einmal eine Tatsache der Zivilisation. Wir leben in miteinander vernetzten Großgruppen und bewegen uns in einem kulturellen Rahmen, der für unser Überleben und die Entfaltung unseres Menschseins notwendig ist. Das bringt es mit sich, Regeln kennenzulernen, zu akzeptieren, zu beherrschen und auch immer wieder Neues von der Gesellschaft zu übernehmen. Wir müssen mental offen und flexibel bleiben, denn sonst verlieren wir den Anschluss an eine Gesellschaft und eine Wirtschaft, die innovativ und von permanentem Wandel geprägt sind. Mit dem Alltagswissen, das Menschen während meiner Kindheit hatten, würden wir heute bereits vor dem Touchscreen eines Fahrkartenautomaten scheitern. Wir haben aber gelernt, was ein Hauptmenü ist oder dass man seine Eingaben meistens erst bestätigen muss, bevor ein Computer macht, was man will. Dieses Wissen entstammt nicht allein unserer eigenen Intelligenz. Andere haben uns diese Dinge vorgemacht und wir haben sie übernommen.

In den ersten beiden Kapiteln dieses Buchs habe ich beschrieben, wie Elternhaus und Bildungssystem uns mental programmieren. Meine Darstellung ist dabei in einem Punkt noch unvollständig geblieben: Eltern und Lehrer entscheiden nicht jedes Mal frei darüber, was sie Kindern einprogrammieren wollen. Sie bewegen sich dabei vielmehr in einem kulturellen Kontext. Sie haben für sich selbst Programme unbewusst übernommen, die sie nun weitergeben – genau wie die Patienten bei dem Experiment in der Augenklinik. Es gibt bei mentaler Programmierung eine übergeordnete Ebene, die mitbestimmt, was Menschen unbewusst an andere weitergeben oder umgekehrt von anderen übernehmen. Man könnte dies als soziale oder kulturelle Konditionierung bezeichnen. Je nachdem, wie Menschen selbst konditioniert sind, programmieren sie unbewusst andere Menschen.

Die junge Frau im Experiment war unbewusst konditioniert, neuen Patienten ein absurdes Ritual „beizubringen". Der Prozess der Konditionierung an sich ist deshalb aber nicht grundsätzlich schädlich oder verwerflich. Wenn unsere Eltern uns zeigen, wie man eine Gabel hält, dann helfen sie uns damit, uns in unserer Kultur zurechtzufinden. Das gilt für viele andere kulturelle Riten ebenso: Wenn ich weiß, wie man sich in meiner Kultur begrüßt und verabschiedet, zu welchen Zeiten gegessen wird oder welcher Wochentag der Ruhetag ist, dann kann ich mich gut in die Gesellschaft einfügen, mich in ihr entfalten und einen Beitrag leisten. Ich brauche als Erwachsener gar nicht jede Kleinigkeit kritisch zu hinterfragen, die ich als Kind gelernt habe. Viele Dinge werde ich möglicherweise irgendwann anders machen als meine Eltern, zum Beispiel abends statt mittags warm essen. An andere Regeln werde ich mich aber auch lebenslang halten und mich zum Beispiel im Supermarkt an der Kasse hinten anstellen, statt mich unter Ellenbogeneinsatz vorzudrängeln.

Der entscheidende Punkt dabei ist: Wo ziehe ich die Grenze? Grundsätzlich habe ich immer drei Möglichkeiten: Etwas unbewusst übernehmen, es bewusst übernehmen oder mich bewusst dagegen entscheiden. Wenn Sie Ihren Umgang mit Besteck unbewusst von Ihren Eltern übernommen haben, werden Sie das heute nicht unbedingt bereuen. Nehmen wir jetzt auch einmal an, Sie tragen ähnliche Hosen, Pullover und Jacken wie die meisten Menschen Ihrer Altersgruppe. Dann können Sie sagen: Okay, das ist nicht sehr einfallsreich, aber es ist praktisch und deshalb mache ich es so. Die Energie, die es mich kosten würde, mich individueller zu kleiden, stecke ich lieber in andere Dinge. Aber was, wenn Sie plötzlich Teil einer Gruppe sind, die sich absurd oder aggressiv verhält? Machen Sie einfach mit? Bestimmt bin ich nicht der Einzige, der sich bei dem

Experiment im Wartezimmer gefragt hat: Warum macht die junge Frau da so einfach mit? Eine wissenschaftliche Erklärung lautet, dass sie damit den Stress vermeidet, den Menschen empfinden, wenn sie aus einer Gruppe ausscheren. Aber heißt das, dass wir in bestimmten Situationen gar nicht anders können?

Es gibt ein berühmtes Schwarzweißfoto aus dem Jahr 1936, das Werftarbeiter während eines Besuchs von Adolf Hitler bei Blohm + Voss in Hamburg zeigt [17]. Alle Männer auf dem Foto haben den rechten Arm zum sogenannten Hitlergruß erhoben. Alle bis auf einen, der mit verschränkten Armen mitten in der Menge steht. Historiker konnten bis heute nicht eindeutig klären, um wen es sich dabei handelte. Doch eines steht fest: Dieser Mann machte von seiner Freiheit Gebrauch. Er demonstriert bis heute, dass Gruppenzwang seine Grenzen hat. Selbst in einer so angsteinflößenden Diktatur wie dem Nationalsozialismus machten nämlich nicht alle mit. Damit sind wir beim Kern der Sache:

> Wir werden gesellschaftlich programmiert, ob wir wollen oder nicht. Aber wir haben die Freiheit, das zu hinterfragen, und in zumindest sehr vielen Fällen auch die Wahl, was wir übernehmen wollen und was nicht.

Um es auf den Punkt zu bringen:

**» Von den mentalen Kompetenzen Fitness, Flexibilität und Freiheit, kommt der mentalen Freiheit die größte Bedeutung zu.**

Die Gewichtung der Freiheit verhält sich – bildlich gesprochen – wie die Hypotenuse im rechtwinkligen Dreieck,
also die dem rechten Winkel gegenüberliegenden Seite. Angenommen, die anderen beiden Seiten des Dreiecks stehen
für mentale Fitness beziehungsweise mentale Flexibilität,
dann wird die Seite der Freiheit getreu dem Satz des Pytha-
goras stets die längste sein, egal wie sehr eine der beiden
anderen Seiten wächst.

> Mentales Wachstum bedeutet die Entwicklung sämtlicher
> mentaler Kompetenzen – im Idealfall in allen drei Di-
> mensionen.

Was tun wir also, wenn wir Lebensträumeunbewusst von
anderen übernehmen, so als ginge es bloß um Tisch-
manieren oder Begrüßungsrituale? Wir machen von unserer Freiheit kaum Gebrauch! Wir verfolgen unsere Lebens-
ziele auf Autopilot, weil es bequem erscheint und den
wenigsten Stress macht. Damit lassen wir es unbewusst zu,
dass andere uns in unserer Freiheit und auch in unserer
mentalen Fitness und Flexibilitätbeschneiden. Diese mentale Bequemlichkeit machen sich Religionen und politische
Ideologien seit Langem zunutze – und das ist keine Ver-
schwörungstheorie, sondern wissenschaftlich belegbar. Die
jeweiligen Eliten geben einen Lebenssinn vor, den Unter-
gebene möglichst unreflektiert übernehmen sollen. Auch
der Konsummaterialismus stellt soziologisch gesehen eine
Ideologie dar. Er gaukelt uns vor, dass Reichtum glücklich
macht, obwohl das erwiesenermaßen falsch ist. Reichtum
wird auf dieses Weise zu Unrecht zum Lebenstraum Nr. 1
der Deutschen. Auch die Hoffnung, den „perfekten"
Lebenspartner zu finden, speist sich aus unterschiedlichen
gesellschaftlichen Quellen. Ich werde darauf im nächsten
Kapitel noch näher eingehen. Beim Traum von der voll-

kommenen Partnerschaft spielen auch religiöse Vorstellungen eine subtile Rolle, etwa die moralische Überhöhung der Ehe beispielsweise im Christentum. Die Frage hinter allem lautet: Wie frei trauen wir uns zu sein, unsere *eigenen* Träume zu träumen – und zu verwirklichen?

**Lernen, sich selbst mit mehr Distanz zu betrachten**
Individuelle mentale Programmierungen geschehen auf der Basis der jeweiligen sozialen und kulturellen Konditionierung. Diese Konditionierung bildet stets den Kontext. Kinder werden in aller Regel nicht nach ihren Bedürfnissen gefragt, sondern es wird ihnen ein bestimmtes Verhalten, eine bestimmte Denkweise beigebracht, man könnte sogar sagen: aufgezwungen. Nicht die Bedürfnisse der Kinder, sondern die Spielregeln der Familie und der Gesellschaft als Ganzes stehen im Mittelpunkt. Damit wird bereits die Grundlage gelegt für die späteren Wünsche und Träume der Erwachsenen. Wer zum Beispiel in einem streng religiösen Umfeld aufwächst, dem wird nahegelegt, dass es im Leben vor allem darauf ankommt, nach den Wertvorstellungen und Normen dieser Religion zu leben. Verurteilt die Religion beispielsweise Scheidungen und sieht sie Kinderlosigkeit als einen Makel an, so werden sich viele Menschen eine lebenslange, kinderreiche Ehe wünschen. Wächst ein Kind in einem stark konsummaterialistischen Umfeld auf, so wird es früh lernen, materielle Dinge für seine Emotionsregulation einzusetzen und dementsprechend später von einem Leben träumen, in dem ihm möglichst unbegrenzte materielle Ressourcen zur Verfügung stehen. Wenn wir nicht wollen, dass die Träume unserer Kinder maßgeblich von Konsum, Religion und dem jeweiligen Gruppenzwang einer Peer Group bestimmt werden, so scheint mir die einzige Lösung zu sein, mit Kindern möglichst früh in einen Austausch zu gehen. Wir sollten sie nach ihren Bedürfnissen fragen – jeweils angepasst an ihr Alter – und diese

dann auch so gut es geht berücksichtigen. Denn Kinder wissen sehr wohl, was für sie gut und richtig ist!

---

**Erkenntnis**

Kinder wollen einbezogen und emotional eingebunden werden. Geschieht das, dann werden sie mehr und mehr erkennen lassen, welche äußeren Umstände sie sich für die Entfaltung ihrer Individualität wünschen. Mit Bewusstheit und Achtsamkeit können Erwachsene, die über spirituelle Intelligenz verfügen, anhand des Verhaltens und der Reaktionen der Kinder mehr und mehr erkennen, was diesen wirklich guttut und welche Richtung deren Lebensweg einschlagen könnte.

---

Das gilt umso mehr für Jugendliche, die noch bei ihren Eltern leben. In seinem Vortrag „How Do You Handle Teenagers" fordert Sadhguru [18], der indische Yogi, Politikberater und Gründer der gemeinnützigen Isha Foundation, Jugendlichen deutlich mehr Verantwortung zu übertragen, als wir es normalerweise tun. Als Beispiel nennt Sadhguru, dass Jugendliche einmal eine Woche lang vollständig für das Essen der Familie verantwortlich sein sollten. Gleichzeitig brauchen Jugendliche Anleitung und Ermutigung zu kritischem und unabhängigem Denken. So bildet sich ein mentales Immunsystem gegen übermäßige gesellschaftliche Beeinflussung oder gar Manipulation heraus.

---

**Erkenntnis**

Jugendliche, denen etwas zugetraut wird und die ihre eigene Meinung vertreten dürfen, entwickeln schrittweise ihre Lebensträume aus sich selbst heraus. Sie glauben dann später nicht mehr so leicht, dass eine Villa glücklich macht oder sie nur den perfekten Partner finden müssen, um alle ihre Probleme zu lösen.

Viele Jugendliche fühlen sich heute von Erwachsenen wie kleine Kinder behandelt. Sie nehmen einen ständigen Druck wahr, mentale Konzepte der Gesellschaft zu übernehmen, zu funktionieren und fremde Erwartungen zu erfüllen. Manche gleiten dabei in Resignation ab. Eine 15-Jährige hörte ich einmal an einem Freitagabend sagen, sie schalte jetzt fürs Wochenende ihr Gehirn ab, um sich erholen zu können. Der eigene Kopf ist für sie anscheinend kein Ort selbstständigen und freudigen Denkens, sondern eine Speicherplatte, die jeden Tag weiter gefüllt wird! Ein Teil der Jugendlichen schafft es irgendwie, sich einen gewissen Grad an innerem Widerstand zu bewahren. Als junge Erwachsene werden sie von den Resignierten dann oft als Quertreiber und Querulanten, als anstrengend, komisch oder gar verrückt angesehen. Dabei geht es hier überhaupt nicht darum, gegen die Gesellschaft zu rebellieren oder sich zu weigern, einen positiven Beitrag zu leisten. Sondern es kommt darauf an, seinen eigenen, unverwechselbaren Lebensweg zu finden und nach echter innerer Überzeugung zu leben.

Vielen Menschen fällt erst im Erwachsenenalter auf, in welchem Maß ihre Lebensträume, Wertvorstellungen und Handlungsweisen auf gesellschaftlicher Konditionierung beruhen. Einige merken es nie und bleiben unbewusst. Ihnen ist nicht einmal ihre Unbewusstheit bewusst, wie Osho es formuliert hat. Wer jedoch zunehmend mehr Bewusstheit entwickelt, hat es zunächst einmal nicht unbedingt leichter. Man muss die Erkenntnis aushalten können, seit seiner Kindheit und Jugend vielleicht Jahre oder Jahrzehnte lang Vorstellungen von einem guten Leben hinterhergejagt zu sein, die letztlich von außen kamen und der eigenen Individualität überhaupt nicht entsprachen. Der weit verbreitete Wunsch, Millionär zu sein und eine Villa, eine Yacht und mehrere Sportwagen zu besitzen, ist für mich oftmals deutlich als eine Überkompensation für bereits geplatzte Lebensträume zu erkennen. Wer als Kind und als Jugendlicher die Freiheit hatte, seiner inneren Stimme zu folgen und seinen eigenen Lebensweg zu finden, der braucht später keine Millionen an Schmerzensgeld für verpasste Chancen. Ich will hier nicht den Besitz einer Yacht, einer Villa oder dergleichen verteufeln; mir geht es hier vielmehr um reflektierte Entscheidungen, eingebettet in einen bewussten und individuellen Lebensentwurf.

Die psychologische Glücksforschung hat drei Dinge längst belegt: Erstens zählen die Menschen in den wirtschaftlich reichsten Ländern der Erde nicht zu den zufriedensten. Die Menschen in Südamerika zum Beispiel sind viel zufriedener als wir im deutschsprachigen Raum (und insgesamt in den hoch industrialisierten Ländern). Zweitens ist seit den 1960er-Jahren der Anteil der sich als glücklich bezeichnenden Menschen an der Bevölkerung in Deutschland nicht mehr gestiegen – trotz der seitdem massiven Steigerung unseres Wohlstands in fast allen Lebensbereichen. Drittens stimmen Studien in den USA und Europa darin überein, dass mehr Geld nur bis zu einem Betrag von etwa 5000 Dollar oder Euro im Monat zufriedener macht [19]. (Inflationsbereinigt mittlerweile vielleicht 6000 oder 7000 Euro, aber mehr auch nicht!) Danach ist kein Plus an Lebenszufriedenheit mehr messbar. Trotz dieser Erkenntnisse läuft in vielen Köpfen nahezu lebenslang das Programm „Reichwerden" als Ersatz für die eigenen, authentischen Lebensträume. Irgendwann machen sich Enttäuschung und Resignation breit, weil die erste Million immer noch nicht geschafft ist und langsam unerreichbar erscheint. Hier wäre eine mentale Neuprogrammierung überfällig. Doch was, wenn jemand seit seiner Kindheit nur gelernt hat, seine Wünsche und Ziele von anderen zu übernehmen? Dann ist er oder sie nicht authentisch und verstrickt sich in Widersprüche. Ich kenne Manager der mittelständischen Wirtschaft, die 80 Stunden pro Woche arbeiten und sagen: „Familie ist für mich das Wertvollste und Wichtigste in meinem Leben." Wenn besagte Manager reflektierter wären, dann würden sie die Diskrepanz zwischen ihrer Aussage und ihrem Handeln erkennen.

Noch einmal: Mentale Programmierung gehört zu einem gewissen Grad zum Leben in einer modernen Gesellschaft dazu. Nicht alles Unbewusste muss ständig hinterfragt oder gar bewusst verändert werden. In der Psychologie heißt es wie folgt: Aus einer unbewussten Inkompetenz wird eine bewusste Inkompetenz; daraus folgen eine bewusste Kompetenz und schließlich eine unbewusste Kompetenz. In einer so komplexen Gesellschaft wie unserer müssen zahllose Kompetenzen unbewusst werden, damit wir nicht in jeder Situation alles Mögliche neu durchdenken müssen, sondern intuitiv auf unsere unbewusste Kompetenz zugreifen können und dadurch Zeit und mentale Energie sparen. Das Problem sind die unbewussten Themen, die erst bewusst gemacht werden müssen, damit wir frei sein und unser Leben gemäß unserer Individualität gestalten können. Dazu gilt es im ersten Schritt, uns bewusst zu machen, dass wir unbewusst sind. Das bedeutet reichlich Reflexionsarbeit. Das Buch, das Sie gerade lesen, will im Kern nichts anderes, als Sie bei dieser Reflexionsarbeit zu unterstützen und Ihnen dazu Anregungen und Impulse zu liefern. Was Sie selbst mitbringen müssen, ist Offenheit und ein gewisses Maß an Zutrauen zu sich selber.

> Bewusstheit beginnt damit, aus unseren alten Schuhen herauszukommen und zu lernen, uns selbst mit mehr Distanz zu betrachten. Wir werden zum Beobachter unserer selbst und des gesellschaftlichen Kontexts, in dem wir uns bewegen. Dann lassen wir nach einer gewissen Zeit automatisch mehr kritische Meinungen unterschiedlicher Menschen zu. Wir verlieren den blinden Gehorsam gegenüber religiösen und politischen Autoritäten. Wir orientieren uns auch immer weniger an dem, was Menschen in unserem unmittelbaren Umfeld machen.

Wenn Verwandte oder Freunde meinen, sie bräuchten ein noch größeres Haus, als sie es schon haben, und das müsste jetzt auf Mallorca stehen statt in Gundremmingen, dann ist das deren Sache.

### Erkenntnis

Es ist nie zu spät, still zu werden und in sich hineinzuhören, wer man *selbst* wirklich ist und was man *für sich* wirklich will. Meditation ist kein bloßer Modetrend, sondern für Erwachsene die beste Möglichkeit, aus der mentalen Fremdbestimmung auszusteigen und das wahre Selbst zu entdecken.

### Definition Meditation

Oftmals wird Meditation mit einem Training für mehr Konzentrationsfähigkeit verwechselt. Es geht in Wirklichkeit darum, einen Raum der Bewusstheit hinter den eigenen mentalen Programmierungen zu betreten, um diese Programme beobachten zu können und sich dadurch am Ende von Mustern zu befreien, die zu unserer sogenannten Persönlichkeit geführt haben. Denn die oft so gepriesene Persönlichkeit ist nicht mehr als ein Konstrukt, das wir erschaffen, um den Ansprüchen der Gesellschaft, in der wir leben, und den Erwartungen unseres unmittelbaren sozialen Umfelds zu entsprechen. Meditation schafft den nötigen Raum, damit das Eigene endlich dort einziehen kann, wo wir alles mit dem Fremden vollgestellt haben.

Sadhguru erzählt in einem seiner Videos auf YouTube folgende Anekdote: Eine Frau liegt schlafend im Bett und träumt, wie plötzlich ein Einbrecher in ihrem Schlafzimmer steht. In Panik schreit sie: „Was machen Sie jetzt mit mir?" Darauf der Einbrecher: „Das weiß ich doch nicht, es ist doch Ihr Traum!" [18]

*Offenheit und Neugier statt Dogmatismus*

Wenn ich zurückblicke, dann bin ich heute dankbar, nicht einen dieser schnurgeraden Wege gegangen zu sein: Gymnasium, Abitur, Studium, Diplom, Promotion und danach eine vorhersehbare Karriere an einer Universität oder in einem Unternehmen. Bitte verstehen Sie mich nicht falsch: Ich urteile nicht über Menschen mit solchen „glatten" Biografien – auch und gerade, weil ich weiß, dass es für erwachende Bewusstheit und den Weg zu sich selbst unerheblich ist, was jemand bisher im Leben gemacht hat. Ich fühle mich lediglich unendlich bereichert dadurch, dass ich vielfältige Erfahrungen sammeln durfte: Ich war Fabrikarbeiter und Taxifahrer in Deutschland, Holzfäller in Kanada und WWOOFer in Australien. Falls Sie es nicht schon kennen: WWOOF steht für „World-Wide Opportunities on Organic Farms", wurde 1971 gegründet und ist ein weltweites Netzwerk von Bio-Bauernhöfen, die Menschen die Möglichkeit geben, gegen Kost und Logis für begrenzte Zeit mitzuarbeiten. Im Mittelpunkt stehen das Kennenlernen unterschiedlicher Kulturen sowie die Verbindung mit der Natur vor allem für Menschen, die aus dem städtischen Raum kommen. (Die Gründerin von WWOOF stammte selbst aus London.) Im Jahr 1985 reiste ich mehrere Monate kreuz und quer durch Australien und konnte über WWOOF immer wieder für ein paar Tage auf Farmen arbeiten. Das Besondere war für mich daran, dass man eine Zeit lang mit den Menschen dort wirklich lebt und ihre Prägungen, Denkweisen, Wünsche und Träume kennenlernt. Weil man die ganze Zeit in der Natur ist und mit den eigenen Händen arbeitet, relativieren sich hier auch viele Konsumwünsche, die einem zu Hause selbstverständlich erscheinen.

Als Taxifahrer in Köln habe ich Menschen aus allen Bevölkerungsgruppen und sozialen Schichten erleben dürfen –

Alteingesessene und Zugezogene, Angepasste und Unangepasste, Heterosexuelle und Homosexuelle, Reiche und Arme. Mit vielen von ihnen bin ich während der Fahrt ins Gespräch gekommen, habe ihre Geschichten gehört und manchmal auch ihre Träume erfahren. Ich sprach nach der Schicht dann auch oft mit Studenten, die wie ich mit Taxifahren ihr Studium finanzierten. Wenn wir offen sind für viele unterschiedliche Menschen, ihre Erfahrungen, Ansichten und Träume – und gleichzeitig geerdet bleiben und mit uns selbst verbunden –, dann relativiert sich unsere soziale und kulturelle Konditionierung mehr und mehr. Wir erkennen die große Vielfalt des Lebens und gewinnen dadurch zunehmend inneren Abstand. Plötzlich erscheinen die eigenen Prägungen und Überzeugungen nur noch als einige Möglichkeiten unter vielen. Indem ich viele unterschiedliche Menschen kennenlerne und mich offen und vorbehaltlos mit ihnen austausche, erfahre ich immer mehr, welcher Mensch ich selbst sein will. Dies empfinde ich als großes Geschenk.

Das Schlimmste in den meisten Kulturen und Religionen ist das „Alles oder Nichts": Du darfst dich nicht selbst entdecken, du darfst nicht auswählen, was du übernehmen möchtest und was nicht, und du darfst nichts miteinander kombinieren. Entweder du nimmst das ganze Paket oder du bist draußen. Ich kenne eine Sikh-Frau, die ihrer Mutter auf dem Sterbebett versprechen musste, nie ein anderes Buch anzurühren als die Heilige Schrift des Sikhismus, den Guru Granth Sahib. Eine Mutter mit einem hohen Grad an innerer Freiheit hätte genau das Gegenteil empfohlen: Wenn es für dein eigenes Leben hilfreich ist, dann nehme alle Bücher dieser Welt! Bücher gehören zu den größten Toren zu unserer Selbstfindung. „Lesen ist wie Denken mit einem anderen Gehirn" – so hat es der argentinische Schriftsteller Jorge Luis Borges einmal treffend formuliert. Das macht die Selbstfindung für Menschen, denen es in der Religion um das „Alles oder Nichts" geht, so gefährlich. Wo das Leben von außen programmiert werden soll, da ist Selbstfindung nicht erwünscht.

Ich erinnere mich noch gut, wie ich im Alter von etwa 8 Jahren in der evangelischen Kirche die Hände anders zum Gebet faltete als die restlichen Gläubigen im Gottesdienst. Dafür wurde ich von meinen Eltern zurechtgewiesen. Sie konnten mir aber auf meine Nachfrage nicht erklären, warum es für das Beten notwendig ist, die Hände auf eine ganz bestimmte Art zu falten. Es kam anscheinend gar nicht so sehr auf das Beten an, auf den Weg nach innen und in die Stille, als vielmehr auf die „korrekte" Handhaltung, deren Herkunft und Sinn längst niemand mehr kannte. Ich weiß nicht warum, aber die Zurechtweisung meiner Eltern hat mich nicht daran gehindert, bis zu meinem späteren Kirchenaustritt an meiner eigenen Art des Händefaltens beim Gebet festzuhalten. Ganz im Gegenteil: Der Widerstand der Eltern hat mich eher darin bestärkt, meine eigenen Sicht- und Handelsweisen zu entdecken und weiterzuentwickeln.

So ist es oft in Religionen, egal ob im Christentum, Judentum, Islam, Hinduismus, Sikhismus oder anderen: Auf äußere Formen, sogenannte heilige Schriften und ehrwürdige Rituale wird größter Wert gelegt. Obwohl heute kaum noch jemand weiß, in welchem kulturellen Kontext dies alles ursprünglich einmal entstanden ist und was es zur damaligen Zeit bedeutete. Selbst wenn es an die innere Substanz des Glaubens geht, herrscht große Unwissenheit.

**Frage**

Fragen Sie doch einmal einen gläubigen Christen, was genau der „Heilige Geist" ist. Die meisten wissen es nicht. Sie können es auch oft nicht wissen, weil im Religionsunterricht und in Predigten ein Bogen darum gemacht wird. Das Thema scheint zu schwierig und philosophisch zu sein. Bewusst oder unbewusst steckt dahinter der Versuch einer Überhöhung.

Dabei ist es eigentlich recht einfach: Aus dem Alten Testament im hebräischen Originaltext lässt sich lernen, dass der Begriff „Heiliger Geist" von „Ruach" abgeleitet ist [20]. Eine direkte Übersetzung gibt es nicht. Das hebräische Wort kann mit „Luft", „Hauch", „Wind" oder „Atem" übersetzt werden und meint im übertragenen Sinn „Lebenskraft", das kosmische Prinzip des Lebens, der Natur und damit auch des Menschen. Diese Kraft oder Energie hinter allen Dingen bezeichnet die indische Philosophie als „Atma". Um nichts anderes geht es auch in den Atemübungen beispielsweise der Vipassana-Meditation: Während der ersten beiden Tage einer 10-tägigen Schweigemeditation gilt es, den ein- und ausströmenden Atem auf der Oberlippe – einschließlich der Lücke zwischen dem Ein- und Ausatmen – als universelles Lebensprinzip bewusst wahrzunehmen.

Der Theologieprofessor Siegfried Zimmer versucht in einem Video [20] dieses universelle Prinzip des Lebens und des Atmens für das Christentum zu vereinnahmen, indem er die Zuseher auffordert, sich aus den ein- und ausströmenden Atem ein Kreuz vorzustellen. Das ist Unsinn, denn ein- und ausströmender Atem kreuzen sich niemals! Hier will ein Theologe etwas, was jenseits der Religionen und ihrer mentalen Programme ist, wieder zum Teil seiner Religion machen. Unzählige Vertreter nahezu aller Religionen versuchen so etwas immer wieder. Ich empfinde das als manipulativ – wie geht es Ihnen damit? Die in dem Video von Siegfried Zimmer vorgestellte Übung kann ich Ihnen allerdings durchaus empfehlen:

> Setzen Sie sich an einem ruhigen Ort bequem hin, schließen Sie Ihre Augen und spüren Sie für eine Minute den einströmenden Atem auf Ihrer Oberlippe. Spüren Sie anschließend für eine Minute den ausströmenden Atem auf Ihrer Oberlippe. Abschließend nehmen Sie für eine weitere Minute die Lücke zwischen Ein- und Ausatmen aktiv wahr. Diese einfache Übung können Sie zwei- bis dreimal täglich machen, einfach als Teil Ihrer Alltagsroutine.

Sie werden alsbald merken, wie sich Ihre kleine zeitliche Investition von täglich wenigen Minuten positiv auswirkt, wie Sie Schritt für Schritt Ihre Aufmerksamkeit und Bewusstheit erhöhen.

Obwohl wir seit einem halben Jahrhundert weltweit eine große kulturelle Öffnung und schrittweise Befreiung des Individuums erleben, haben viele Religionen beziehungsweise ihre Anführer immer noch Angst, ihre Gläubigen könnten zu viel hinterfragen, zu viel verstehen und zu viel für sich selbst anders machen als die Tradition. Dabei ist diese Angst völlig unbegründet. Nach meiner Beobachtung sind nämlich die reflektierten Gläubigen besonders stark verwurzelt in ihrem Glauben. Ich denke da zum Beispiel an einen muslimischen Freund von mir, der von seinen Eltern von klein auf immer angehalten wurde, zu reflektieren und von religiösen Autoritäten nichts unhinterfragt zu übernehmen. Oder ich denke an einen evangelischen Theologen, den ich kenne, der sich für eine Änderung der Sexualmoral in seiner Kirche engagiert. Auch er ist nicht deshalb weniger gläubig, weil es bestimmte Dinge in seiner Religion gibt, die er für falsch und nicht länger tragbar hält. Das „Alles oder Nichts" der Religionen ist es, was die Menschen wirklich in Scharen vertreibt – und nicht die geistige Freiheit! Das betrifft nicht allein die Religionen, sondern sämtliche geschlossenen Denksysteme. Es gibt auch politische Richtungen, die zu Dogmatismus erstarrt sind und blinde Gefolgschaft verlangen. Wir erleben in Europa gerade eine massive Rückkehr nationalistischer Mythen in der Politik. Doch sogar Wissenschaftler machen ihre wissenschaftliche Richtung mitunter zu einer Form von Religion. Da weigert sich dann zum Beispiel ein Facharzt, sich Ayurveda-Medizin auch nur näher anzusehen. Weil es in seinen Augen nicht sein kann, dass „Andersgläubige" zu validen Erkenntnissen kommen.

**Erkenntnis**

Es geht hier stets um unsere innere Freiheit, verschiedene Ansätze zu kombinieren.

Trotz vieler schmerzhafter Rückschläge haben wir heute in unserer Gesellschaft sehr viel Spielraum und genießen eine Freiheit, die wir auch nutzen sollten. Unbewusste mentale Programmierung spielt immer noch eine große Rolle, aber nie zuvor hatten wir so viele Möglichkeiten, uns diese bewusst zu machen und Dinge zu hinterfragen. Die Digitalisierung spielt dabei eine wichtige Rolle. Das Internet erlaubt es uns nicht nur, zu allen möglichen Themen Bücher und andere Quellen zu finden, sondern lässt uns den Wahrheitsgehalt vieler Aussagen auch unmittelbar überprüfen. Zumindest gelangen wir nach einer kurzen Eingabe und wenigen Mausklicks in der Regel zu verschiedenen Sichtweisen. Wir müssen nur aufpassen, dass quasi-monopolistische Unternehmen wie Google oder Facebook nicht die auffindbaren Informationen immer mehr filtern, bis in dieser Filterblase am Ende neue Formen einseitiger und unbewusster mentaler Programmierung stattfinden. Noch leben wir aber in einer Zeit, in der wir nicht nur bisher nie gekannte persönliche Freiheit besitzen, sondern auch über ein noch weitgehend freies Internet verfügen. Es ist eine gute Zeit, aus jeglichem Gruppenzwang auszuscheren und alte gesellschaftliche Muster zu hinterfragen. Tatsächlich machen sich bereits seit einigen Jahrzehnten viele, viele Menschen auf diesen Weg.

Vor einem Irrtum möchte ich allerdings an dieser Stelle warnen: Weder auf der rein intellektuellen Ebene noch mit purer Willenskraft kann es gelingen, sich in der Tiefe von alten gesellschaftlichen und religiösen Programmen zu lösen und frei zu entscheiden, was man für sich übernehmen möchte und was nicht.

**Eine kleine Geschichte**

Wer seine innere Bewusstwerdung erzwingen will und dabei zu wenig Geduld mit sich selbst aufbringt, der kann auch scheitern. Daran erinnert mich die Geschichte des „deutschen Bruce Lee". Er heißt eigentlich Julian Jacobi und ließ sich jahrelang von einem Fernsehteam bei seiner Ausbildung zum Shaolin-Mönch begleiten [21]. Die chinesischen Shaolin verfolgen das Ziel, durch extreme physische Fitness zu mentaler Freiheit zu gelangen. Novizen durchlaufen eine der härtesten Ausbildungen der Welt, die teilweise noch über das hinausgeht, was militärische Eliteeinheiten verlangen. Julian Jacobi begann schon als 9-Jähriger mit Kampfsport und entschloss sich mit 16 zu einer Ausbildung in einem Shaolin-Kloster in Kaiserslautern. Nach vier Jahren war er dort der beste Schüler, sodass er sich schließlich auf den Weg nach China machte, zur Ursprungsstätte des Shaolin-Kung-Fu. Von der dortigen noch härteren Ausbildung kehrte er nach einigen Jahren frustriert nach Deutschland zurück. Heute ist er Kraftsportler ohne spirituellen Anspruch. Bei den Shaolin hat er nicht gefunden, wonach er suchte.

Mich überrascht das keineswegs, denn zu mentaler Freiheit kommt man nicht mit Gewalt. Eher über das Gegenteil, nämlich das Loslassen – insbesondere das Loslassen von Verstand und Willen. Es geht um innere Transformation zur Entdeckung und Stärkung unserer Individualität – ohne Einflüsse von außen. Und die zentrale Technik dafür ist eben seit Jahrtausenden die Meditation. „Das Buch der Geheimnisse" mit insgesamt 112 Meditations-Techniken aus der tantrischen Tradition kann Ihnen dabei als Grundlage dienen [22]. Osho hat diese fünftausend Jahre alte tantrische Schrift (die Vigyana Bhairava Tantra – „Tantra" bedeutet „Technik") ins Englische übersetzt und kommentiert und damit einem weltweiten Publikum Zugang zu einem der ursprünglichsten spirituellen Schätze der Menschheit verschafft. In diesem Buch, das längst auch auf Deutsch erhältlich ist, geht es nicht um Glaubensfragen.

Auch mein Anliegen ist es an dieser Stelle, Sie für Ihre individuelle Reise auf dem Weg zu spiritueller Intelligenz zu inspirieren.

Einige dieser Techniken würden wir westlichen Menschen auf den ersten Blick gar nicht als Meditation bezeichnen. Es sind Bewusstseinsübungen, die teilweise mitten im Alltag ausgeführt werden. Manche der 112 Meditationen sind schwierig, andere (scheinbar) einfach, doch sie alle dienen einem Ziel: der Erlangung geistiger Freiheit. Ich werde auf die tantrischen Techniken in Kap. 10 noch einmal zurückkommen. Welche Technik Sie benutzen, ist zunächst egal – das sagt auch Osho.

Wichtig ist, Abstand vom Außen zu gewinnen, nach innen zu gehen und anzufangen, jene Dinge bewusst und genau zu beobachten, die einem bisher selbstverständlich erschienen. Wenn Sie dann in einem ersten kleinen Schritt „nur" erkennen, dass Sie das meiste in Ihrem Leben unbewusst tun und dieses auch benennen können, dann ist das in Wirklichkeit bereits ein Riesenschritt!

# 4

# Wir sind nicht mit Menschen, sondern mit Überzeugungen verheiratet

Abgesehen von Geld gibt es wahrscheinlich wenig, woran Menschen überall auf der Welt so fest glauben wie an die auf Dauer angelegte Zweierbeziehung. Selbst in unserer freizügigen Konsumgesellschaft, wo der Trauschein für ein Zusammenleben nicht mehr zwingend nötig ist, gehört es für die meisten Menschen zu einem erfüllten Leben dazu, sich dauerhaft an einen Lebenspartner zu binden. Priester, Mönche, Asketen oder Einsiedlerinnen, die aus spirituellen Motiven auf Ehe und Zweisamkeit verzichten, gab es noch vor ein paar hundert Jahren auch bei uns massenhaft. In der modernen westlichen Gesellschaft existieren sie kaum noch. Wo es sie weiterhin gibt, da sind sie Exoten, die bestaunt oder belächelt werden. Die große Mehrheit beginnt früh im Leben und wie selbstverständlich mit der Partnersuche. Dabei ist die Zweierbeziehung so selbstverständlich gar nicht, wenn man Anthropologen und Historiker fragt: Unsere frühen Vorfahren lebten sehr wahrscheinlich über Jahrzehntausende in kleinen Gruppen, kannten möglicherweise überhaupt keine exklusiven Zweierbeziehungen im heutigen Sinn und erzogen ihre Kinder gemeinschaftlich. Erst durch die landwirtschaftliche Revolution in den frühen Hochkulturen kam mit dem Privatbesitz auch die Ehe ins Spiel. Doch noch bis zur Industrialisierung und dem einsetzenden breiten Wohlstand blieb die Ehe ein Privileg der Reichen. Wer arm war, konnte es sich überhaupt nicht leisten, zu heiraten und einen Hausstand zu gründen. Die Armen kamen meistens als Gesinde auf einem Hof oder in einem reichen Haus unter.

Heute hat sich die Situation komplett gedreht: Wer nicht glücklich verheiratet oder in einer intakten Zweierbeziehung ist, der gilt als arm – nicht materiell arm, aber psychisch arm dran, was nach modernen Maßstäben fast noch schlimmer ist. Anders als in früheren Zeiten ist eine Ehe längst nicht mehr primär die Voraussetzung, um eine Familie zu gründen und seinen Besitz an die nächste Generation zu vererben. Die Ehe oder romantische Beziehung soll uns vielmehr glücklich machen. Das Lebensglück steht jetzt im Mittelpunkt, wenn es um Beziehung, Ehe, Familie und sogar um eigene Kinder geht. Wir kämpfen heute nicht mehr so sehr im Außen ums Überleben und können es uns deshalb leisten, nach innen zu schauen und uns zu fragen, wie glücklich oder unglücklich wir uns fühlen. Haben wir gerade keinen Partner, fühlen wir uns schnell einsam. Beziehungssehnsucht ist ein Grundgefühl, das praktisch alle seit ihrer Jugend kennen.

Uns zu verlieben, einen Menschen kennenzulernen, mit ihm vertraut zu werden, gemeinsam Zärtlichkeit und Sexualität zu erleben, schließlich irgendwann Ja zueinander zu sagen und aus tiefstem Herzen eine Verpflichtung einzugehen – das macht uns tatsächlich glücklich. *Sehr* glücklich sogar! Es gehört zum Schönsten, was Menschen erleben können und wird in zahllosen Spielfilmen, Fernsehserien, Romanen, Opern, Popsongs, Rockballaden und Instagram-Posts gefeiert. In unserer freiheitlich-demokratischen Gesellschaft steht dem Beziehungsglück auch nur noch wenig im Weg: Zwangsehen sind in Deutschland verboten und strafbar. Die Annäherung zwischen den Geschlechtern ist heute jederzeit unverkrampft möglich – die Sittenwächter früherer Zeiten gibt es nicht mehr. Jugendliche werden in Elternhaus und Schule früh aufgeklärt und die Erwachsenen gestehen ihnen (anders als früher) auch erste Beziehungen zu. Teenager sollen und dürfen sich romantisch und sexuell ausprobieren. Selbst wer sich für das eigene Geschlecht interessiert, hat heute in westlichen Ländern keine Verfolgung und nur noch wenig Diskriminierung zu befürchten. Klappt es nicht so richtig mit dem Flirt am Arbeitsplatz, beim Sport oder in der Kneipe, helfen Dating-Apps, Partnervermittlungen und Kuppelshows im Fernsehen. Es scheint, als lebten wir in goldenen Zeiten für unser Lebensglück zu zweit. Aber das täuscht. Denn zwischen Anspruch und Wirklichkeit klafft eine riesige Lücke!

Da ist auf der einen Seite das Happy End vor dem Traualtar in den zahllosen Romanen, Filmen und TV-Serien, die wir seit unserer Jugend kennen. Da sind die Hochzeitsplaner, die Hochzeitsshows im Fernsehen und die Berichte über Promi-Hochzeiten in Illustrierten, die unsere romantische Fantasie immer wieder neu beflügeln. Da sind nicht zuletzt die Berichte unserer Freunde, Bekannten und Kollegen von der neuen Liebe, der Reise mit dem Traumpartner in exotische Länder oder den Hochzeitsplänen. Wir hören diese Geschichten und geraten leicht in eine sehnsuchtsvolle Stimmung. Dann ist da die andere Seite, die sich am deutlichsten bei den Scheidungsquoten zeigt: In den USA, an die wir dank Hollywood schnell denken, wenn es um Scheidungen geht, liegt die Quote mit 53 Prozent zwar deutlich höher als im EU-Durchschnitt (43 Prozent) [23] und auch noch etwas höher als in Deutschland (49 Prozent). Scheidungsweltmeister sind allerdings Belgier, Portugiesen und Ungarn mit Raten jeweils um die 70 Prozent.

Auch im reichsten Land der EU, in Luxemburg, scheitern 60 Prozent aller Ehen. Wer sich nicht scheiden lässt, ist deshalb aber noch lange nicht glücklich verheiratet: Nie gab es mehr Paartherapeuten, mehr Ratgeberliteratur für Paare und so zahlreiche Blogs mit Beziehungstipps. Und das sind alles nur die äußeren Symptome. Wir erzählen gerne allen von unserer „Traumhochzeit" – aber nur sehr wenigen und engen Freunden vertrauen wir an, wie glücklich wir nach mehreren Jahren Ehe wirklich sind.

### Mental programmiert auf ein kaum erreichbares Liebesglück

Als der spätere spirituelle Lehrer Osho noch Chandra Mohan Jain hieß, im indischen Bundesstaat Madhya Pradesh sein Studium der Philosophie beendet hatte und dabei war, Professor zu werden, fragten sich seine Eltern einmal, ob er nicht langsam heiraten wollte [24]. Damals, in den 1950er-Jahren, war Indien zum Teil noch streng religiös, zum Teil aber auch schon tolerant und an der westlichen Lebensweise orientiert. Oshos Vater war für diese Zeit relativ fortschrittlich, dennoch hatte er nicht den Mut, seinen Sohn direkt auf das Thema anzusprechen – oder er ahnte bereits dessen Antwort. Deshalb schickte er seine Frau vor, seinem Sohn auszurichten: „Du darfst dir selbst aussuchen, wen du heiraten möchtest. Wir machen dir keine Vorschriften. Nur bitte heirate bald." Darauf sagte Osho zu seiner Mutter: „Ich mache euch einen Vorschlag: Wenn du, Mutter, dich zwei Wochen lang selbst beobachtest und dann sagen kannst, dass die Ehe dich glücklich macht und du genau so leben wolltest wie du jetzt lebst, dann heirate ich." Oshos Vater war einverstanden, denn er hielt das für keine schwierige Bedingung. Nach drei Tagen kam Oshos Mutter zu ihrem Sohn und sagte: „Mach, was du willst, ich bin raus." Diese Geschichte zeigt, dass Osho als einer von wenigen Menschen schon in jungen Jahren darüber reflektierte, welche Lücke zwischen unseren Erwartungen an eine Ehe und dem Ehe-Alltag besteht. Jahrzehnte später lehrte er seine Schüler, dass „zur Realität zu erwachen und vollkommen bewusst zu werden das Ziel aller menschlichen Entwicklung" wäre.

> Um Bewusstheit zu erlangen, müssen wir zunächst Illusionen erkennen und uns von ihnen verabschieden. Illusionen sind grundsätzlich nichts anderes als das, was ich in diesem Buch „mentale Programmierungen" nenne. Unser Verstand hat sie vom Außen aufgenommen und überlagert damit unsere Bewusstheit dessen, wer wir wirklich sind und welche Art zu leben unserem wahren Selbst entspricht.

Im Hinblick auf die Ehe – oder allgemein die Zweierbeziehung – schleppt fast jeder Mensch einen Berg an Illusionen mit sich herum. Seit Kindheit und Jugend sind wir mit einem Ideal konfrontiert, dem wir dann als Erwachsene zu entsprechen versuchen. Wir übernehmen das Ideal oft bereits von den Eltern, die uns ihre Zweierbeziehung vorleben. Dabei sehen wir jedoch als Kinder nur die Außenseite und wissen nicht, was in den Eltern wirklich vorgeht. Haben sie in der Ehe das gefunden, was sie gesucht haben? Osho war da zu Recht skeptisch. Auch ich erkannte bereits in jungen Jahren intuitiv, dass es sehr viele Mythen rund um die Ehe gibt, die Innenseite aber oft anders aussieht. Deshalb habe ich erst sehr spät geheiratet, obwohl auch ich von der Familie immer wieder zum Heiraten gedrängt und von Freunden wegen meines Singledaseins aufgezogen wurde. Mir war dieser soziale Druck unheimlich – da ging es mir genau wir Osho. Heute kann ich erklären, was die meisten von uns (nicht nur) in jungen Jahren erleben: Es gibt eine Riesenerwartung an den perfekten Partner, die erfüllte Beziehung und die glückliche Ehe. Dabei ist es zunächst fast egal, wo diese Programme herkommen: aus der

Tradition konservativ-religiöser Familien, aus Hollywood-filmen, aus Popsongs oder von Instagram-Influencer-Pärchen. Die so geweckten Erwartungen sind überall gigantisch! Meist ohne zu reflektieren versuchen wir, diesen Erwartungen zu entsprechen. Wir wollen exakt das Programm leben, das wir aufgesogen haben. Für die meisten Menschen bedeutet das heute, mit einem Partner oder einer Partnerin glücklich zu werden.

Dann plötzlich holt uns aber die Wirklichkeit ein! Alles ist gar nicht so einfach wie im Film, auf Instagram und in den Erzählungen unserer Freunde oder älteren Geschwister. Es fängt vielleicht schon damit an, dass sich der Traumpartner einfach nicht finden will! Irgendwann glauben wir, Kompromisse machen zu müssen, um nicht allein zu bleiben. Besser den Zweitbesten oder die Drittbeste heiraten als ewig Single zu sein, sagen wir uns. Das verraten wir natürlich niemandem – außer dem engsten Freund oder der besten Freundin nach ein paar Gläsern Bier oder Wein. Als Nächstes wird der Hochzeitstag – der „schönste Tag im Leben", wie es heißt – zwar vielleicht von einem Hochzeitsplaner gemanagt und es werden keine Kosten und Mühen gescheut, aber die Feier bleibt doch oft weit hinter den inneren Erwartungen zurück. Sie produziert schöne Bilder fürs Album, ist aber für das Paar häufig mehr Stress als ein wirklich glücklicher Tag. Schließlich kommt der Alltag der Ehe. Man entwickelt gemeinsame Routinen und bald streitet man sich auch, meist um Kleinigkeiten. Mit romantischen Filmen hat das nur noch wenig zu tun. Nach Jahren läuft es bei dem einen Paar besser und bei dem anderen schlechter. Bei den meisten kommt es irgendwann zur Krise – und bei knapp jedem zweiten Ehepaar in Deutschland schließlich zur Scheidung. Die hohen Erwartungen werden mehr und mehr enttäuscht.

> Aber jetzt kommt der entscheidende Punkt: Die meisten Verheirateten sehen die Ursache der Krise nicht in ihren eigenen Wünschen und Erwartungen – sondern beim jeweiligen Partner! Sie ist von *ihm* enttäuscht, nicht von sich selbst. Er ist von *ihr* enttäuscht, nicht von seinem eigenen Glauben an ein unerreichbares Ideal. Alle sind vom jeweils anderen enttäuscht, niemand von sich selbst, von seiner Erziehung oder von der Gesellschaft.

Wir stellen also nicht die mentalen Programmierungen infrage, die wir im Hinblick auf die Zweierbeziehung übernommen haben. Sondern wir stellen die Fähigkeit des *anderen* infrage, uns glücklich zu machen. Denn genau das ist die unbewusste Erwartung: Die Ehe, die Liebesbeziehung – und damit eigentlich der oder die andere – soll uns glücklich und zufrieden machen! Damit suchen wir aber das Glück im Außen und nicht in uns selbst, wo allein wir es finden könnten. Osho war trickreich, als er seine Mutter fragte, ob die Ehe sie glücklich gemacht hätte. Denn er wusste, dass die Antwort nur Nein lauten konnte. Er war sich seiner Sache absolut sicher. Etwas, das von außen kommt, kann uns nicht innerlich erfüllen. Das ist unmöglich.

### Erkenntnis

Wir müssen erst innerlich zumindest ein Stück erfüllt sein, wenigstens etwas mit uns im Reinen sein, um zu wissen, was im Außen unsere Erfüllung spiegeln und verstärken könnte.

Wenn ich weiß, wer ich bin, dann weiß ich auch, welcher Partner zu mir passt – und ob die Ehe überhaupt etwas für mich ist oder nicht. (Wie viele indische Gurus heiratete Osho übrigens nie.) Das wollen die meisten Menschen aber nicht einsehen. Sie drehen den Spieß um: Die *Beziehung* soll sie glücklich machen, und wenn es mit dem einen Partner nicht klappt, dann trennen sie sich und suchen sich den nächsten. Vielleicht klappt es ja mit dem? Bringt es auch der nächste Partner nicht, wird oft ein erneuter Versuch unternommen und immer so weiter. Kaum jemand blickt in den Spiegel und fragt sich:

Liegt es vielleicht an mir und meinen Programmierungen? Glaube ich fest an etwas, das gar nicht funktionieren kann? Habe ich möglicherweise übertriebene Erwartungen an eine Ehe oder Partnerschaft? Und wenn ja, wo kommen diese Erwartungen her? Was haben meine Eltern dazu beigetragen, was meine gleichaltrigen Freunde? Was kommt aus meiner Religion, was aus unserer Kultur, aus Büchern, Filmen und Musik?

**Erkenntnis**

Selbsterkenntnis ändert alles! Indem wir beginnen, unsere mentalen Programmierungen zu hinterfragen, sind wir ihnen bereits ein Stück weit entkommen.

Ein früherer Nachbar von mir sagte: „Ich lasse mich nicht scheiden, weil ich nicht wieder von vorn anfangen will." Das klingt desillusioniert, aber es ist wenigstens reflektiert. Besser, er macht jetzt aus seiner Situation erst einmal das Beste, als nach einer Scheidung noch einmal zu heiraten und nach wenigen Jahren wieder in genau derselben Situation zu sein. Am besten ist es natürlich, so früh wie möglich mit der Selbsterkenntnis zu beginnen, um das Scheitern einer Ehe gar nicht erst erleben zu müssen. Aber Achtung: Tiefe Reflexion und wahre Selbsterkenntnis führen nie zu Zynismus! Wer sagt „Ich glaube nicht an die Liebe" oder „Die Ehe ist überholt" oder „Männer und Frauen passen einfach nicht zusammen", der ist sehr wahr-

scheinlich nicht besonders reflektiert, sondern eher enttäuscht, vielleicht sogar verbittert. Als Durchgangsstadium
ist so etwas unbedenklich, manchmal sogar hilfreich.
Enttäuschung bedeutet immer auch das „Ende der Täu-
schung(en)" – und kann der Beginn der Klarheit sein. Ver-
bitterung ist jedoch nie das Ziel von Reflexion über mentale
Programmierung. Sondern wachsende Klarheit, emotionale
Stabilität und schließlich geistige Freiheit. Bin ich zunehmend bei mir selbst angekommen, dann weiß ich, was ich
will und welcher Partner zu mir passt. Davor glaube ich es
vielleicht zu wissen, unterliege aber oft der Täuschung.
Denn wir sind nicht nur gesellschaftlich konditioniert, sondern häufen auch noch unsere jeweils eigenen Illusionen an.

### Wunscherfüllung  oder  die Bereitschaft, sich ein-zulassen?

Neben unserer gesellschaftlichen Konditionierung in Bezug
auf Ehe und Partnerschaft existieren jeweils noch individuelle Programme, wie wir uns selbst sehen und was wir von
einem Partner und einer Beziehung erwarten. Das Ver-
rückte dabei: Oft sind bereits junge Erwachsene hier vollkommen eingefahren und kein bisschen mental flexibel!
Über sich selbst sagen sie: „Ich bin so, wie ich bin." Und im
Hinblick auf eine Beziehung: „Ich weiß genau, was ich
will." Fragt man sie nach ihrer „Traumfrau" (oder dem
„Traummann"), wissen sie oft schon genau, wie diese Person auszusehen hat, welche Charaktereigenschaften sie
haben soll, was ihre Hobbys und Interessen sein sollen und
welche Spielart von Sex ihr gefallen soll. Partnerbörsen im
Internet und Dating-Apps ermuntern oft noch dazu, sich
selbst im Hinblick auf das alles so ausführlich wie möglich
zu beschreiben – und dann auch möglichst genau anzu-
geben, was vom zukünftigen Partner gewünscht ist. Umso
besser soll sich der „perfekte" Partner von den Algorithmen
herausfiltern lassen. Das Ganze wird oft als „wissenschaft-

lich fundiert" angepriesen, basiert aber in Wirklichkeit hauptsächlich auf der alten Binsenweisheit „Gleich und gleich gesellt sich gern." Die Algorithmen suchen hier im Prinzip nur nach Gemeinsamkeiten – das zugegeben auf wissenschaftlich-psychologisch hohem Niveau. Es stimmt psychologisch, dass ähnliche Menschen in den meisten Alltagssituationen besser miteinander harmonieren als grundverschiedene. Aber ist es die wichtigste Voraussetzung für eine Ehe oder Partnerschaft, einander möglichst ähnlich zu sein? Oder ist dies lediglich die beste Voraussetzung dafür, gleichgültig nebeneinander her zu leben?

Sadhguru, der bekannte indische Yogi, vergleicht Paarungswillige, die voller solcher genau definierten Erwartungen aufeinandertreffen, mit zwei Betonklötzen, die sich miteinander verbinden wollen. In einem seiner Satsangs auf YouTube sagt er [25]: „Was passiert, wenn zwei Betonklötze aneinandergeraten? Reibung entsteht. Eine Reibung, die entweder den einen Betonklotz zerbricht oder beide." Eine Partnerschaft kann so nicht funktionieren. Denn, so Sadhguru: „Du kannst kein anderes Leben als Teil deines eigenen Lebens integrieren, wenn du absolut starre Grenzen für dich definiert hast. Du solltest dann auch nicht heiraten, denn aus Betonklötzen kann man zwar ein Haus bauen, aber kein Zuhause."

> Echte Beziehung ist erst möglich, wenn meine Grenzen durchlässig sind und ich Leidenschaft und Verbindung auch zulasse. Mit anderen Worten: wenn ich emotional stabil, psychisch sicher und gesund sowie mental flexibel bin.

Wo sich Leidenschaft entzünden soll, da braucht es einen Zündfunken. Ich erkenne intuitiv im anderen Menschen etwas, das mir eine Entwicklungsmöglichkeit eröffnet, die ich allein nicht hätte. Das zieht mich magisch an – und wühlt mich existenziell auf. Aber nur, wenn ich emotional stabil und mental flexibel bin! Ist jemand nicht emotional stabil, dann hat er oft unbewusst Angst, von seinen Emotionen überwältigt zu werden. Oder er hat Angst vor wirklicher Nähe, vor Intimität, und errichtet deshalb unbewusst Barrieren für den Partner. Ist jemand nicht mental flexibel, dann wird er die Chance, mit dem anderen Menschen gemeinsam etwas Neues zu entwickeln, gar nicht erst sehen. Im Extremfall wird er oder sie darauf beharren, dass der Partner seinen Wunschvorstellungen zu entsprechen hat. Sobald er meint, zu viele Kompromisse machen zu müssen, trennt er sich vom Partner. Es ist also extrem wichtig, sich nicht allein die gesellschaftliche Konditionierung im Hinblick auf Ehe und Partnerschaft bewusst zu machen, sondern auch die eigenen Programme in Form teils über Jahre angehäufter Erwartungen und Wunschvorstellungen. Wer glaubt, genau zu wissen, was er will, wird vom Leben nie überrascht werden. Wer sich hingegen von alten Programmierungen befreit, der schafft innerlich Raum und wird ganz automatisch offen werden für Neues.

Jetzt kommt das Entscheidende: Befreiung allein genügt nicht! Hinzukommen muss die Bereitschaft, sich auf den anderen *einzulassen* und sich zu binden. Der Philosoph Isaiah Berlin (1909–1997) ist bekannt geworden für seine Unterscheidung zwischen negativer und positiver Freiheit. Damit ist gemeint, dass Freiheit immer zwei Seiten hat: Es gibt die Freiheit „von" etwas und die Freiheit „zu" etwas. Wenn ich mich *von* mentalen Programmierungen befreit habe, dann ist die Frage, *wozu* ich meine Freiheit anschließend nutzen will. Ich habe jetzt vielleicht keine starren gesellschaftlich konditionierten Vorstellungen von Ehe und Partnerschaft mehr. Aber bin ich aus dieser Freiheit heraus dann in der Lage, mich zu binden? Nicht nur an der Oberfläche zu binden, bloß durch den Trauschein, sondern im Sinn eines wirklichen „Commitments"? Sadhguru sagt in einem weiteren seiner Satsangs [26]: „Wir haben die Wahl, als verheiratetes oder unverheiratetes Paar zusammenzuleben, aber wir haben keine Wahl, uns zu verpflichten oder nicht." Das stimmt. Denn wo es keine (freiwillige) Verpflichtung gibt, da existiert auch keine echte Partnerschaft.

Selbstverpflichtung auf der Basis einer Befreiung von mentalen Programmierungen ist also der entscheidende Schritt. Noch einmal Sadhguru: „Wo es keine Selbstverpflichtung [no commitment] gibt, da gibt es auch keinen wirklichen Sinn für Respekt. Wo es Intimität gibt, da muss es aber auch Respekt für den Körper, den Geist und alles an dem anderen Menschen geben. Wenn jemand sagt ‚Ich fühle mich dir gegenüber nicht verpflichtet und kann jederzeit gehen', dann fehlt es an Wertschätzung für die andere Person und an Respekt ihr gegenüber. Die Ehe ist etwas für zwei Menschen, die sich einander verpflichtet fühlen." Heute entscheiden sich immer mehr Paare, erst zu heiraten, nachdem sie bereits Jahre zusammengelebt haben. Es hat sich jedoch gezeigt, dass der Anteil der Scheidungen in dieser Gruppe höher ist, als wenn Paare vor der Hochzeit gar nicht oder lediglich kurze Zeit zusammengelebt hatten. Die Erklärung liegt für mich auf der Hand: Die Paare in der ersten Gruppe hatten nicht wirklich zusammengelebt, sondern sich lediglich eine Wohnung geteilt. Es gab kein wirkliches Commitment für die entsprechende Beziehung. Das Paar lebte vielmehr in der Illusion, die Beziehung jederzeit ohne großen Aufwand beenden zu können. Das ist ein Zeichen für emotionale Instabilität. Es fehlt die tragfähige Basis für eine tiefe und langfristige Beziehung. Die Bereitschaft zur Selbstverpflichtung ist dagegen ein klares Anzeichen emotionaler Stabilität.

Jetzt könnten Sie einwenden: Das Wichtigste für eine Ehe oder Zweierbeziehung ist doch die Liebe zwischen den

Partnern! Zumindest in unserer westlichen Kultur sehen wir die Liebe als das an, was Menschen zusammenkommen und später vielleicht auch heiraten lässt. Die Liebe ist keine mentale Programmierung, sondern ein universelles Prinzip. Aber auf der mentalen und emotionalen Ebene wird sie oft zerstört, zum Beispiel durch Eifersucht. Der indische Philosoph Jiddu Krishnamurti (1895–1986) schrieb einmal [27]: „Je eifersüchtiger wir sind, desto ausgeprägter ist unser Besitzdenken … Besitzen zerstört die Liebe." In diesem Kapitel geht es nicht um Liebe, sondern darum, was Menschen hindert, gemäß ihrer Liebe zusammenzuleben. Und das sind eben wesentlich die mentalen Programmierungen! In den USA kam ich vor einigen Jahren mit einem Paar ins Gespräch. Wie sich herausstellte, waren beide Partner Scheidungskinder. Ich fragte die beiden: „Was macht ihr denn anders als eure Eltern, damit ihr euch nicht auch eines Tages scheiden lasst?" Sie antworteten: „Wir lieben uns!" Darauf sagte ich: „Das hätten eure Eltern auch gesagt, als sie frisch verheiratet waren." Daraufhin sahen mich die beiden erschrocken an. Wahrscheinlich hatten sie noch nie ihre unbewussten Muster hinterfragt. Diese zu verstehen – und wo nötig das eigene Verhalten zu verändern –, wäre aber sehr wichtig für die Stabilität dieser Beziehung gewesen. Die Liebe steht oft außer Frage. Es sind die Programmierungen aus dem Elternhaus und unserem gesamten kindlichen Umfeld, die eine große Gefahr für jede Beziehung darstellen. Im Elternhaus wurden die meisten von uns schon als Kinder unbewusst darauf programmiert, wie das Zusammenleben von Mann und Frau auszusehen hat. Was wir beobachtet und erlebt haben, hat sich uns eingeprägt, im Guten wie im Schlechten. Als Erwachsene sollten wir uns das bewusstmachen und dann entscheiden, was wir für unser Leben übernehmen wollen.

Ich verdeutliche das gerne mit einem einfachen Beispiel:

**Beispiel**

Nehmen wir einmal an, der Lieblingskuchen einer Familie ist ein Apfelkuchen. Es handelt sich um ein altes Familienrezept, das bereits über mehrere Generationen weitergegeben wurde. Für den Apfelkuchen werden zehn verschiedene Zutaten benötigt. Die jüngste Tochter der Familie entscheidet sich nun, lieber einen Bananenkuchen zu backen. Das Grundrezept aus der Familie möchte sie übernehmen, denn das hat sich bewährt. Den Rührteig zum Beispiel kann man kaum besser machen, findet sie. Damit es ein Bananenkuchen wird und kein Apfelkuchen, gilt es jetzt aber zumindest eine (entscheidende) Zutat zu verändern: Bananen statt Äpfel. Vielleicht bedarf es auch einer zusätzlichen Zutat, etwa Zitronensaft, damit sich die Bananen nicht dunkel verfärben. Es sind also am Ende zwei Änderungen notwendig, damit der Kuchen so wird, wie die Tochter ihn sich wünscht. Und nicht so, wie die Familie ihn immer schon gebacken hat. Das gilt im übertragenen Sinn auch für jede Zweierbeziehung: Soll sie nicht genauso aussehen wie in den Herkunftsfamilien der Partner, müssen diese mindestens eine „Zutat" in Form ihrer Erwartungen und Verhaltensmuster ändern.

## *Selbsterkenntnis plus Verhaltensänderung*

Ein weit verbreitetes mentales Programm in Zweierbeziehungen lautet: Mein Partner soll meine Bedürfnisse befriedigen und alles im Leben mit mir teilen. Diese Erwartungen werden zwar selten so direkt ausgesprochen (weil sie ganz oder teilweise unbewusst sind), zeigen sich aber sehr deutlich, sobald sie enttäuscht werden. So kenne ich auch heute noch viele Männer, die von ihrer Partnerin mütterlich umsorgt werden wollen und unzufrieden sind, wenn die Frau zum Beispiel nicht bereit ist, jeden Tag für den Mann zu kochen. Auch ist es in vielen Ehen immer noch nicht selbstverständlich, dass einer der Partner auch einmal allein oder mit dem besten Freund/der besten Freundin in den Urlaub fährt. Selbst wenn es dann keine „Szene" gibt, lässt der daheimbleibende Teil den Partner oft deutlich spüren, dass er enttäuscht ist und lieber mitkommen würde. Psychologisch gesehen führen solche Besitzansprüche leicht zu ungesunden (fachsprachlich: „dysfunktionalen") Beziehungen. Sie sind im Extremfall von gegenseitiger Anhängigkeit und neurotischen Mustern geprägt.

Der Schweizer Arzt und Psychotherapeut Jürg Willi (1934–2019) bezeichnete solche Muster bereits vor fast 50 Jahren als „Kollusionen". In seinem Buch „Die Zweierbeziehung" [28] definierte er eine Kollusion als ein „uneingestandenes, voreinander verheimlichtes Zusammenspiel zweier oder mehrerer Partner aufgrund eines gleichartigen, unbewältigten Grundkonflikts". Leider löst sich ein solcher Konflikt in einer Beziehung fast nie von allein auf: „Im langeren Zusammenleben scheitert [der] Selbstheilungsversuch, wegen der Wiederkehr des Verdrängten bei beiden Partnern." Ganz praktisch kann das so aussehen, dass jemand beispielsweise in seiner Kindheit in der Familie zu wenig Zuwendung bekommen hat und nun vom Partner permanent Aufmerksamkeit und Zuwendung einfordert. Der Partner wiederum glaubt aufgrund eigener früher Erfahrungen, selbst keine Aufmerksamkeit und Zuwendung verdient zu haben und hier immer nur der gebende Teil sein zu müssen. Ein Spiel beginnt, das beide zunehmend frustriert. Die von Jürg Willi beschriebenen Kollusionen machen deutlich, wie sehr unbewusste Programmierungen eine Partnerschaft dominieren und schließlich sogar zerstören können.

Ein weiteres zugrunde liegendes Problem ist, dass wir es meist mit uns selbst nicht aushalten. Wir werden unruhig, sobald wir allein sind. Viele Menschen glauben deshalb heute, dass sie einen Partner oder eine Partnerin „brauchen". Es geht ihnen dann aber eigentlich gar nicht um eine Partnerschaft, sondern sie wollen sich bloß nicht mehr einsam fühlen. Das Alleinsein macht ihnen Angst oder sie langweilen sich mit sich selbst oder ihre innere Unruhe, das

ständige Gedankenkreisen macht sie verrückt. Wenn diese
Menschen eine Beziehung eingehen, geht es oft gar nicht
um Liebe, um Intimität, um gemeinsames bewusstes Leben
von Individualität, sondern darum, ein Problem zu lösen –
das Problem der Einsamkeit.

> In Wirklichkeit sind Menschen dann erst wirklich reif für
> eine Partnerschaft, wenn sie keinen Partner mehr „brau-
> chen", sondern auch gut mit sich allein sein können. „Ich bin
> ein so interessanter Mensch, dass ich mich in meiner alleini-
> gen Anwesenheit nicht langweile", hörte ich mal jeman-
> den sagen.

Aus einer inneren Freiheit heraus kann ich mich wirklich
auf einen anderen Menschen einlassen. Ich werde dann
nicht innerlich abhängig und es geht mir auch nicht bloß
darum, meine emotionalen und sexuellen Bedürfnisse be-
friedigt zu bekommen. Osho sagte: „Freiheit und Alleinsein
sind zwei Seiten ein und derselben Sache ... darum müssen
jene, die nach Freiheit streben, ihr Alleinsein entdecken."
Wer aktuell ein Gefühl der Einsamkeit verspürt, sollte sich
also gut überlegen, ob gerade der passende Zeitpunkt ist,
eine Zweierbeziehung einzugehen.

Wenn eine bestehende Partnerschaft nicht scheitern soll,
läuft es am Ende vor allem auf zweierlei hinaus: Selbsterkenntnis und Verhaltensänderung. Für eine haltbare Ehe
oder gelingende Beziehung muss ich in erster Linie mich
selbst gut kennen und mit mir auskommen! Die Autorin
Eva-Maria Zurhorst hat prinzipiell Recht mit ihrem Buch-
titel „Liebe dich selbst und es ist egal, wen du heiratest". Ich
bin mir sicher, dass dieses Buch auch deshalb zu einem
Bestseller geworden ist, weil vielen Menschen dieser Satz
intuitiv einleuchtet. Wir müssen bei uns selbst anfangen
und uns selbst annehmen. Erst dann dürfen wir erwarten,

dass auch der Partner uns annimmt und sich uns gegenüber freiwillig verpflichtet. Zur Selbsterkenntnis gehört für mich fast automatisch, dass wir bereit sind, uns immer wieder zu hinterfragen und gegebenenfalls zu verändern. Denn was man durchschaut, das kann man auch ändern. Ich frage Menschen gerne:

> Wann haben Sie zum letzten Mal bei sich etwas verändert – eine Eigenschaft, eine Einstellung oder eine Gewohnheit?

Es ist bezeichnend, wie viele hier lange überlegen. Würde ich stattdessen fragen, was der jeweilige *Partner* (falls vorhanden) bei sich verändern sollte, sähe die Sache wahrscheinlich anders aus: Da fällt den meisten sofort etwas ein! Der Widerspruch erklärt sich mit mangelnder Bewusstheit und Selbsterkenntnis. Wenn wir immer erst in den Spiegel schauen würden, bevor wir uns mit den „Fehlern" anderer beschäftigten, hätten wir deutlich weniger Probleme. Und wenn wir dann noch bereit wären, an uns selbst zu arbeiten und unser eigenes Verhalten immer wieder zu verändern, statt den anderen zu kritisieren, stünden die Chancen für eine dauerhafte Zweierbeziehung bereits sehr gut.

Wenn ich es einmal zusammenfasse und noch einen Schritt weiterführe, dann ergeben sich folgende fünf Punkte zur Etablierung einer stabilen und langfristigen Beziehung jenseits alter mentaler Programmierungen: (Ob Sie sich entscheiden zu heiraten oder nicht ist dabei zweitrangig und hat keinen Einfluss auf die Haltbarkeit der Beziehung.) Punkt eins ist die eindeutige und überzeugende Selbstverpflichtung, das „strong commitment" in den Worten von Sadhguru. Dieser erste Punkt macht eine Verbindung überhaupt erst zu einer echten Zweierbeziehung. Punkt zwei ist mentale Flexibilität, und das bedeutet im Hinblick auf eine Beziehung vor allem die Fähigkeit, sich auf eine andere Person mit deren Wünschen und Bedürfnissen einzustellen. Zu sagen „Ich bin so, wie ich bin, und so muss der Partner mich eben nehmen" ist kontraproduktiv. Wenn Sie dieses Buch bis zu dieser Stelle gelesen haben, dann wissen Sie, wie oft das, was wir für unsere individuelle Persönlichkeit halten, auf mentalen Programmierungen beruht. Es ist meistens ein langer Weg zu echter innerer Freiheit – der beginnt mit zunehmender Bewusstheit sowie dem Entschluss, mental flexibel und offen für Neues zu sein. Praktisch führt das in einer Beziehung zu einer entspannten Haltung. Es ist nicht notwendig, hundert Prozent aller Aktivitäten zu synchronisieren. Wichtig ist vielmehr eine starke gemeinsame Basis, auf die beide Partner immer wieder zurückgehen können.

Punkt drei sind Freiräume, die man sich selbst und dem Partner gewährt. Befreiung von mentalen Programmierungen bedeutet immer auch, seine eigenen Spielräume zu erweitern. Das sollte es mit sich bringen, toleranter und verständnisvoller gegenüber anderen Menschen und insbesondere dem Partner zu werden. Eine Partnerschaft darf kein Gefängnis sein. Außerdem sollten auch keine zu starken Abhängigkeiten bestehen, weder auf der mentalen noch der materiellen Ebene. Das ist für mich Punkt vier. Dieser Punkt wird gerne übersehen oder zumindest unterschätzt. Besteht jedoch keine Augenhöhe und ist jeweils nur einer der Partner zum Beispiel für intellektuelle Orientierung, für Verständnis und Fürsorge oder das Einkommen zuständig, dann ergeben sich daraus Ungleichgewichte, die eine Beziehung langfristig aus den Angeln heben können. Punkt fünf und gleichzeitig einer der wichtigsten ist schließlich Kommunikation. Es ist für Paare immens wichtig, in einem ständigen, wertschätzenden Austausch miteinander zu sein. So wird einerseits sichergestellt, dass die Bedürfnisse beider Partner Gehör finden und in Entscheidungen mit einbezogen werden. Gleichzeitig ist dies die Basis für gemeinsame Reflexion. Eine ehrliche und tiefe Reflexion stellt die Weichen für geistige Freiheit und inneres

Wachstum bei beiden Beteiligten. So wird die Zweierbeziehung zu einer mentalen Wachstumsmaschine! Erst wenn diese fünf Punkte erfüllt sind, ist wirkliche Intimität möglich. Genauso gut kann man es umgekehrt sehen: Ich lasse mich auf Intimität ein und dann gibt es fünf Punkte, an denen ich arbeiten muss, damit eine dauerhafte Beziehung entsteht. Es gibt hier keine kausale Beziehung. Intimität ist das, worin jede Zweierbeziehung eingebettet ist.

> **Erkenntnis**
>
> Die Fähigkeit und Bereitschaft zu Intimität ist ein Zeichen spiritueller Intelligenz.

Osho sagt [29]: „Intimität bedeutet einfach, dass die Türen des Herzens offen sind für den anderen." Unter anderem beim Taxifahren habe ich viel über den Umgang mit Intimität gelernt. Wenn Menschen plötzlich sagen: „Das ist mir jetzt aber zu persönlich, das geht zu weit", ist dies ein klares Anzeichen von Angst. Angst davor, sich zu öffnen und sich verletzlich zu zeigen. Wenn ich jedoch den ersten Schritt gemacht und mich zuerst geöffnet, mich verletzlich gezeigt hatte, dann fiel es meinen damaligen Fahrgästen stets leichter, sich selbst zu öffnen. So kam es auf Taxifahrten zu sehr tiefen Gesprächen.

Kommunikation – Punkt fünf oben – ist auch der Schlüssel zur Beantwortung der Frage, ob ein Partner überhaupt der oder die „Richtige" ist, um sich eindeutig und überzeugend zu verpflichten (Punkt 1). Nach meiner Beobachtung stellen Paare sich zu wenige fundierte Fragen, *bevor* sie heiraten (oder sich für ein Zusammenleben entscheiden). Eine zentrale Frage an den Partner müsste hier lauten:

> Warum und wozu möchtest du überhaupt in einer Zweierbeziehung leben?

Diese Frage kann unbewusste mentale Programmierungen schlagartig offenlegen. Denn wer nur seinen Programmen folgt, hat über diese Frage wahrscheinlich nie nachgedacht und auch so schnell keine Antwort parat. Pauschale Antworten wie „Das gehört zum Glücklichsein dazu" oder „Das wollen doch alle" sollten hier nicht gelten. Gefragt ist ein echter, ehrlicher Austausch über Erwartungen, Wünsche und Ziele. In diesem Zusammenhang könnte eine weitere Frage lauten:

> Wie stellst du sicher, dass du die Erfüllung deiner Erwartungen nicht von mir (als deinem zukünftigen Partner) erwartest?

Diese Frage macht den Partnern ihre jeweils eigene Verantwortung deutlich. Sie könnte deshalb auch lauten: Bist du mit dir selbst genügend im Reinen, um zu heiraten (dich dauerhaft zu binden)? Schließlich sollten die Partner auch bereits über die Grundlage ihres zukünftigen Zusammenlebens sprechen. Dazu helfen Fragen wie: Was werden deine Beiträge für das Gelingen unserer Beziehung sein? Oder:

> Was wirst du dazu beisteuern, dass wir stets einen achtsamen, bewussten und wertschätzenden Umgang miteinander haben werden?

Ob eine Zweierbeziehung gelingt, wird immer stark davon beeinflusst sein, was die Partner während ihrer Kindheit erlebt und als Kind bei Erwachsenen beobachtet und emotional aufgenommen haben. Je stärker wir hier negativ geprägt sind, desto mehr eigene Bewusstmachung und wertschätzende Kommunikation wird nötig sein, bis eine Ehe oder Beziehung wirklich Aussicht auf Erfolg hat. Umso wichtiger ist es, dass wir als Eltern und generell als Erwachsene bei der nächsten Generation die Weichen in Richtung Bewusstheit, Achtsamkeit und Fähigkeit zu freiwilliger Selbstverpflichtung stellen. Kinder lassen sich ebenso negativ wie positiv beeinflussen. Mit anderen Worten: Wir können sehr viel dafür tun, dass heutige Kinder morgen in dauerhaften und erfüllten Zweierbeziehungen leben werden – sofern sie das wünschen und sich dafür entscheiden. Bereits Johann Wolfgang von Goethe dichtete: „Man könnt' erzogene Kinder gebären, wenn die Eltern erzogen wären." Eltern, die als Paar einen bewussten und achtsamen Umgang pflegen und wertschätzend miteinander kommunizieren, geben diese Eigenschaften automatisch an ihre Kinder weiter. Selbstverpflichtung, mentale Flexibilität oder das Genießen und Gewähren von Freiräumen lassen sich mit Kindern gleichzeitig auch schon einüben – altersgerecht und in kleinen Schritten. Selbstreflektierte Eltern, die das Phänomen der mentalen Programmierung kennen, legen so bei ihren Kindern das Fundament für ein späteres Leben, in dem sie Glück und Zufriedenheit nicht länger vom Partner erwarten, sondern aus sich selbst schöpfen.

# 5

# Männer, Frauen und diverse andere Programme im Kopf

Was macht eine Frau zur Frau und einen Mann zum Mann?
Biologisch lässt sich der Unterschied in wenigen Sätzen erklären: Zwei X-Chromosomen ergeben eine Frau; die Kom-
bination aus einem X- und einem Y-Chromosom ergibt
einen Mann. Daraus folgt fast nur eine einzige unverrück-
bare biologische Konsequenz: Die Fortpflanzung des Menschen benötigt die Kooperation beider Geschlechter. Frauen
können Kinder gebären, aber nicht zeugen. Umgekehrt
können Männer Kinder zeugen, aber nicht gebären. Nahezu
sämtliche anderen physischen Geschlechtsunterschiede
sind nicht unveränderlich. Frauen haben ein „weibliches"
Gehirn und Männer ein „männliches"? Heute wissen wir,
dass sich das Gehirn aufgrund der sogenannten Neuro-
plastizität stets den Lebensbedingungen des Menschen an-
passt. Unsere Gehirne sind (wie im Grunde jedes Organ des
Körpers) ein Spiegel äußerer Bedingungen sowie unseres
eigenen Umgangs mit diesem Organ. Wenn wir weibliche
und männliche Exemplare des Homo sapiens ab frühester
Kindheit verschieden behandeln, so muss sich das in einer

© Der/die Autor(en), exklusiv lizenziert an Springer Fachmedien          **91**
Wiesbaden GmbH, ein Teil von Springer Nature 2023
G. R. Wende, *Wie halten Sie Ihre Gabel?*,
https://doi.org/10.1007/978-3-658-40045-3_5

unterschiedlichen Entwicklung der Gehirne widerspiegeln. Wir dürfen Ursache und Wirkung nicht verwechseln! Auch alle übrigen körperlichen Merkmale, die wir als weiblich beziehungsweise männlich wahrnehmen, lassen sich grundsätzlich verändern. Die moderne Medizin braucht dazu bloß genügend Zeit, mehrere Operationen und größere Mengen an Hormonpräparaten. So macht sie aus einer Frau einen Mann oder aus einem Mann eine Frau. Je jünger die Patientin oder der Patient, desto überzeugender das Ergebnis. Allein bei der Fortpflanzung bleibt es – vorerst vielleicht – bei dem durch X- und Y-Chromosomen festgelegten Unterschied.

Wenn Sie in Ihrer Familie oder im Freundes- und Bekanntenkreis meine Eingangsfrage stellen – also was eine Frau zur Frau macht und einen Mann zum Mann –, dann garantiere ich Ihnen, dass nur eine Minderheit den Unterschied an den Chromosomen oder der Gebärmutter festmachen wird. Die meisten werden Merkmale nennen, die biologisch nicht oder nicht unverrückbar festgelegt sind: vom Körperbau über den Klang der Stimme bis hin zur Kleidung. Wann also ist für Sie eine Frau eine Frau und ein Mann ein Mann? Sie könnten bei Frauen zum Beispiel an weniger Muskulatur denken. Obwohl es Bodybuilderinnen gibt, von deren Muskelmasse der Durchschnittsmann im Fitnessstudio nur träumen kann. Sie könnten an bunt lackierte Fingernägel denken. Obwohl Nagellack bei Jungs im Teenageralter und jungen Männern seit ein paar Jahren in Mode ist [30]. Mit Schwarz fing es an, dann kamen noch andere Farben ins Spiel. Halten Sie nur einmal die Augen offen! Das ist für manche noch ähnlich provokant, wie es vor vierzig Jahren die grün oder blau gefärbten Haare der Punks waren. Wenn Sie heute mit grünen oder blauen Haaren durch eine belebte Fußgängerzone gehen, wird sich niemand mehr nach ihnen umdrehen. Sie könnten – ein letztes Beispiel – Frauen auch für empathischer und mitfühlender halten als Männer. Obwohl es weibliche Serienkiller und männliche Kinderpsychologen gibt. Vor 60 oder 70 Jahren fiel es Menschen leichter, den Geschlechtsunterschied an nicht-biologischen Merkmalen festzumachen: Lange Haare? Sind weiblich. Hosen? Eindeutig männlich. Gesichtscreme? Benutzen ausschließlich Frauen. Motorrad fahren? Reine Männersache. Wer um 1940 geboren ist und in einer westlichen Gesellschaft lebt, der hat während seines Lebens eine Erosion vieler Unterscheidungen erlebt. Obwohl die eingangs beschriebene biologische Grundlage für den Geschlechtsunterschied seit Hunderttausenden von Jahren die gleiche ist. Und damit sind wir bei einem entscheidenden Punkt.

In kaum einem anderen Lebensbereich sind mentale Programmierungen so mächtig und so allgegenwärtig wie in Bezug auf den Geschlechterunterschied. Menschen treten heute aus der Kirche aus und trennen sich damit mit einer einzigen Unterschrift von einer Tradition, die in Europa über Jahrhunderte definiert hat, was Gut und Böse ist. Deutsche wandern in die USA aus, lassen ihre Kultur hinter sich und sind nach wenigen Jahren perfekt eingegliederte US-Amerikaner. Bill, der YouTuber mit dem Kanal „lebenUSA" [31], stammt gebürtig aus Köln, heißt mit bürgerlichem Namen Dr. William Sen und hat nach nur fünf Jahren USA neben der US-Staatsbürgerschaft sogar den Status eines „Trusted Travelers" [32]. (Das ist ein besonders vertrauenswürdiger US-Bürger, der bei der Wiedereinreise an der Grenze nicht kontrolliert wird.) So schnell und erfolgreich lassen sich nationale Identitäten wechseln. Mit der Programmierung auf ein bestimmtes Geschlecht tun wir uns dagegen viel, viel schwerer!

Aber wie konnte es überhaupt zu einem kulturellen Programm kommen, das aus einem vergleichsweise winzigen biologischen Unterschied einen tiefen mentalen und sozialen Graben macht? Und warum zogen die Trägerinnen der XX-Chromosomen dabei eigentlich den Kürzeren gegenüber den Trägern der XY-Chromosomen? Weshalb werden Frauen seit Jahrtausenden benachteiligt?

Diese Frage ist nicht einfach zu beantworten.

## *Es gibt keinen wirklichen Grund für die Dominanz des Mannes*

Die allernächsten genetischen Verwandten des Menschen wurden erst 1929 entdeckt. Dann dauerte es noch einmal mehr als vier Jahrzehnte, bis man 1974 begann, sie zu erforschen. Die Rede ist von der Affengattung der Bonobos, die im tropischen Regenwald des Kongo in Zentralafrika leben. Ihr Erbgut gilt als zu 99,4 Prozent identisch mit unserem. Einer der ersten Erforscher der Bonobos, der japanische Professor Takayoshi Kano, war weder Zoologe noch überhaupt Biologe. Er war Ethnologe, also jemand, der normalerweise menschliche Gesellschaften untersucht. Was er in der tiefsten Wildnis Afrikas fand, ließ bald darauf Wissenschaftler auf der ganzen Welt aufhorchen: eine mit uns Menschen eng verwandte, in größeren Gruppen zusammenlebende Tierart, bei der das geschlechtstypische Verhalten der Weibchen und der Männchen völlig anders war, als man es von Menschenaffen (fachsprachlich: Hominidae) bisher kannte. Während die Sozialstrukturen beispielsweise der Schimpansen einer von Männern dominierten, menschlichen Gesellschaft verblüffend ähnlich sind, glaubten es Kano und spätere Forscher bei den Bonobos mit einer von den Weibchen geprägten Gemeinschaft zu tun zu haben [33].

Dreht sich im Leben einer Schimpansenhorde alles um Status und Hierarchie, und werden deswegen unter den Männchen regelmäßig Kämpfe ausgetragen, so scheint es im Alltag der Bonobos um Lebensfreude und Spaß zu gehen. Bekommt bei den Schimpansen das Alphamännchen das begehrenswerteste Weibchen, das es dann von sexuellen Avancen untergeordneter Männchen abschirmt, kennen die Bonobos keine strenge Reglementierung von Sexualität und Fortpflanzung. Erlaubt ist, was Spaß macht. Das schließt auch gleichgeschlechtlichen Sex mit ein, dem sich vor allem viele Weibchen miteinander hingeben. Die Jungen werden von der ganzen Horde aufgezogen, weshalb es den Bonobos egal sein kann, welches Paar sie wann gezeugt hat. Nur eines ist tabu: sexuelle Aggressivität von Männchen gegenüber Weibchen! Nähert sich ein Männchen einem unerfahrenen Weibchen sexuell dominant, dann sind sofort mehrere Weibchen zur Stelle, um die Situation zu entschärfen. Aber nicht mit Gewalt, sondern auf die sanfte Tour. „Einflussreiche Weibchen", so Takayoshi Kano, der Pionier der Bonobo-Forschung, werden von allen übrigen Affen „aus Zuneigung respektiert". Obwohl es bei den Bonobos flache Hierarchien gibt, sind die Weibchen insgesamt dominanter und einflussreicher als die Männchen. Den Männchen geht es anscheinend gut damit. Denn im Vergleich etwa zu Schimpansenmännchen zeigen sie kaum aggressives Verhalten. Wozu auch? Sie leben in einer Kommune, in der es allen gut geht und alle genügend Sex haben.

Zugegeben, der letzte Satz ist mit einem Augenzwinkern geschrieben. Aber die Erforschung des Verhaltens der Bonobos erschütterte die Wissenschaft gegen Ende des 20. Jahrhunderts ernsthaft. In einer von Männern bestimmten Wissenschaftswelt hatten Forscher und Philosophen seit Jahrhunderten immer wieder versucht, eine „natürliche" Erklärung für die Herrschaft der Männer und ihren übergroßen Einfluss zu finden. Es musste doch einen wissenschaftlich belegbaren Grund dafür geben, dass überall beim Menschen (und angeblich auch den Menschenaffen) das männliche Geschlecht dominiert und sich Hierarchien über Kämpfe ausbilden! Ihren vorläufigen Höhepunkt erreichte diese Denkweise während der Zeit des Nationalsozialismus. In einem deutschen Biologielehrbuch aus dem Jahr 1942 heißt es: „Der Kampf ums Dasein ist hart und unerbittlich, aber er allein erhält das Leben. … Die Naturgesetze sind unwiderleglich; die Lebewesen beweisen durch ihr Dasein ihre Richtigkeit. Sie sind auch unerbittlich." [34] Diese Behauptungen gipfeln in dem Satz: „Sinn allen Lebens aber ist der Kampf." Wenn solch eine Ideologie auch nur im Ansatz stimmte, dürfte es die Bonobos gar nicht geben. Aber es gibt sie – und zwar seit Tausenden von Jahren! Wir haben nur lange nichts von ihrer Existenz gewusst. Sie beweisen, dass es in der Natur immer auch anders geht, als die Menschheit es während einer bestimmten historischen Epoche sehen und wahrhaben will. Die Natur ist nämlich nicht in erster Linie Kampf, sondern sie ist ein Meer von Möglichkeiten und ein Ozean der Vielfalt. Das schließt den Kampf, die Hierarchie oder die Dominanz einer Gruppe über die andere mit ein. Aber eben nur als eine Möglichkeit von vielen in einem Spiel der Evolution, das immer wieder neue Möglichkeiten hervorbringt.

Warum haben sich dann aber menschliche Gesellschaften so eindeutig für die Dominanz des Mannes entschieden? Und warum halten sie so hartnäckig an dieser Übereinkunft fest? Der bekannteste lebende Historiker, Professor Yuval Noah Harari, ist der Meinung, dass es dafür wissenschaftlich keine eindeutige Erklärung gibt. In seinem Buch „Eine kurze Geschichte der Menschheit" schreibt er [35]: „Die meisten Gesetze, Regeln, Rechte und Pflichten, die Männlichkeit und Weiblichkeit definieren, haben mehr mit der menschlichen Fantasie zu tun als mit der biologischen

Wirklichkeit." Menschen begannen nach der landwirtschaftlichen Revolution vor etwa 10.000 Jahren, statt wie früher in kleinen Gruppen als Völker unter einem König oder als Bürgerschaft von Stadtstaaten zusammenzuleben. Als sie dann feststellten, dass „ihnen jeglicher biologischer Instinkt dazu abging" (so Harari), mussten sie sich buchstäblich etwas einfallen lassen. Das Ergebnis waren *erfundene* soziale Ordnungen, die nicht gerecht, sondern willkürlich und zufällig waren: „Die Gesellschaften stellten Hierarchien auf ... und teilten die Menschen in Gruppen und Schichten ein, von denen einige Privilegien und Macht genossen, während andere diskriminiert und unterdrückt wurden."[36] Die Einteilungen der Menschheitsgeschichte betrafen nicht allein Männer und Frauen, sondern zum Beispiel auch Hellhäutige und Dunkelhäutige, Priester und Laien, Sklaven und Freie, Bürger mit Bürgerrechten und rechtlose Menschen auf der Flucht. Solche Unterscheidungen waren und sind ähnlich willkürlich wie die unterschiedlichen Arten, eine Gabel zu halten. Aber bereits bei der Gabelhaltung meinen die meisten Menschen, es gäbe eine einzig richtige! Irgendwann begannen Menschen auch zu glauben, Männer seien Frauen in irgendeiner Form überlegen – obwohl am Anfang aller Unterscheidungen bloß Zufälle (und wohl häufig Machtkämpfe) standen. Hat sich eine willkürliche Unterscheidung aber einmal etabliert, wird sie als mentale Programmierung von Generation zu Generation weitergegeben!

Wir werden heute von Kindheit an darauf programmiert, eine Fülle von Unterscheidungen zwischen Frauen und Männern zu treffen und als quasi naturgegeben anzunehmen. Fast nichts davon hat eine biologische Grundlage. Trotzdem treffen wir bei jeder Begegnung mit einem unbekannten Menschen sofort die „binäre" Unterscheidung: Mann oder Frau? (Zweigeschlechtliche Menschen, früher Hermaphroditen oder Zwitter, heute meistens Intersexuelle genannt, haben wir fast vollkommen aus dem Blickfeld der Öffentlichkeit verbannt oder „korrigieren" diesen vermeintlichen „Fehler" der Natur bereits kurz nach der Geburt im Operationssaal.) Obwohl viele scheinbar eindeutige Geschlechtsmerkmale bestenfalls statistische Häufungen sind, wie zu Beginn dieses Kapitels dargestellt, haben sie ganz reale Folgen in Form bestimmter geschlechtstypischer Verhaltensweisen. Wir alle erlernen sie und richten uns mehrheitlich auch danach. Um diese Situation angemessen zu beschreiben, unterscheidet die Wissenschaft seit einigen Jahrzehnten zwischen dem „biologischen Geschlecht" (engl. „sex") und dem „sozialen Geschlecht" (engl. „gender"). Wenn wir heute gesellschaftlich über Frauen und Männer diskutieren, dann geht es eigentlich immer um das soziale Geschlecht. Es handelt sich um eine rein mentale Programmierung, die zu einem bestimmten sozialen Rollenverhalten führt. Dieses Rollenverhalten – und nicht die Biologie – macht heute den eigentlichen Unterschied zwischen den Geschlechtern aus.

### Geschlechterrollen: Mentale Programmierung in Reinkultur

Die Fakultät für Mathematik der Universität Cambridge in England gilt als die beste weltweit. Jedes Jahr bewerben sich hier auch viele junge Menschen aus dem deutschsprachigen Raum um einen Studienplatz. Die Aufnahmeprüfung ist eine Herausforderung, was bei dem Renommee der Fakultät und ihrer Beliebtheit bei Studierenden aus aller Welt auch kein Wunder ist. Eine der Aufgaben aus dem originalen Zulassungstest lautet zum Beispiel, die „Summe der reellen Lösungen" folgender Exponentialgleichung zu bestimmen:

$$3^x - \left(\sqrt{3}\right)^{x+4} + 20 = 0$$

Es handelt sich hierbei um eine von insgesamt 20 Aufgaben, die innerhalb von 75 Minuten ohne Zuhilfenahme eines Taschenrechners gelöst werden müssen. Das heißt, während der Aufnahmeprüfung stehen weniger als vier Minuten für die Lösung einer solchen schwierigen Aufgabe zur Verfügung. Sechs Lösungen (A–F) sind per Multiple Choice vorgegeben und nur eine davon ist richtig:

| | | | | | |
|---|---|---|---|---|---|
| A | $1$ | B | $4$ | C | $9$ |
| D | $\log_3 20$ | E | $2\log_3 20$ | F | $4\log_3 20$ |

Haben Sie die Lösung schon gefunden? Falls nicht, gehen Sie einfach auf den YouTube-Kanal oder die Website von Susanne Scherer. „MathemaTrick" heißt sowohl der Kanal als auch die Homepage der jungen Frau aus Kaiserslautern. Dort erklärt sie die Lösung dieser und vieler anderer schwieriger Aufgaben in ganz einfachen Schritten und einer leicht verständlichen Sprache. Nahezu eine Million YouTube-Nutzer haben sich innerhalb nur eines Vierteljahres von Susanne Scherer durch die Lösungsschritte der oben zitierten Exponentialgleichung führen lassen. Sie lauten im Wesentlichen: „Potenzgesetze anwenden", „Substitution", „Rücksubstitution" und „Summe bilden". Am Ende des 18-minütigen Erklärvideos werden einige gedacht haben: So schwierig war es doch gar nicht! (Richtig ist übrigens Lösung E.)

Wenn ich mir heute mit Begeisterung ansehe, wie eloquent und exakt Susanne Scherer im Internet die schwierigsten Gleichungen erklärt, kann ich mir kaum noch vorstellen, dass es noch während meiner Jugend hieß: „Mathe ist nichts für Mädchen." Das wurde damals nicht groß begründet, sondern galt einfach als Tatsache. Selbst studierte Pädagogen behaupteten vor wenigen Jahrzehnten noch oft, Jungen seien eher mathematisch-naturwissenschaftlich begabt, Mädchen dagegen eher sprachlich und musisch. Der vermeintliche Beweis? Unter anderem die Verteilung der

Geschlechter bei den Wahlpflichtfächern in der Schule, bei den Berufsausbildungen und in den Studienfächern an den Unis und Fachhochschulen. Vor 50 Jahren gab es tatsächlich in den Ingenieurwissenschaften noch so gut wie keine Frauen. Dafür studierte kaum ein junger Mann Kunstgeschichte. Das Studium der Kunstgeschichte galt im Volksmund als „Höhere-Töchter-Studium". Damit wurde auch subtil ausgedrückt, dass Kunstgeschichte Luxus sei – und damit das Richtige für junge Frauen, deren Eltern genug Geld für nutzlose Dinge hatten. Kunsthistorikerinnen würden nach dem Studium sowieso einen Mann aus „besseren Kreisen" heiraten, sich dann um ihre Familie kümmern und keinen Beruf ergreifen. Einen Ingenieur dagegen stellte man sich als einen intelligenten und tatkräftigen Mann vor, der nach dem Diplom einen wertvollen Beitrag für die Gesellschaft leisten und von seinem Einkommen eine Familie ernähren würde.

Kaum jemand stellte sich damals die Frage, ob die unterschiedliche Verteilung der Geschlechter in Studienfächern (wie auch in sämtlichen Lehrberufen, da gab es prinzipiell keinen Unterschied) wirklich auf Geschlechtsunterschiede hinsichtlich Intelligenz und Begabung zurückzuführen war. Oder ob es nicht vielmehr die frühe Programmierung auf die jeweilige Geschlechterrolle war, die aus Männern Ingenieure, Polizisten, Maurer oder Flugkapitäne machte und aus Frauen Kunsthistorikerinnen, Hausfrauen, Krankenschwestern oder Kindergärtnerinnen. Hier zeigte sich ein weit verbreitetes Phänomen besonders deutlich:

> Das *Resultat* einer mentalen Programmierung wird als Begründung für ihre Existenz angeführt!

Diese Argumentation findet sich heute noch bei Kritikern der Genderpolitik, obwohl es sich um einen Zirkelschluss handelt. Wenn tatsächlich die Verteilung der Geschlechter auf Studienfächer einen Aussagewert hätte, dann hätte es zum Beispiel in Deutschland um 1850 keine einzige mathematisch begabte Frau geben dürfen. Denn der Anteil der Mathematikstudentinnen an deutschen Universitäten lag damals bei null. Frauen durften im Deutschen Reich des 19. Jahrhunderts überhaupt nicht regulär studieren, nicht einmal Kunstgeschichte. Die offizielle Zulassung zum Studium, die Immatrikulation, erfolgte für Frauen in den einzelnen deutschen Bundesstaaten erst zwischen 1900 und 1909.

Wie wurde der Ausschluss der Frauen von den Universitäten im 19. Jahrhundert begründet? Wo die Französische Revolution doch Freiheit, Gleichheit und Geschwisterlichkeit versprochen hatte? Dahinter steckte die Lehre des „natürlichen Geschlechtscharakters" [37]. Sie wurde von Philosophen, Theologen, Biologen und Medizinern gleichermaßen vertreten. Dr. Mechthilde Vahsen von der Bundeszentrale für politische Bildung erklärt die Konsequenzen [38]: „Demnach hatten Frauen keinen Subjekt-Status, waren keine mündigen, autonomen Menschen, sondern benötigten eine Geschlechtsvormundschaft, ausgeübt durch den Vater, den Bruder oder den Ehemann. Aufgrund der ihnen zugewiesenen ‚natürlichen Geschlechtseigenschaften' wie Tugend, Sittsamkeit und Fleiß war die ihnen ... zugedachte Rolle die der Ehefrau und Mutter. Dieses ... Rollenkonzept sorgte für eine Trennung der gesellschaftlichen Räume: Der Ort von Frauen war das Haus, der Ort von Männern war die Öffentlichkeit." Man könnte meinen, hier einen Einblick in die Denkweise der Taliban in Afghanistan zu bekommen – aber es waren unsere eigenen Ur-ur-Großeltern, die so dachten! Diese mentale Programmierung erwies sich als langlebig. Sie überlebte die schrittweise formale und rechtliche Gleichstellung der Frau und ist in ihren Auswirkungen heute noch spürbar.

Wie ich an anderen Stellen in diesem Buch bereits beschrieben habe, gab es zu allen Zeiten Menschen, die von ihrer mentalen FreiheitGebrauch machten und denen es gelang, den herrschenden mentalen Programmierungen zu entkommen. Dazu zählte auch die 1850 in Moskau geborene Sofja Kovalevskaja [39]. Im Alter von 34 Jahren wurde sie an der Universität Stockholm die weltweit erste Professorin für Mathematik. Studiert hatte sie hauptsächlich in Deutschland, obwohl die Immatrikulation für Frauen hier ja nicht möglich war. Die Universität Heidelberg erteilte ihr 1869 als erster Frau überhaupt eine Zulassung als Gasthörerin. Später bekam sie Privatunterricht bei Karl Weierstraß, einem der bekanntesten Mathematiker seiner Zeit. Dank seiner Unterstützung wurde ihr an der Universität Göttingen eine Promotion „in absentia" (in Abwesenheit und ohne mündliche Prüfung) ermöglicht. Ihr Thema lautete „Zur Theorie der Partiellen Differentialgleichungen". Sie wurde mit der Bestnote „summa cum laude" promoviert.

Interessant ist, wie Sofja Kovalevskaja als junges Mädchen zur Mathematik fand: Ihr Vater war ein russischer Ex-General, der mit seiner Familie in ein Landhaus gezogen war. Während seiner Jugend hatte er bei dem bekannten Mathematiker Michail Ostrogradski studiert. Als das Landhaus einmal renoviert wurde, reichte die Tapete für das Kinderzimmer nicht mehr aus. Daher wurden die Wände dieses Zimmers mit Papier beklebt, das man auf dem Dachboden des Hauses gefunden hatte. Bei dem Papier handelte es sich um das Skript einer Vorlesung Professor Ostrogradskis über Differential- und Integralrechnung, das Sofja Kovalevskajas Vater seit seinem Studium aufbewahrt hatte. Mit diesem Skript beschäftigte sich die kleine Sofja nun intensiv und kannte sich bald mit den schwierigsten Gleichungen aus. Es war also der pure Zufall, der Sofja Kovalevskaja mit Mathematik in Berührung brachte, obwohl

Mädchen von diesem Fach normalerweise konsequent fern-
gehalten wurden. So nahmen die Dinge schließlich ihren
Lauf: Ein Onkel väterlicherseits erkannte Sofjas Talent und
förderte es – wohingegen ihr Vater ihr den Mathematik-
unterricht bei einem polnischen Hauslehrer zeitweise sogar
verbot. Für den Ex-General hatten sich Mädchen nicht mit
Gleichungen zu beschäftigen! Der Nachbar der Familie, ein
emeritierter Professor, half Sofja Kovalevskaja aber schließlich, sich gegen ihren Vater durchzusetzen. Sie ging nach
Sankt Petersburg und erhielt dort erstmals auf akademi-
schem Niveau Unterricht in Mathematik.

Es fehlte nicht viel, und Sofja Kovalevskajas mathemati-
sches Talent hätte sich niemals entfalten dürfen. Damit
wäre es ihr so gegangen wie fast allen hochbegabten Frauen
zu dieser Zeit. Eine willkürliche mentale Programmierung – die von der gesellschaftlichen Mehrheit jedoch für
unumstößlich gehalten wurde – verwehrte ihnen den Zugang zu höherer Bildung. Erst nachdem die Vorreiterinnen
den Damm gebrochen hatten, wurde deutlich, dass Frauen
grundsätzlich über vergleichbare Talente für Mathematik
und Naturwissenschaften verfügen wie Männer. Manchmal
waren sie ihrer Zeit sogar weit voraus. So wie die englische
Mathematikerin Ada Lovelace [40]. Die Wissenschaftswelt
ist sich heute darüber einig, dass sie in den 40er-Jahren des
19. Jahrhunderts das erste Computerprogramm schrieb –
100 Jahre vor Konrad Zuse. Bereits im Alter von 12 Jahren
versuchte sie, ein Flugzeug zu konstruieren, blieb dabei aber
leider erfolglos. Als sie später bei dem Mathematiker
Charles Babbage dessen „Analytical Engine" kennenlernte,
durchschaute sie als Einzige deren volles Potenzial und
schrieb dafür einen Algorithmus. Dieser macht sie für die
Mathematik und Informatik von heute zur ersten Program-
miererin der Welt. Immer wieder brachten Frauen in der
Folgezeit Mathematik und Naturwissenschaft entscheidend
voran [41]: Emmy Noether (1882–1935) war eine der be-

deutendsten Mathematikerinnen des 20. Jahrhunderts und zählt zu den Begründerinnen und Begründern der modernen Algebra. Die US-amerikanische Informatikerin Grace Hopper (1906–1992) trug mit ihren Ideen zur Vereinfachung von Programmiersprachen maßgeblich dazu bei, den Computer für breite Bevölkerungsschichten nutzbar zu machen. Marie Curie (1867–1935) hatte im Jahr 1903 für ihre Entdeckung der Radioaktivität sogar den Physik-Nobelpreis erhalten.

Doch nicht allen Vorreiterinnen der Wissenschaft wurde die verdiente Anerkennung zuteil: Obwohl Lise Meitner (1878–1968) im Jahr 1938 gemeinsam mit Otto Hahn die Kernspaltung entdeckte, erhielt allein ihr männlicher Kollege dafür den Nobelpreis. Die amerikanische Chemikerin Rosalind Franklin (1920–1958) wurde sogar von Männern um die gebührende Anerkennung für ihren Beitrag zur Entdeckung der DNA[1]-Doppelhelix betrogen. Den Nobelpreis für Medizin erhielten dafür nämlich allein die Molekularbiologen Francis Crick und James Watson. Den beiden Männern war es zuvor gelungen, an das noch unveröffentlichte Material Rosalind Franklins zu gelangen und es ohne ihre Erlaubnis zu nutzen. Nach der Verleihung des Nobelpreises stritten sie dies öffentlich jedoch stets ab. Erst Jahrzehnte später empörte sich die Wissenschaftswelt über diesen Skandal.

Sind das inzwischen alles Anekdoten aus der Vergangenheit, über die wir heute schmunzeln können, weil niemand mehr an so etwas wie natürliche Geschlechtseigenschaften glaubt und die Gleichstellung der Frau mittlerweile vollständig verwirklicht ist? Da habe ich meine Zweifel! Wenn ich mich umschaue und umhöre, ist es zwar so, dass viele glauben, wir hätten keine Festlegungen auf Geschlechterrollen und keine ungerechte Diskriminierung mehr. Bei genauerer Betrachtung zeigt sich dann jedoch, dass wir bei

---

[1] DNA = Deoxyribonucleic Acid; deutsch: Desoxyribonukleinsäure.

dem Thema gesellschaftlich auf halbem Weg stecken geblieben sind. Auch und gerade in den Unternehmen, wo man mittlerweile gesetzlich verpflichtet ist, für Gleichstellung zu sorgen, hört man in letzter Zeit häufiger hinter vorgehaltener Hand, dass Menschen vom Gender-Thema genervt seien. Selbst manche Frauen fragen: Reicht es denn immer noch nicht? Brauchen wir jetzt auch noch das Gender-Sternchen (mit dem in der Schriftsprache explizit weibliche und männliche Formen von Wörtern dargestellt werden) und den Girls' Day für technische Berufe? Ich kann diese Müdigkeit sogar ein Stück weit verstehen. Denn sie zeigt, wie hartnäckig mentale Programmierungen sind und was für ein langer und steiniger Weg es sein kann, sie zu ändern, um schließlich zur Freiheit zu gelangen. Das heißt aber nicht, dass wir uns als Gesellschaft mit dem bisher Erreichten zufriedengeben sollten.

### Der lange Weg zu einer grundlegenden Veränderung

„Es war noch nie so leicht, eine Frau zu sein – und es war noch nie so kompliziert. Eigentlich dürfen und können Frauen alles, landen aber oft nur in der zweiten Reihe oder zerreiben sich zwischen den eigenen Ansprüchen und denen anderer." So beschriebt Julia Rehkopf [42], Autorin der Fernsehreportage „Frauen unter Druck" von Radio Bremen, die Situation heute. Vor einiger Zeit sprach ich über dieses Thema mit einer gelernten Friseurin, die als Quereinsteigerin in den nach wie vor von Männern dominierten Branchen IT und Maschinenbau jeweils bis zur Führungskraft aufgestiegen ist – mit Verantwortung für zum Schluss mehr als 100 Mitarbeitende. Leicht war das für sie nicht. Oft sei sie die einzige Frau gewesen und es habe sie viel mehr Kraft gekostet als ihre männlichen Kollegen, ihre Ziele zu erreichen. Der Hauptgrund dafür war mangelnde emotionale Einbindung. Wie ich in meinem Buch „Mehr arbeiten, weniger leiden" ausführlich dargestellt habe, ge-

hört emotionale Einbindung zu den wichtigsten Erfolgs-
faktoren für gesunde Hochleistung in Unternehmen. Diese
Führungskraft sagt heute, sie habe auf ihrem Karriereweg
meist nur wenig Verständnis und Wohlwollen gespürt. In
der Gegenwart männlicher Kollegen sei sie oft abstoßender
Sprache ausgesetzt gewesen, erinnert sie sich. Auch sei sie
enttäuscht gewesen, von den wenigen anderen Frauen in
Führungspositionen kaum Unterstützung erfahren zu
haben. Frauen im mittleren Management würden sich
immer noch oft den männlichen Gepflogenheiten an-
passen, auch hinsichtlich der Sprache.

Wie geht es Frauen, die es bis an die Spitze geschafft
haben? Im Dezember 2021 wurde Annalena Baerbock als
erste Frau Außenministerin der Bundesrepublik Deutschland. Ursprünglich angetreten als Kanzlerkandidatin der
Grünen, hatte sie einen unglücklichen Wahlkampf hinter
sich. Trotz ihrer ausgewiesenen Fachkompetenz für internationale Politik (sie besitzt einen Master in Völkerrecht
der renommierten London School of Economics and Poli-
tical Science) wurde sie in einigen Medien als naiv, un-
geeignet und sogar als „Blenderin" bezeichnet. Ihr blasser
Vorgänger Heiko Maaß, der eher durch Zufall Außen-
minister wurde und zum Zeitpunkt seiner Ernennung
keine erkennbare Kompetenz für internationale Politik besaß, hatte sich mit solchen Vorverurteilungen nicht herum-
schlagen müssen. Weil er ein Mann war? 100 Tage nach
Annalena Baerbocks Amtsantritt drehte sich das Blatt
jedenfalls vollkommen. Nicht nur ihre Beliebtheitswerte
schnellten nach oben, sondern auch die Medien waren nun
voll des Lobes [43]. Beim Nachrichtensender n-tv hieß es:
„Baerbock hat vom ersten Moment ihrer Amtsübernahme
an ... eine gute, entschiedene, professionelle Figur gemacht.
Ihr Englisch mag schlechter sein, als das viele erwartet hatten. Aber ihre offene Sprache, ihre moderne Weiblichkeit

und ihre klare Haltung machen Eindruck." Entscheiden Sie selbst – besonders, wenn Sie selbst eine Frau sind –, ob Sie diese Zeilen als ausschließlich respektvoll anerkennend empfinden oder ob darin für Sie auch etwas Gönnerhaftes mitschwingt. Ich kann mich jedenfalls nicht erinnern, dass jemals ein Mann in der Regierung innerhalb so kurzer Zeit so unterschiedlich bewertet wurde. Für mich kann ich sagen, dass ich die Befähigung von Annalena Baerbock nie in Zweifel gezogen hatte. Mit einem gewissen Maß an spiritueller Intelligenz hätte jeder andere zu dem gleichen Schluss kommen können.

Unabhängig von den Einschätzungen in den Medien ist Annalena Baerbock in meinen Augen ein Vorbild für den Aufstieg von Frauen in Führungspositionen. Überall sollte heute gelten: Kompetenz kennt kein Geschlecht! Ob Mann, ob Frau oder ob sich jemand geschlechtlich nochmals anders einordnet, ist nicht wichtig. Es kommt einzig und allein auf die Kompetenz an, die für eine jeweilige Position benötigt wird – und zwar sowohl die fachliche als auch die menschliche Kompetenz! Das nötige Verhältnis von fachlicher zu menschlicher Kompetenz und von rationaler zu emotionaler Intelligenz hängt stets von der Position ab, die zu besetzen ist. Die eine Person bringt die richtige Mischung mit, die andere nicht. Dass Annalena Baerbock für ihr Amt eine gute Wahl war, wäre nach einer kurzen Beschäftigung mit ihrer Biografie und Persönlichkeit erkennbar gewesen. Zumindest hätte man(n) ihr die berühmten 100 Tage Zeit geben können, es unter Beweis zu stellen, statt sie zunächst als naiv hinzustellen. Frauen wie Annalena Baerbock, die es in Top-Positionen geschafft haben, organisieren heute übrigens auch häufig ihr Privatleben jenseits überkommener Geschlechterrollen. So wurde kurz nach dem Amtsantritt der Außenministerin bekannt, dass ihr Mann sich grundsätzlich entschieden hatte, beruflich kürzer zu treten als sie, dafür die Familie zu koordinieren und seiner Frau den Rücken freizuhalten. Damit scheint Annalena Baerbock eines der häufigsten Probleme von Frauen in Führungspositionen nicht zu haben: mangelnde Unterstützung durch Partner und Familie und dadurch extreme Doppel-Belastung.

Werden jüngere Frauen und Männer in Führungspositionen jetzt den Durchbruch schaffen und alte Programmierungen hinsichtlich des sozialen Geschlechts und der sexuellen Orientierung hinter sich lassen? Im selben Alter wie Annalena Baerbock, das heißt Anfang 40, ist Ron DeSantis, der Gouverneur des US-Bundesstaats Florida. Er erließ dort im Frühjahr 2022 ein neues „Gesetz für die Rechte der Eltern im Schulunterricht" [44], das Lehrerinnen und Lehrern zukünftig verbietet, mit Kindern im Grundschulalter über die Themen Geschlechtsidentität und sexuelle Orientierung zu sprechen. In der Schule soll nicht mehr hinterfragt und diskutiert werden dürfen, was die Elternhäuser an mentalen Programmen dazu vorgeben. Stein des Anstoßes war zuvor unter anderem die sogenannte „Genderbread-Person" gewesen, das Schaubild einer Lebkuchenfigur, die der Künstler und Aktivist Sam Killerman als Unterrichtsmaterial entwickelt hat. („Genderbread" ist ein Wortspiel mit „Gingerbread", dem englischen Wort für „Lebkuchen". Der „Gingerbread Man", das „Lebkuchenmännchen", ist ein traditionelles Weihnachtsgebäck in den USA.) Die Genderbread-Person gibt es unter genderbread. org auch digital zum Herunterladen. Sie macht Kindern anschaulich, dass zwischen anatomischem Geschlecht, geschlechtlicher Identität (Gender Identity), Ausdruck eines bestimmten Geschlechts (Gender Expression) und sexueller Anziehung (Attraction) deutliche Unterschiede existieren. Gouverneur DeSantis meint: „Damit wird versucht, bei Kindern Zweifel an ihrer Geschlechtsidentität zu säen. Eltern wollen das nicht länger an ihren Schulen." Deshalb ist diese – wissenschaftlich begründete! – Unterscheidung an Floridas Grundschulen nun verboten. Aber auch in Deutschland gibt es längst ähnliche Bestrebungen. So richten sich Initiativen mit Namen wie „Besorgte Eltern" gegen „Gender-Ideologie" und die angebliche „Frühsexualisierung unserer Kinder". Hier wird wieder einmal deutlich, wie sehr wir unsere Kinder und deren Fähigkeiten unterschätzen. Kinder können sehr wohl verstehen, worum es hier geht – und sie lassen sich auch nicht so schnell verunsichern, wie manche Erwachsenen glauben.

Das Beispiel Florida zeigt, *wie* hartnäckig mentale Programmierungen sein können. Selbst wenn bei einer bestimmten Programmierung schon einiges in Bewegung geraten ist, bedeutet das nicht zwangsläufig, dass sie sich nun immer weiter auflöst. Die Befreiung der Gesellschaft von einer noch so willkürlichen mentalen Programmierung kann ins Stocken geraten und es können sogar Kräfte auf den Plan treten, die ein Interesse daran haben, alles auf den alten Stand zurückzudrehen. Alle, denen an mentaler und gesellschaftlicher Freiheit gelegen ist, brauchen also Geduld und Ausdauer. Sie müssen immer wieder dafür werben, dass zumindest unterschiedliche Sichtweisen parallel möglich sind. Trotzdem besteht bei bestimmten Themen die Gefahr, dass das Pendel hin und her schwingt – solange Menschen ihre mentalen Programmierungen nicht in der Tiefe reflektiert haben. Leider wissen sie oft nicht, wie sie das schaffen sollen.

Im Hinblick auf den Unterschied zwischen den Geschlechtern bietet die östliche Philosophie einen sehr interessanten Weg, um zu einer Sicht jenseits der Polarisierung zu gelangen. In der altindischen Tradition sind Weiblichkeit und Männlichkeit nämlich etwas anders definiert als bei uns im Westen. Es handelt sich demnach um zwei Energien, die in *allen* Menschen in unterschiedlichen Anteilen fließen. Das zeigt sich besonders anschaulich beim Hatha Yoga [45]. Diese im Westen populäre, körperbetonte yogische Richtung zielt darauf ab, die Anteile von Weiblich und Männlich – Yin und Yang – in uns allen zu harmonisieren, damit der Geist still, klar und frei werden kann. „Ha" bedeutet Sonne und „Tha" Mond, was Männlichkeit bzw. Weiblichkeit symbolisiert. In Indien heißt die männliche Energie auch „Shiva"- und die weibliche „Shakti"-Energie. Und jetzt kommt das Entscheidende: Nur beide *zusammen* ergeben Einheit und Harmonie – sowohl innerhalb jedes einzelnen Menschen als auch in der Welt. „Yoga" bedeutet wörtlich „Vereinigung". In der Regel ist es so, dass Männer über mehr Shiva-Energie und Frauen über mehr Shakti-Energie verfügen. Es gibt allerdings auch Frauen mit viel Shiva-Energie und Männer mit viel Shakti-Energie! Aber alle streben stets nach dem harmonischen Ausgleich ihrer Energien. Allerdings ohne die vollkommene Harmonie jemals zu erreichen. Und das ist gut so. Denn unsere Welt ist in dieser Hinsicht ein dynamisches Spiel. Mit anderen Worten: Das Zusammenspiel von männlicher und weiblicher Energie hält uns und die Welt lebendig. Egal ob beim Mann oder bei der Frau: In manchen Situationen ist mehr Shiva-Energie und in anderen Situationen mehr Shakti-Energie notwendig. Sinn des Lebens ist es nicht, dass Shiva und Shakti sich streiten, sondern dass sie ihr Zusammenspiel genießen! Im Hatha Yoga – und auch noch diversen anderen östlichen Meditationen – lässt sich das intensiv erfahren. In der Stille lösen sich die Polaritäten schließlich immer mehr auf.

# 6

# Wir sind so gesund und fit, wie wir glauben können

„Der Glaube kann Berge versetzen", lautet eine Redensart. Sie geht auf die Bibel, genauer den ersten Brief des Paulus an die Korinther zurück. Hier ist bildlich ausgedrückt, wie sehr die mentale Ebene die Materie beeinflussen kann. Es ist ein unmittelbarer und nahezu unermesslicher Einfluss. Einen Berg zu versetzen, ist ja eigentlich unmöglich! Die Macht der Gedanken über die materielle Ebene ist also so groß, dass es unser Vorstellungsvermögen schnell übersteigt. Viele Menschen haben das schon immer intuitiv verstanden, denn sonst wäre diese Redensart nicht überliefert worden. Doch die Mehrheit der Physiker, Biologen und Mediziner will von der Macht des Glaubens nicht viel wissen. Sie folgt seit langer Zeit dem sogenannten Cartesianismus, benannt nach dem Philosophen, Mathematiker und Naturforscher René Descartes, der von 1596 bis 1650 lebte. Er postulierte für jede exakte Wissenschaft die strikte Trennung der „gedanklichen Sache" (lateinisch: res cogitans) von der „ausgedehnten Sache" (res extensa). Materie (die „ausgedehnte Sache") verhält sich demnach stets un-

G. R. Wende, *Wie halten Sie Ihre Gabel?*,
https://doi.org/10.1007/978-3-658-40045-3_6

abhängig davon, was wir über sie denken. Das gilt auch und gerade für den menschlichen Körper. Seit der Neuzeit stellte die Wissenschaft den menschlichen Körper als eine komplizierte Maschine dar, die gemäß den Naturgesetzen und deshalb absolut berechenbar funktioniert. Was wir Menschen als „Besitzer" unseres Körpers an Gedanken und Gefühlen haben, sollte für dessen Funktionsweise keine Rolle spielen.

Bis heute prägt der Cartesianismus weitestgehend das Denken über unseren Körper, unsere Gesundheit und die Möglichkeiten und Grenzen unserer körperlichen Leistungsfähigkeit. Dabei wurde dieses Paradigma bereits vor über 100 Jahren durch die Quantenphysik erschüttert. Sie zeigte nämlich, dass bestimmte physikalische Experimente einen unterschiedlichen Verlauf nehmen, je nachdem, welchen Ausgang ein Beobachter *erwartet*. Ein mentales Phänomen (die Erwartung des Beobachters) wirkt sich demnach unmittelbar auf Materie aus. John Wheeler (1911–2008), ein Kollege von Albert Einstein an der Universität Princeton und der Erfinder des Begriffs „Schwarzes Loch", wollte deshalb gar nicht mehr vom „Beobachter", sondern vom „Mit-Erschaffer" (englisch: co-creator) sprechen. Ein Schlüsselsatz von Wheeler lautet: „Wir leben in einem Universum der Mitgestaltung" (a participatory universe [46]) – die mentalen Prozesse, unsere Gedanken und Gefühle, haben einen ständigen und unmittelbaren Einfluss auf die materielle Umgebung.

Quantenphysik ist jedoch komplex und schwierig. Kaum ein Nicht-Physiker kann sie nachvollziehen, und so vermochten ihre Entdeckungen und Schlussfolgerungen selbst innerhalb der Wissenschaftswelt zunächst nur wenig Wirkung zu entfalten. Vor allem Biologie und Medizin hielten weiter am alten Paradigma von Descartes fest, den Körper stets getrennt vom Geistigen zu betrachten. Diese Denkweise erhielt sogar noch einmal einen kräftigen Schub, als James Watson und Francis Crick 1953 die Struktur und

Funktion der DNA-Doppelhelix beschrieben hatten (wofür sie sich, wie ich an anderer Stelle dieses Buchs bereits angemerkt habe, ungefragt bei den Forschungsergebnissen ihrer Kollegin Rosalind Franklin bedienten). Nun glaubte nahezu die gesamte Fachwelt, die Gene seien der alleinige Schlüssel zum Verständnis von Körper und Gesundheit. Zu den „Gläubigen" zählte in jungen Jahren auch der heute weltbekannte Biologe Bruce Lipton. In seinem Buch „Intelligente Zellen" schreibt er rückblickend: „Ich erinnere mich noch lebhaft an die Schlagzeile jenes Tages im Jahr 1953: ‚Das Geheimnis des Lebens ist entdeckt!' Auch die Biologen sprangen auf diesen Zug auf. Der Mechanismus, mit dem die DNA das biologische Leben steuert, wurde zum zentralen Dogma der Molekularbiologie und in zahllosen Büchern breitgetreten. Der lange Streit ‚Natur oder Kultur?' (das heißt zwischen Veranlagung oder Konditionierung) schien zugunsten der Natur auszugehen. Zuerst hielt man die DNA nur für die Ursache unserer körperlichen Merkmale, aber dann glaubte man zunehmend, dass die Gene auch unsere Emotionen und unser Verhalten bestimmen." [47]

Meinten die Quantenphysiker den Beleg dafür zu haben, dass unser Denken die Materie unmittelbar beeinflusst, so wetteten Biologen und Mediziner jetzt auf die Gene. Allenfalls materiellen Umweltbedingungen – wie Ernährung, Bewegung oder Qualität der Atemluft – wollten sie noch einen gewissen Einfluss auf den menschlichen Körper zugestehen. Doch was, wenn der Volksmund tatsächlich Recht hat und „der Glaube Berge versetzt"? Was, wenn das Mentale den viel größeren Einfluss besitzt? Ende des 20. Jahrhunderts, mit der Erforschung der Psychosomatik und des Placebo-/Nocebo-Effekts sowie mit der Popularisierung der Epigenetik – unter anderem durch den mittlerweile ganzheitlich denkenden Bruce Lipton –, begann sich das Blatt zu wenden. (Ich werde auf die genannten Stichworte auf den folgenden Seiten näher eingehen.) Während der letzten rund 25 Jahre ist durch unzählige neue Forschungsergebnisse immer deutlicher geworden, welchen kaum zu überschätzenden Einfluss die mentale Ebene auf unseren Körper und damit auch unsere Gesundheit hat.

### Erkenntnis

Was wir denken und wie wir uns fühlen, wirkt sich unmittelbar darauf aus, wie gesund und fit wir sind und wo die Grenzen unserer körperlichen Leistungsfähigkeit liegen.

Wenn das jedoch so ist:

### Fragen

Was macht unser Denken dann mit unserem Körper?

Welchen Einfluss haben mentale Programmierungen auf unsere Gesundheit?

Haben wir im Elternhaus, in der Schule, durch Religion und Kultur gelernt, „heilsame" Gedanken zu denken?

Gedanken, die uns zuversichtlich stimmen, unseren Selbstwert und unser positives Köpergefühl stärken?

Oder beherrschen uns destruktive Denkmuster, die uns schwächen und unsere Gesundheit angreifen?

Und falls Letzteres der Fall ist: Was können wir dagegen tun?

So lauten die entscheidenden Fragen dieses Kapitels. Bevor ich auf diese eingehe, möchte ich Sie einladen, sich die Erkenntnisse der Forschung über den Zusammenhang zwischen „Seele und Körper" etwas genauer anzusehen. Wir stehen hier immer noch am Anfang eines großen Umdenkens – weg vom trennenden Denken des Cartesianismus, hin zu einem ganzheitlichen Verständnis des Menschen als Ausdruck spiritueller Intelligenz.

*Wie wir uns entweder gesund oder krank denken können*

Es beginnt mit einfachen Alltagsbeobachtungen, die jeder kennt: Stellen Sie sich vor, in eine halbe Zitrone zu beißen. Oder denken Sie intensiv an ein Glas mit reinem Zitronensaft. Ihr Mund zieht sich zusammen und Ihr Speichel beginnt zu fließen – so als hätten Sie gerade tatsächlich Zitronensaft im Mund. Die körperliche Reaktion basiert jedoch allein auf Ihrer Vorstellung. Solche Effekte treten auch unbewusst auf: Sie bekommen an einer Kaffeetheke versehentlich entkoffeinierten Kaffee, fühlen sich danach aber trotzdem belebt. Das liegt nicht an der Tasse Kaffee, sondern an Ihrer Erwartung an die Wirkung von Kaffee. Welche körperlichen Reaktionen durch reine Vorstellung möglich sind, erforscht unter anderem die Psychoneuroimmunologie. Dieses noch relativ neue, interdisziplinäre Gebiet der Forschung beschäftigt sich mit den Wechselwirkungen der Psyche, des Nervensystems und insbesondere des Immunsystems. Wir stärken oder schwächen unser Immunsystem nämlich ständig damit, was wir denken und wie wir uns selbst erleben. Im Fernsehen sah ich vor einiger Zeit einen Bericht über Psychoneuroimmunologie, der folgendes spannende Experiment enthielt:

---

**Beispiel**

Eine Schauspielerin und ein Schauspieler sollten darin jeweils eine Szene aus dem Leben eines Paars spielen. Von beiden wurde vor Beginn des Versuchs der Immunstatus erhoben. In der ersten Szene kam die Frau freudestrahlend von einem Arztbesuch zurück und berichtete ihrem Partner, sie sei schwanger. Beide umarmten sich innigst und freuten sich gemeinsam. Die daraufhin vorgenommene Blutuntersuchung zeigte ein Anstieg der Immunparameter bei der Schauspielerin und dem Schauspieler. In der nächsten Szene kam die Frau wiederum von einem Arztbesuch zurück. Sie war äußerst niedergeschlagen, weil sie das gemeinsame Kind verloren hatte. Beide Partner umarmten sich auch diesmal, aber jetzt, um gemeinsam zu trauern. Die daraufhin vorgenommene Blutuntersuchung zeigte erniedrigte Immunparameter bei der Schauspielerin und dem Schauspieler.

Wohlgemerkt: Es war alles nur gespielt!

Ein Paradebeispiel für die Stärkung unseres Körpers durch Vorstellungskraft ist der Sport. Vielleicht sind Sie schon einmal einen Marathon gelaufen oder haben es zumindest versucht? Diese Laufdisziplin mit ihrer Streckenlänge von rund 42 Kilometern bedeutet eine extreme Belastungsprobe, und zwar sowohl für Hobbyläufer als auch für Profis. Besonders der Kilometer 30, unter Läufern als „der Mann mit dem Hammer" bekannt, lässt viele verzweifeln [48]. Fast drei Viertel der Strecke sind geschafft, das Ziel rückt bereits ins Bewusstsein, doch die Energie bricht jetzt typischerweise dramatisch ein. Einige Laufende bitten deshalb ihnen nahestehende Personen, sich genau bei diesem Kilometer in die erste Reihe der Zuschauer zu platzieren und zu winken und zu jubeln, was das Zeug hält. Allein der Anblick der jubelnden vertrauten Menschen, die an einen glauben und einen mental unterstützen, lässt den Energielevel wieder steigen. Andere Läuferinnen und Läufer haben gelernt, bei einem Energieabfall aus sich selbst heraus positive mentale Bilder zu produzieren, etwa von ihrer Freude hinter der Zielgeraden. Auch solch eine Vorstellung gibt ihnen unmittelbar neue Energie. Wichtig ist dabei jedoch, an die positiven Bilder tatsächlich zu glauben und ihnen zu vertrauen. Dass die Stärkung des Körpers über die mentale Ebene nicht nur für einen kurzen Moment sportlicher Höchstleistung funktioniert, sondern auch über längere Zeiträume, zeigt ein Phänomen, das Bruce Lipton in seinem gleichnamigen Buch den „Honeymoon-Effekt" nennt. Das herrliche Gefühl der Flitterwochen lässt Menschen sich gesund und voller Energie fühlen. Verliebtsein verändert nicht allein unsere Wahrnehmung, sondern auch die Chemie unseres Körpers.

Mediziner bezeichnen die Auswirkungen der mentalen Ebene auf den Körper heute als „psychosomatische Medizin" oder auch „Psychosomatik". Schon als Kinder lernen wir die dahinterstehenden Phänomene kennen: Vor einer schwierigen Klassenarbeit haben einige Schüler mit Bauchschmerzen oder sogar Übelkeit und Erbrechen zu kämpfen. Am letzten Tag vor den großen Ferien fühlen sie sich dagegen gesund und voller Energie. Körperliche Auslöser gibt es dafür keine. Die jeweiligen Vorstellungen machen krank oder gesund. Obwohl jedes Kind solche Zusammenhänge kennt, ist die Psychosomatik eine noch junge Disziplin. Erst im Jahr 1992 richtete der 92. Deutsche Ärztetag in Köln das entsprechende Fachgebiet ein. Dabei hätten insbesondere Hausärzte schon lange auf das Phänomen aufmerksam werden können. Denn die sogenannte Weißkittelhypertonie [49] (oder „Praxishypertonie") war ein bei Patienten seit Jahrzehnten zu beobachtendes Symptom. Vielleicht gehören Sie ja auch zu den Menschen, die einen hohen Blutdruck bekommen, sobald sie eine Arztpraxis betreten? Viele Ärztinnen und Ärzte messen heute den Blutdruck zweimal, in der Hoffnung, dass sich der Patient beim zweiten Mal etwas „beruhigt" hat. Oft scheint aber auch das zweite Messergebnis noch auf Bluthochdruck (Hypertonie) hinzudeuten. Misst der Patient dann zu Hause selbst noch einmal, ist sein Blutdruck wieder normal. Die heute wissenschaftlich unumstrittene Erklärung: Es handelt sich um eine psychosomatische Reaktion. Wir verbinden eine Arztpraxis im Kopf mit Kranksein oder zumindest mit unangenehmen Untersuchungen. Allein die Tatsache, sich in einer Praxis zu befinden, kann deshalb Angst- und Stressreaktionen auslösen. Dazu zählen feuchte Hände, Kurzatmigkeit oder eben Bluthochdruck. Das alles tritt auf, bevor der Arzt den Patienten überhaupt begrüßt hat!

Die Weißkittelhypertonie ist eine kurzfristige unangenehme Reaktion, die sich wieder legt, sobald der Patient die Arztpraxis verlassen hat. In der Wissenschaft besteht heute jedoch nahezu Einigkeit darüber, dass *länger dauernde* Angst- und Stresszustände zu ernsthaften körperlichen Störungen führen können. In diesen Fällen spricht man von psychosomatischen Erkrankungen [50]. Ihre Diagnose ist oft schwierig, unter anderem auch deshalb, weil die Medizin noch selten ganzheitlich und im Sinne spiritueller Intelligenz denkt. Stattdessen sucht sie oft nach einzelnen, körperlichen Auslösern für Krankheiten. Trotzdem rücken immer mehr Krankheiten, für die es keine oder keine eindeutige physiologische Ursache zu geben scheint, in den Blickpunkt der Psychosomatik. So hat das sogenannte Reizdarm-Syndrom nach heutigem Kenntnisstand sehr häufig psychische Ursachen oder zumindest Mit-Ursachen. Das Gleiche gilt für verschiedene Formen des Ohrgeräuschs (Tinnitus). Psychosomatische Mediziner sind hier mittlerweile so weit, dass sie auch einmal die Frage stellen: „Was will der Patient nicht mehr hören?" Noch eindeutiger ist der psychische Zusammenhang bei der sogenannten Herz-Angst-Neurose. Patienten zeigen hier die Symptome einer Herzkrankheit, obwohl Kardiologen dafür keine Ursache ermitteln können. Die psychosomatische Forschung vermutet als Auslöser für diese „Phantom-Krankheit" neben Stress auch unterdrückte Wut, Angstzustände, unzureichend verarbeitete Konflikte sowie besonders häufig eine Reaktion auf den Herztod eines Bekannten oder Verwandten. Die bloße Angst, ebenfalls an einem Herzschlag zu sterben, löst dann die Symptome einer schweren Herzerkrankung aus.

Auch hier gibt es wieder die andere Seite der Medaille: So wie die Angst vor Krankheit uns tatsächlich krank macht, kann der bloße Glaube an die Heilung uns gesund machen. Das verbirgt sich hinter dem Placebo-Effekt [51]. Tabletten, die gar keinen Wirkstoff enthalten, oder Operationen, die dem Patienten nur vorgespielt werden, können nachweislich Symptome lindern oder sogar Krankheiten heilen. Es sind sogar Fälle dokumentiert, bei denen Patientenakten verwechselt wurden, ein Patient deshalb vom Arzt eine viel günstigere Prognose bekam, als seinem Befund entsprochen hätte, und er dann viel schnellere Fortschritte bei seiner Genesung machte, als es bei seinem tatsächlichen körperlichen Zustand zu erwarten gewesen wäre.

In seinem Buch „Sehnsucht Unsterblichkeit: Wie die Medizin zur neuen Religion der Menschen wird" schreibt Dr. Günther Loewit [52], niedergelassener Arzt für Allgemeinmedizin und Kritiker unseres heutigen Gesundheitssystems: „Wie oft habe ich schon erlebt, dass Kopfschmerzen nach der Durchführung einer MRT-Untersuchung verschwunden waren. Ob es der Krach in der Röhre oder doch die Beruhigung des Patienten durch den unauffälligen Befund war: Die Wirkung bleibt unverständlich." Weiter schreibt er: „Offensichtliche ‚Scheineffekte' jeder Art spielen in der modernen Heilkunde eine weit größere Rolle als es einer Medizin, die sich als Verfechter der Wissenschaft sieht, recht sein kann. Die Bemühungen der Kliniker, Forscher und Pharmakologen, sowohl den psychosomatischen als auch den zwischenmenschlichen Spielraum möglichst klein und unscheinbar zu halten, erinnern an die mehr oder weniger an den Haaren herbeigezogenen Gottesbeweise der römisch-katholischen Kirche. Dabei ist das Ansinnen, Glaubensinhalte wissenschaftlich beweisen zu wollen, genauso lächerlich wie der Versuch von Impfgegnern, wissenschaftlich bewiesene Wirkmechanismen des Immunsystems infrage zu stellen oder gar zu negieren. Genauso gut könnte man ein Gegner der Mathematik sein."

Der Forschung sollten wir allerdings zugutehalten, dass es immer mehr Studien zur Untersuchung sowohl des Placebo- als auch des verwandten Nocebo-Effekts gibt. Der Nocebo-Effekt ist so etwas wie der „böse Stiefbruder" des Placebo-Effekts, denn hier geht es um die krankmachende Wirkung negativer Gedanken, insbesondere von Angst, auf den Körper. Hartmut Schröder, Professor für Therapeutische Kommunikation an der Universität Viadrina in Frankfurt an der Oder [53], erklärt zu den möglichen Reizen, die einen Nocebo-Effekt auslösen: „Vermittelt wird das meistens über Angst und diese Reize können zum Beispiel auch aus den Medien kommen, sie können aus der Arzt-Patienten-Kommunikation kommen und sie können natürlich auch aus den Beipackzetteln von Medikamenten kommen." Professor Schröder und sein Team demonstrierten den Nocebo-Effekt in einer neuen, bahnbrechenden Studie: Wenn Männer bestimmte Herzmedikamente, sogenannte Betablocker, einnehmen, kann das in bestimmten Fällen zu erektiler Dysfunktion (im allgemeinen Sprachgebrauch: „Impotenz") führen. Klärt der Arzt den Patienten darüber auf, so löst das nach der Studie der Universität Viadrina bei 30 von 100 Männern tatsächlich Impotenz aus. In einer Vergleichsgruppe blieb diese beängstigende Nebenwirkung im Aufklärungsgespräch jedoch unerwähnt. Jetzt trat die Nebenwirkung nur bei 2 von 100 Männern auf. Die mentale Erwartung wirkt also unglaubliche 15-mal stärker als das eigentliche Medikament!

Studienergebnisse wie die von Professor Schröder und seinen Mitarbeitenden werfen eine für dieses Kapitel entscheidende Frage auf: Wie weit reicht der Einfluss des Geistes auf unseren Körper tatsächlich? Psychosomatik und Placebo-Effekt sollten uns aufhorchen lassen. Wenn sich unser Denken unmittelbar auf die körperliche Ebene auswirkt, dann lassen uns auch unsere mentalen Programmierungen entweder gesund sein – oder sie machen uns krank. Die Auswirkungen reichen sogar noch viel weiter als Gesundheit oder Krankheit und betreffen auch den Alterungsprozess.

Das belegte 1979 ein aufsehenerregendes Experiment der Psychologin Ellen J. Langer mit dem Namen „Counterclockwise" (gegen den Uhrzeigersinn) [54]. Dabei begaben sich männliche Bewohner eines Seniorenheims in einem 50er-Jahre-Bau auf eine Zeitreise. Alle waren um die 80 Jahre alt und hatten bereits eine Reihe von Einschränkungen – manche gingen gebückt, andere auf Krücken. In ihrer neuen Umgebung war alles so wie 1959: Möbel, Zeitschriften, Fernsehnachrichten. Die Senioren sollten sich verhalten, als lebten sie noch in der damaligen Zeit und wären 20 Jahre jünger. Ihnen wurden keine lästigen Tätigkeiten mehr abgenommen. Themen von 1959 wurden in der Gegenwartsform besprochen. Eine Kontrollgruppe dagegen schwelgte lediglich in Erinnerungen von damals.

Die zu Beginn des Experimentes kranken und verletzlichen Teilnehmer spürten bereits nach kurzer Zeit neue Kraft. Insgesamt ging es auch der Kontrollgruppe besser. Doch bei denen, die in ihr jüngeres Ich eingetaucht waren, verbesserte sich alles signifikanter: das Seh- und Hörvermögen, die Gedächtnisleistung, die Gehfähigkeit und auch die körperliche Kraft nahmen zu. Arthrose ging zurück. Alle sahen insgesamt sogar jünger aus. Als die Versuchsteilnehmer später wieder im Seniorenheim lebten, fielen sie schnell wieder zurück in ihre alten Denkmuster und ihr Zustand verschlechterte sich erneut. Daran lässt sich erkennen, wie einschränkende Denkweisen – in diesem Fall über das Älterwerden – uns daran hindern, gesund und physisch und mental fit zu bleiben.

Das Experiment lässt sich für ältere Menschen durchaus im Alltag nutzen, um Zeitreisen in der Phantasie zu unternehmen: Einfach auf einen Stuhl an einem ruhigen Ort die Augen schließen und sich eine Alltagssituation aus der Vergangenheit vorstellen – beispielsweise eine bestimmte Distanz ohne Gehhilfe zu laufen. Diese Distanz dann für die nächsten zwei Wochen jeden zweiten Tag jeweils etwa 15 bis 20 Minuten in der Vorstellung laufen. Danach vielleicht eine andere Alltagssituation nehmen. Auf diese Weise werden sich nach einiger Zeit spürbare Erfolge einstellen.

Es ist kaum noch zu bestreiten, dass der Glaube – bildlich gesprochen – Berge versetzen kann, sprich: der Einfluss der mentalen Ebene auf unseren Körper und unsere Gesundheit viel größer ist, als es der noch nicht ganzheitlich denkende Mainstream der Medizin und Alterforschung einräumen will. Mit spiritueller Intelligenz lassen sich die Tatsachen klar erkennen! Aber wo liegen die Grenzen? Sind nicht bestimmte Krankheiten genetisch vorprogrammiert, wie es in den Medien immer wieder zu hören und zu lesen ist? Und sind sie damit nicht quasi unser unausweichliches Schicksal? Um zu verstehen, warum der Geist sogar mächtiger als die Gene ist, müssen wir uns das „Betriebssystem" des menschlichen Körpers noch etwas genauer ansehen.

### Die revolutionäre Sichtweise der Epigenetik auf den Menschen

Mitte der 1990er-Jahre war ich Doktorand der Biologie an der Universität von Edinburgh in Schottland und forschte im Bereich der Pflanzenphysiologie. Eines Tages hatte ich im Labor eine Erkenntnis. Ich fragte mich:

> Was wäre, wenn wir durch unsere Gedanken unsere Gene verändern könnten?

Und ich dachte: Genau so muss es funktionieren! Vielleicht rätseln Sie jetzt, wie man auf solch eine Idee kommt. Es war reine Intuition, anders kann ich es nicht erklären. Eigentlich hatte meine wissenschaftliche Arbeit überhaupt keinen unmittelbaren Bezug zur Genetik. Den Großteil meines Studiums hatte ich zuvor in Köln verbracht. Köln war zu der Zeit eines der weltweit führenden Institute auf dem Gebiet der Genetik und Molekularbiologie. Dadurch war ich bezüglich Genetik und Molekularbiologie einigermaßen auf dem Laufenden. Mein Doktorvater war einer der drei international führenden Wissenschaftler in einem Teilgebiet der Pflanzenphysiologie. Dank seines guten Rufs hatten wir in Edinburgh ein recht großes Labor mit zahlreichen Studierenden, Doktoranden und Post-Docs aus aller Welt. Es war ein ständiges Kommen und Gehen. Sowohl am Institut als auch im Studentenwohnheim, in dem ich wohnte, fand ich reichlich Gelegenheit zu inspirierenden Diskussionen – auch über Genetik und Molekularbiologie. Ich erzählte von meiner These der gedanklichen Gensteuerung, doch niemand konnte damit etwas anfangen oder meine Gedankengänge überhaupt nachvollziehen. Dabei spielte es keine Rolle, aus welcher Fakultät jemand kam. Ein bisschen war ich auch überrascht von meiner eigenen These und vor allem meinem Mut, anderen Wissenschaftlern davon zu erzählen. Irgendwann in den folgenden Jahren hörte ich dann aber auf, darüber nachzudenken. Erst als ich 2006 das Buch „Intelligente Zellen" von Bruce Lipton las, erinnerte ich mich wieder an meine eigenen Überlegungen mehr als 10 Jahre zuvor. Bruce Lipton hat das Gebiet der Epigenetik zwar weder begründet noch maßgeblich vorangetrieben, aber durch seine Bücher, Vorträge und Videos weltweit bekannt gemacht. Erstmals entdeckten im Jahre 1975 zwei Wissenschaftler unabhängig voneinander, dass kleine chemische Modifikationen, sogenannte Methylgruppen, die Aktivität von Genen kontrollieren können [55].

> **Erkenntnis**
>
> Eine zentrale Idee von Bruce Lipton ist dieselbe, die ich in Edinburgh im Labor hatte: Gedanken können unsere Gene verändern.

Wissenschaftliche Neuerungen beginnen oft mit einer intuitiven Erkenntnis, einer bestimmten Eingebung, welche der Forscher oder die Forscherin dann anschließend empirisch zu beweisen versucht. Wahrscheinlich kommt es gar nicht so selten vor, dass mehrere Wissenschaftler irgendwo auf der Welt dieselbe intuitive Idee haben, aber nur wenige sie dann weiterverfolgen und am Ende vielleicht sogar nur ein Mann oder eine Frau damit berühmt wird. Eine These von Bruce Lipton ist heute einem breiten Publikum bekannt. Sie lautet: „Die Gene sind kein Schicksal." Wie weit der Einfluss epigenetischer Faktoren jedoch genau reicht, ist noch Gegenstand intensiver Forschung. Beispielsweise konnte bei Mäusen nachgewiesen werden, dass Fettleibigkeit und Diabetes [56], die durch Ernährung verursacht sind, sowohl über Eizellen als auch über Spermien epigenetisch an die Nachkommen vererbt werden können. Bei solchen sogenannten Tiermodellen wird allerdings immer auch die Frage der Übertragbarkeit der Ergebnisse auf den Menschen kontrovers diskutiert. Weitgehend geklärt sind immerhin die biochemischen Funktionsweisen „epigenetischer Schalter". Wir wissen also, wie der Körper bestimmte Gene „anschaltet" oder „abschaltet", und zwar beispielsweise so: Methylgruppen docken an bestimmten Stellen der menschlichen DNA an, primär an der Base Cytosin, wobei Methylcytosin entsteht. Die Konsequenz dieser sogenannten DNA-Methylierung ist das Stummschalten des entsprechenden DNA-Abschnitts, denn die Proteinherstellung wird damit unterbunden. Es handelt sich dabei aber nicht um eine Mutation, da die Sequenzabfolge der Nukletide erhalten bleibt. Man spricht vielmehr von einer *Modifikation* der DNA. Obwohl die modifizierte DNA stabil an die Nachkommen weitergegeben werden kann, ist sie dennoch dynamisch, das heißt, die Inaktivierung des Genabschnitts kann jederzeit wieder aufgehoben werden.

Im Verständnis der beschriebenen Vorgänge sind wir wissenschaftlich so weit, dass mittlerweile Medikamente existieren, die eine epigenetische Markierung gezielt auf-

heben. So wurden die sogenannten DNMT-Hemmer Aza-
citidin und Decitabin, die Methylgruppen von der DNA
entfernen und damit direkt auf der epigenetischen Ebene
wirken, bereits um 2010 in den USA und Europa zugelassen
[57]. Schon bei der Entdeckung der Struktur der DNA im
Jahr 1953 hatte man gehofft, Krebs und weitere schwere
Krankheiten besiegen zu können. Die gleiche Hoffnung
kam noch einmal auf, als Anfang der 2000er-Jahre die Entschlüsselung des menschlichen Genoms gelang. Was dabei
zunächst als „Junk-DNA" bezeichnet wurde – die außer-
halb codierender Regionen eines Genoms liegende DNA,
der sich erst noch keine genetische Funktion zuordnen ließ
und die später als die Region epigenetischer Schalter erkannt wurde – erwies sich schließlich als Segen für den
neuen Wissenschaftszweig der Epigenetik. Das nächste
große Ziel ist jetzt die Vollendung der bereits begonnenen
Entschlüsselung des *Epigenoms* [58] als Gesamtheit aller
epigenetischen Modifikationen. Möglicherweise gibt es darüber hinaus einen noch feineren Regulationsmechanis-
mus, der auf seine Entdeckung wartet. Wie auch immer:
Ich halte es für sehr wahrscheinlich, dass wir in naher Zukunft erklären können, wie genau unsere Gedanken in
Körperfunktionen „übersetzt" werden.

Am Max-Planck-Institut für Psychiatrie in München
gibt es eine Forschergruppe unter der Leitung von Dr.
Natan Yusupov, die sich mit epigenetischen Auslösern psy-
chischer Erkrankungen befasst [59]. Sehr sicher ist mittlerweile, dass psychische Erkrankungen nicht „mono-
genetisch" verursacht sind, sondern dass es stets viele Gene
braucht, die dafür epigenetisch an- oder abgeschaltet werden müssen. Welche Arten von Einflüssen dazu beitragen,
ist noch nicht endgültig geklärt. Dass Stress und traumatische Erfahrungen hier eine große Rolle spielen, gilt für Yusupov und sein Team als wahrscheinlich. Umfang und Ausmaß des Zusammenspiels von Genen und Umwelt sind

ihnen wie überhaupt weiten Teilen der Wissenschaft dagegen noch ein Rätsel. So kann sich die Forschung auch noch nicht erklären, warum Kinder und Enkel von Holocaust-Überlebenden gemäß einer Studie wesentlich sensibler auf Stress und traumatische Ereignisse reagieren als der Durchschnitt der Bevölkerung [60]. Dies passt jedoch genau zur Theorie der Vererbung von Erfahrungen, die Jean-Baptiste de Lamarck (1744–1829) bereits vor rund 200 Jahren aufstellte! Ich bin mir sicher, es ist nur noch eine Frage der Zeit, bis die Forschung auch hier zu weiteren Erkenntnissen kommt.

Jetzt können Sie sagen: Umwelteinflüsse, wie zum Beispiel traumatisierende Ereignisse, verändern unsere Gene – okay, das verstehe ich. Aber das heißt ja noch lange nicht, dass unsere Gedanken oder Gefühle unsere Gene steuern können oder das, woran wir glauben oder nicht glauben, tatsächlich epigenetische Schalter bewegt. Wie groß ist der Einfluss der mentalen Ebene – und damit der mentalen Programmierungen, um die es in diesem Buch geht – auf den Körper denn tatsächlich? Der Mainstream der Wissenschaft will diese Frage noch nicht eindeutig beantworten. Bruce Lipton, der weltweit populärste Autor zu Themen der Epigenetik, legt sich dagegen bereits fest. In seinem Newsletter aus dem März 2021 schreibt er [61]: „Viele Menschen betrachten die Rolle des ‚Glaubens' für die Qualität unseres Lebens abschätzig als ‚New Age'-Blabla, als ausgemachten Blödsinn. Dabei berufen sie sich auf die Epigenetik, die sagt, dass die Umwelt unsere Gene beeinflusst und diese wiederum unser Leben bestimmen." Um zu verdeutlichen, dass es bei der Epigenetik um mehr geht als Umweltfaktoren im alltagssprachlichen Sinn, gibt Lipton folgendes Beispiel: Zwei Freunde, Mutt und Jeff, sind zwischen 20 und 30 und als Nachbarskinder gemeinsam aufgewachsen. Als sie eines Tages zu Fuß in der Nachbarschaft unterwegs sind, kriecht vor ihnen plötzlich eine ungiftige

Schlange aus dem Gras hervor. Jeff ist spontan fasziniert von der Schönheit des Tieres, während Mutt sich fast zu Tode erschreckt. Mutts Körper wird von Stresshormonen durchflutet, sein Herz rast. Dieselbe Umwelt, derselbe Reiz – zwei konträre Reaktionen. Um den Grund zu verstehen, muss man sich die jeweiligen mentalen Programmierungen in der Kindheit der beiden Männer ansehen: Jeffs Mutter, eine Biologin, fand einmal im Garten eine Schlange, nahm sie in die Hand und zeigte sie ihrem kleinen Sohn. Sie vermittelte ihm, wie wunderbar dieses Tier ist. Als Mutt klein war, fand auch seine Mutter im Garten eine Schlange. Sie schnappte sich sofort ihren Sohn und lief mit ihm voller Panik ins Haus. Der kleine Mutt lernte, dass Schlangen lebensbedrohlich sein müssen. Dies war ab diesem Zeitpunkt sein „Glaube" über Schlangen. Sowohl Jeff als auch Mutt sind also in ihrer Kindheit in Bezug auf Schlangen mental programmiert worden. Der eine positiv, der andere negativ.

Das Verhalten der beiden erwachsenen Körper und die Reaktion ihrer Zellen auf den Reiz „Schlange" sah deshalb komplett verschieden aus, trotz der identischen Umwelt. Wir müssen laut Bruce Lipton noch einmal zwischen der äußeren Umwelt des Körpers und der Umwelt der Gene *innerhalb* des Körpers unterscheiden! „Glaube' bestimmt die Chemie der inneren Umwelt und die epigenetischen Vorgänge", schreibt Bruce Lipton. Das geschieht über Hormone, Neuropeptide und andere Botenstoffe im Blut, die vom Gehirn freigesetzt werden. Das Blut bildet die „innere Umwelt" unseres Körpers, die Umwelt unserer Gene. Unser Denken über eine bestimmte Situation – hier das Auftauchen einer Schlange –, festgelegt durch frühere mentale Programmierungen, entscheidet über das, was wir „im Blut haben". Und damit bestimmt es unsere körperliche und emotionale Reaktion! Die eigentlich revolutionäre Schlussfolgerung aus den Erkenntnissen der Epigenetik lautet deshalb für Bruce Lipton, dass wir mit unseren Gedanken unseren Körper steuern können. Das reicht bis hin zum Anschalten oder Abschalten von Genen, etwa mittels der Methylierung. Bruce Liptons Fazit:

> „Ändern Sie Ihren Glauben, und das wird die Macht haben, Ihre Biologie zu ändern.“

> **Unsere mentalen Programmierungen sind demnach der sowohl entscheidende wie in großen Teilen von Wissenschaft und Medizin noch weitgehend unbeachtete Faktor für ein gesundes Leben.**

So wie wir uns entscheiden können, eine Gabel auf unterschiedliche Arten zu halten, haben wir auch die Wahl, ob und wie wir unseren Körper und unsere Gesundheit geistig beeinflussen wollen. Es ist deshalb meiner Meinung nach höchste Zeit, die mentalen Programmierungen im Hinblick auf unseren Körper stärker zu hinterfragen: Was steuert uns? Sind wir auf ein gesundes Leben oder auf Krankheit und Leiden konditioniert?

### Krankmachende Programmierungen erkennen und loslassen

Im Jahr 1952, im Alter von 42 Jahren, war Lester Levenson, ein New Yorker Arzt und Unternehmer, auf dem Höhepunkt seines beruflichen Erfolgs. Gleichzeitig war er ein schwer kranker und zutiefst unglücklicher Mann. Er litt an Depressionen, hatte eine vergrößerte Leber, Nierensteine, Milzprobleme und Magengeschwüre. Hinzu kamen massive Herzprobleme. Nach seinem zweiten Herzinfarkt schickten ihn die Kardiologen nach Hause, um zu sterben. Sie sagten, sie könnten nichts mehr für ihn tun. Levenson saß daraufhin in seinem Penthouse in Manhattan und überlegte, ob er sich tatsächlich aufgeben wollte. Statt sich auf den Tod vorzubereiten, begab er sich schließlich in einen meditativen Zustand. Er ging nach innen, um Antworten zu suchen. Nach einiger Zeit stieß er intuitiv auf seine inneren Begrenzungen, seine Glaubenssätze und mentalen Programme. Lester Levenson entdeckte eine Technik, die er später „Loslassen" (englisch: „releasing") nannte. Allein zu Hause und ohne noch etwas zu verlieren zu haben, merkte er, dass er sich alles, woran er glaubte und was sein Leben bisher bestimmt hatte, bewusst anschauen, akzeptieren und schließlich loslassen konnte.

Jedes Mal, wenn Levenson einen seiner Glaubenssätze mit *Bewusstheit* durchdrang, spürte er nach wenigen Augenblicken eine körperliche Entspannung. Ein Tor zu mentaler Freiheit tat sich ihm auf, und er wusste, dass er nun die Wahl hatte, seine Konditionierung zu behalten oder sie aufzugeben. Er war so fasziniert von seiner Entdeckung, dass er drei Monate lang jeden Tag nichts Anderes tat, als sich seine Konditionierungen anzuschauen und die meisten davon schließlich loszulassen. Anschließend wurde Lester Levenson wieder gesund. Seine erkrankten Organe – Leber, Nieren, Milz, Magen und Herz – regenerierten sich vollständig. Er lebte bis 1994, also 42 Jahre länger als von seinen Ärzten prognostiziert, in einem Zustand, den er selbst als „tiefen inneren Frieden" bezeichnete. Seine Methode des Loslassens gab er an Schüler weiter, die sie heute überall auf der Welt lehren. (Bekannt ist vor allem die Variante von Hale Dwoskin aus seinem Buch „Die Sedona Methode" [62].)

Lester Levenson war es 1952 offenbar gelungen, seine alten und wenig unterstützenden mentalen Programmierungen nahezu vollständig zu löschen. Die Folge dieses Prozesses waren innere Entspannung, körperliche Regeneration – bis hin zur vollständigen Gesundung – und tiefe Zufriedenheit. Im Umkehrschluss heißt dies, dass seine mentalen Programme ursprünglich für seine Depressionen, seine Krankheiten und sein Unglück verantwortlich gewesen sein müssen. In den folgenden Jahrzenten machten viele Schüler seiner Methode ähnliche Erfahrungen. Indem sie losließen, woran sie bisher geglaubt hatten und was in ihnen immer wieder heftige Emotionen (wie Wut oder Angst) ausgelöst hatte, besserten sich auch ihre körperlichen Beschwerden. Dabei war Lester Levensons Entdeckung absolut nicht neu: Die östliche Weisheit, insbesondere die tantrische und die yogische Tradition, lehrt seit mehr als 2500 Jahren, dass sich hartnäckige Muster des Verstandes und energetische Blockaden in der tiefen Meditation mit Bewusstheit durchdringen und dadurch transformieren lassen. Osho, Professor für Philosophie und bedeutender Lehrer der tantrischen Tradition im 20. Jahrhundert, ging so weit zu behaupten, dass der Verstand, wie er im Westen von den Menschen kultiviert wird, an sich schon „krank" sei [63] und ein Leben „aus dem Kopf" zwangsläufig auch unseren Körper, unsere Emotionen und unsere Sexualität krank mache.

Interessant ist, dass Lester Levenson selbst auf die Lösung gekommen ist – ohne Guru, ohne Reise nach Indien und ohne die Lektüre altindischer Schriften. Er muss über ein hohes Maß an spiritueller Intelligenz und eine ausgeprägte Intuition verfügt haben. Einmal auf die richtige Spur gebracht, kann es ihm jedoch jeder und jede nachmachen. Auch Sie können das! Wir alle können in die Stille gehen, nach innen, und uns auf die Suche nach mentalen Programmierungen und Glaubensüberzeugungen machen, die unseren Körper schwächen und ihn krank machen. Das ist ein sehr individueller und intuitiver Prozess. Gleichzeitig lassen sich dabei auch gesellschaftliche Konditionierungen erkennen, die uns alle (oder die meisten von uns) im Hinblick auf das beeinflussen, was wir über unseren Körper und unsere Gesundheit denken. Sehr häufig sind das negative Konditionierungen, die wir kritisch hinterfragen sollten.

Nehmen wir nur einmal den heute allgegenwärtigen Körperkult und Fitnesswahn. Wir bekommen ständig Idealbilder vor Augen geführt, wie ein gesunder und fitter Körper auszusehen hat, was wir essen müssen und was genau an Sport und Bewegung pro Woche nötig sein soll, um gesund zu bleiben. Dabei handelt es sich bei nicht wenigen der populären Tipps um Behauptungen, die einer wissenschaftlichen Überprüfung nicht standhalten. Nachzulesen etwa in dem Buch „Die 77 größten Fitnessirrtümer" des Arztes Dr. Michael Prang [64]. Das alles ist dann auch noch Moden unterworfen: Der Vegan-Trend war gerade erst auf seinem Höhepunkt, da wurde auf einmal „Paleo" (die „Urzeit-Diät") propagiert, mit ganz viel Fleisch und Eiern, aber ohne Käse und Nudeln. Was machen solche Idealbilder mit uns? Wir bekommen Angst, dem allen nicht gerecht werden zu können und nie gut genug zu sein. Frust und Stress machen sich breit, weil kein Mensch sich an alles halten und alles umsetzen kann, was angeblich zu einem gesunden Leben gehört. Vor allem verlernen wir, unserer eigenen Intuition zu vertrauen! Wir fühlen uns fremdgesteuert und sind im schlechtesten Fall ständig verunsichert. Angst und Stress schwächen jedoch unseren Körper – und ganz besonders unser Immunsystem, wie die Psychoneuroimmunologie zeigt.

Das schien vielen Politikern und Medienvertretern zu Beginn der Corona-Pandemie entweder nicht bewusst oder gleichgültig gewesen zu sein. Statt beruhigend auf die Bevölkerung einzuwirken und sich auf die Fakten zu konzentrieren, wurden wahre Horrorszenarien verbreitet. Im April 2020 empfahl ein internes Papier des deutschen Innenministeriums [65] sogar, der Bevölkerung gezielt Angst zu machen. Selbst unter Kindern wollte man Schrecken verbreiten! Nur mit „Schockeffekten" (so hieß es wörtlich in dem Papier) könne der Staat die Akzeptanz für nötige Maßnahmen schaffen. Wer den Nocebo-Effekt kennt, kann über diese Art von Krisenkommunikation nur den Kopf schütteln. Denn die Angst vor einer Infektion wirkt sich unmittelbar schwächend auf unser Immunsystem aus. Vielleicht waren Sie schon einmal bei nasskaltem Wetter draußen und hatten Sorge, sich zu erkälten. Prompt spürten Sie ein erstes Kratzen im Hals. Das zeigt, wie unmittelbar Angst uns schwächt. Die Politik sollte sich während einer Pandemie vielleicht nicht nur bei Virologen und Epidemiologen, sondern auch bei Psychoneuroimmunologen Rat holen.

Corona war hier aber nur die Spitze des Eisbergs. Über die Medien hören wir ständig von allen möglichen Krankheiten, die wir teilweise noch gar nicht kannten. Wir erhalten dazu häufig noch statistische Angaben mitgeliefert, wie wahrscheinlich es ist, zu erkranken, insbesondere bei erblicher Vorbelastung. Das Ergebnis kann im Extremfall eine ständige Sorge vor Krankheit sein, die ihrerseits krank macht. Dabei werden Statistiken in den Medien oft zwar formal korrekt, aber für Laien irreführend dargestellt – „weil größere Zahlen bessere Schlagzeilen liefern", schreibt Professor Gerd Gigerenzer, Direktor des Harding-Zentrums für Risikokompetenz an der Universität Potsdam, in seinem Buch „Risiko". Gigerenzer gibt dazu folgendes Beispiel [66]: Als in Großbritannien die dritte Generation der Ovulationshemmer („Antibabypille") auf den Markt kam, machte eine Studie Schlagzeilen, nach der das Thromboserisiko durch die Einnahme jetzt um 100 Prozent erhöht sei. Durch die Zahl aufgeschreckt, setzten hunderttausende Frauen die Pille ab und es kam im Folgejahr zu schätzungsweise 13.000 zusätzlichen Abtreibungen. Doch was bedeutete ein „um 100 Prozent höheres Risiko" tatsächlich? War Thrombose bisher bei einer von 7000 Frauen aufgetreten so waren es jetzt zwei von 7000. Eine Zunahme des *relativen* Risikos um 100 Prozent. Das *absolute* Risiko lag aber immer noch bei überschaubaren 1 : 3500. Und das

Thrombose-Risiko bei einer Abtreibung ist viel höher! Der Glaube an – angeblich – durch Zahlen belegte gesundheitliche Risiken kann also selbst zum Gesundheitsrisiko werden. Professor Gigerenzer empfiehlt übrigens jedem Einzelnen, sich ein gewisses Maß an Risikokompetenz anzueignen. So wären wir auch besser in der Lage, uns auf den eigenen gesunden Menschenverstand, die eigene spirituelle Intelligenz verlassen zu können.

Wir sind heute mental programmiert, überall Risiken für unsere Gesundheit zu sehen und sehr häufig auch Angst vor Krankheiten zu haben. Das liegt nicht allein an den Medien, sondern beginnt in den Familien, wo oft schon Angst vor der Vererbung bestimmter Krankheiten der Eltern oder Großeltern geschürt wird. Damit schwächen wir uns nicht nur, sondern können im Sinne der Epigenetik sogar den Ausbruch genetisch bedingter Krankheiten begünstigen oder sogar verursachen. Umgekehrt haben mentale Fitness, Optimismus und der Aufbau eines gesunden Selbstwerts einen unmittelbar positiven Effekt auf unseren Körper. Das beweist die Forschung zum Placebo-Effekt. Es gibt noch eine weitere mentale Programmierung, die viel dazu beiträgt, wie gesund und fit wir uns fühlen: unsere Gedanken und Glaubenssätze über unser Lebensalter.

> **Erkenntnis**
>
> Grundsätzlich existieren immer drei persönliche Altersangaben: Das Alter laut Geburtsurkunde, wie sich jemand körperlich fühlt und wie er oder sie sich mental erlebt. Diese drei Altersangaben können durchaus Jahre bis Jahrzehnte voneinander abweichen.

Immer noch prägen die meisten von uns bestimmte Glaubensvorstellungen, ab wann man „alt" ist und bestimmte Dinge angeblich mental oder körperlich nicht mehr schafft. Dann gibt es aber auch diejenigen, die sich an diesen Vorstellungen anscheinend nicht stören. So wie Klemens Wittig [67], der 2017 im Alter von 80 Jahren noch einmal einen Marathon lief und mit einer Zeit von 3 Stunden, 39 Minuten und 58 Sekunden einen neuen Europarekord in seiner Altersklasse aufstellte. Wenn er geglaubt hätte „Mit 80 hat das doch keinen Sinn mehr", dann hätte er es nach meiner Einschätzung sehr wahrscheinlich nicht geschafft. Doch dank seiner mentalen Stärke verkraftete er sogar einen Sturz mitten im Rennen, bei dem er sich erheblich verletzte. Klemens Wittig stand einfach auf und lief weiter. Als wäre er 20 und nicht 80.

Genauso viel Wert wie Ihr physisches Alter sollte Ihnen Ihr mentales Alter sein. Inwieweit Sie mental noch auf der Höhe der Zeit sind, zeigt sich etwa darin, wie Sie mit neuen Informationen umgehen oder wie ausgeprägt Ihre Bereitschaft ist, sich auf neue, insbesondere digitale Technologien einzulassen. Der ehemalige Bundeskanzler Helmut Schmidt hat allen gezeigt, wie es geht [68]: Im Jahr 2011, im Alter von 92 Jahren hielt er seine letzte Rede auf einem SPD-Parteitag. Es war ein einstündiges Plädoyer für ein integratives Europa. Ist es Zufall, dass Helmut Schmidt zu dieser kognitiven Leistung noch fähig war? Ich denke nicht. Helmut Schmidt verfolgte (vielleicht auch unbewusst) eine Strategie, derer sich jeder bedienen kann: Zeigen Sie sich bis ins hohe Lebensalter offen und interessiert an neuen Themen und diskutieren Sie diese Themen bei jeder sich bietenden Gelegenheit mit anderen. Aktives Zuhören sollte dabei im Vordergrund stehen. Wenn Sie sich auf einem bestimmten Gebiet gut auskennen, dann schreiben Sie Bücher darüber und halten Sie Vorträge dazu. Das mentale Alter ist für mich ein Maß, wie geistig aktiv jemand am Leben teilhaben kann. Dazu gehört, willens und in der Lage zu sein, sich mit neuen und zunächst unbekannten Zusammenhängen zu befassen und sich insgesamt den jeweils aktuellen Herausforderungen der Zeit zu stellen. Und nicht etwa ständig von der „guten, alten Zeit" zu reden. Es geht also darum, unabhängig vom Alter laut Geburtsurkunde geistig stets auf der Höhe der Zeit zu sein.

Über das Thema mentales Alter habe ich mich auch einmal mit einem jungen Mann unterhalten, der gerade erst 21 Jahre alt war. Er sagte, er habe nach dem Abitur zwei Jahre lang als Rettungssanitäter gearbeitet und berichtete mir von seinem Eindruck, dass es zwischen ihm und seinen ehemaligen Schulkameraden heute kaum noch Gemeinsamkeiten gäbe. Er frage sich schon seit längerer Zeit nach den Gründen dafür. Von mir wollte er wissen, ob es sein könne, dass er durch seine Erfahrungen als Rettungssanitäter im Vergleich zu seinen ehemaligen Schulkameraden (ohne diese Erfahrung) schneller mental gereift sei. Ich bestätigte seine Vermutung, dass die Erfahrung mit seinem mentalen Wachstum zusammenhänge.

**Erkenntnis**

Jemand kann sowohl mental jünger als eine Vergleichsgruppe sein (siehe Helmut Schmidt) also auch mental älter (wie dieser 21-jährige Mann). Das Ziel sollte sein, weniger körperliche Selbstoptimierung zu betreiben, sondern vielmehr eine gesunde Balance aus physischen und mentalen Aktivitäten sicherzustellen.

# 7

# Miteinander arbeiten jenseits unserer Programmierungen

Sie haben sich längst in unsere Köpfe eingebrannt: Bilder von menschenleeren Produktionshallen [69], in denen nur noch Roboter arbeiten. Wir sehen diese Bilder seit Jahren im Fernsehen, in Zeitungen und Zeitschriften und im Internet. In den meisten Fällen stammen sie aus der Automobilindustrie, aber unbewusst haben wir längst begonnen, uns die Wirtschaft der Zukunft so vorzustellen, wie sie uns auf diesen Bildern gezeigt wird. Deren Botschaft: Wir Menschen scheinen bald nicht mehr gebraucht zu werden. Robotik und Künstliche Intelligenz (KI) sind allem Anschein nach dabei, in der Arbeitswelt unsere Rolle zu übernehmen. Sie sind schneller, präziser und ausdauernder, als Menschen es je sein konnten. Und sie sind, nach zunächst hohen Investitionen, auf lange Sicht kostengünstiger. Die Bilder von menschenleeren Produktionshallen machen vielen Angst. Wenn ich mit Mitarbeitenden in Unternehmen ins Gespräch komme, dann höre ich mittlerweile oft die Befürchtung, in naher Zukunft überflüssig zu sein. Und das sogar in Branchen, die vom Produktionssystem der Automobilindustrie weit entfernt sind, wie etwa Medizintechnik oder Biotechnologie.

Auf den ersten Blick scheint die Fachwelt zu bestätigen, dass der arbeitende Mensch überflüssig wird. „2064 ist die Fabrik menschenleer", prognostizierte zum Beispiel die Fachzeitschrift „Produktion" im Jahr 2016. Bereits in den kommenden 20 Jahren sollten demnach 40 Prozent der Jobs in der produzierenden Industrie wegfallen. Das seien allein in Deutschland 2,7 Millionen Stellen. „Roboter übernehmen die Jobs am Band, Steuerungsprozesse werden automatisiert und die Qualitätsprüfung erfolgt elektronisch", sagte das Fachblatt voraus und bezog sich dabei auf eine Studie der renommierten Unternehmensberatung A. T. Kearney. Genauer betrachtet handelt es sich bei der Studie jedoch lediglich um ein „Szenario", das auf einer Befragung von 100 Top-Managern durch das Meinungsforschungsinstitut Allensbach beruht. Im Klartext heißt das: Die Zukunft der Arbeit, wie sie hier dargestellt wird, ist bis jetzt nicht viel mehr als eine Vision in den Köpfen von manchen Managern.

Auch die aufsehenerregende Studie der Universität Oxford [70] aus dem Jahr 2015, nach der innerhalb der nächsten 25 Jahre 47 Prozent aller Jobs wegfallen würden, war zunächst einmal lediglich ein Szenario und keine Beschreibung existierender Tatsachen. Allerdings ging es hier nicht allein um die Produktion, sondern um den Siegeszug der digitalen Technologien – insbesondere der Künstlichen Intelligenz – in sämtlichen Zweigen der Wirtschaft. Buchhalter, Ärzte, Juristen, Lehrer, Bürokraten und Finanzanalysten könnten allesamt problemlos ersetzt werden, hieß es damals. Computer würden bald in der Lage sein, umfassende Datenanalysen anzustellen, um anschließend Finanzentscheidungen zu treffen oder genaue medizinische Diagnosen stellen zu können. Heute lässt sich sagen, dass die Oxford-Studie in der Fachwelt auch viel Widerspruch erfahren hat [71] und die Debatte über die Zukunft der Arbeit und die Rolle von KI und Automatisierung erst danach so richtig Fahrt aufnahm. Nur weil einzelne Tätigkeiten automatisiert würden, bedeute das noch nicht, dass dadurch ganze Berufe wegfielen, hielten zum Beispiel Wissenschaftler des Zentrums für Europäische Wirtschaftsforschung (ZEW) der Oxford-Studie entgegen. Der Anteil der Beschäftigten, deren Job durch Automatisierung bedroht sei, liege in Deutschland bei „nur" 12 Prozent. Forschende der Universität Hohenheim gehen sogar davon aus, dass sämtliche in der Öffentlichkeit kursierenden Zahlen zu hoch gegriffen sind. Die große Vielfalt der Qualifikationen in Deutschland lasse sich von Computern nicht so einfach kopieren. Eine ähnliche Diskussion gab es übrigens schon gegen Ende der 80er- und zu Beginn der 90er Jahre, als mehr und mehr Computer in den Büros zum Einsatz kamen. Auch damals sprach man von Massenarbeitslosigkeit. Die Prophezeiungen haben sich jedoch nicht bewahrheitet.

Der springende Punkt damals wie heute: Die eher vorsichtigen Prognosen und abwägenden Einordnungen von Wissenschaftlern werden in weiten Teilen der Bevölkerung kaum wahrgenommen. Es hat zuvor bereits eine mentale Programmierung im Hinblick auf das stattgefunden, was wir von der Wirtschaft der Zukunft erwarten. Bilder von menschenleeren Fabrikhallen sowie Schlagzeilen nach dem Muster „Die Hälfte aller Jobs fällt weg" lösen Befürchtungen aus, die sich später durch Fakten nicht mehr oder nur äußerst schwer ausräumen lassen. Digitale Transformation wird mittlerweile oft als gegen den Menschen gerichtet verstanden. Im Jahr 2020 fürchtete laut einer vom Branchenverband der Digitalwirtschaft beauftragten Studie bereits rund ein Drittel der Deutschen, dass die Digitalisierung zu „Massenarbeitslosigkeit" führen wird [72]. Hätte man allein die Erwerbstätigen gefragt, läge der Prozentsatz sicher noch höher.

Auf der anderen Seite sind da die vielen jungen Existenz-gründer in der Digitalwirtschaft. Nach einer Umfrage des Bundesministeriums für Wirtschaft und Klimaschutz [73] aus dem November 2021 ist die Mehrheit unter ihnen optimistisch, dass die Digitalisierung einen wesentlichen Beitrag zum Klimaschutz und zu einer nachhaltigeren Wirtschaftsweise leisten wird. Noch besteht die Zukunft der Arbeitswelt bloß aus Vorstellungen in unseren Köpfen. Doch von diesen Vorstellungen hängt ab, ob wir voller Sorge oder mit Optimismus in die Zukunft blicken. Es lohnt sich deshalb, zunächst einmal zu hinterfragen, welche Bilder von Arbeit uns überhaupt geprägt haben.

***Was Menschen Arbeit nennen, ist nicht eindeutig festgelegt***
Wenn wir verstehen wollen, warum uns Bilder menschenleerer Fabrikhallen ängstigen, sollten wir uns fragen, warum die Fabrik überhaupt eine solche Symbolkraft hat. Sie ist in unseren Köpfen offensichtlich ein Synonym der Industriegesellschaft, wie wir sie seit etwa zwei Jahrhunderten kennen. Dieser Symbolkraft bedienen sich seit Langem auch die Medien. Bei Berichten über den Arbeitsmarkt im Fernsehen oder in Zeitungen sehen wir die immer gleichen Bilder von Arbeitern, die nach Schichtende aus Fabriktoren strömen. Unbewusst hat sich vielen von uns dadurch seit der Kindheit eingeprägt: Wenn die Fabrikhallen voller Menschen sind, dann brummt die Wirtschaft und es geht allen gut. Ohne darüber nachzudenken, verbinden wir deshalb menschenleere Fabrikhallen mit dem Gegenteil: Wirtschaftskrise, Massenarbeitslosigkeit und Wohlstandverlust. Wir sollten uns jedoch klarmachen, dass es sich hier um kulturell konditionierte Bilder handelt, die mit der ökonomischen Realität nur wenig übereinstimmen.

Von den rund 45 Millionen Erwerbstätigen in Deutschland waren 2021 nur etwas mehr als acht Millionen im produzierenden Gewerbe beschäftigt [74]. Der Anteil lag 1991, im ersten Jahr nach der deutschen Wiedervereinigung, noch bei knapp 11 Millionen. Seinen Tiefpunkt erreichte er im Jahr 2006 mit 7,7 Millionen Beschäftigten. Seitdem ist er wieder leicht gestiegen. Da hat die Landwirtschaft im Vergleich ganz andere Umbrüche erlebt [75]: Im Jahr 1900 waren noch 38 Prozent der Erwerbstätigen in Deutschland in der Landwirtschaft tätig. Bis zum Jahr 2020 sank ihr Anteil auf 1,3 Prozent. „Menschenleere Felder" waren aber während der vergangenen 120 Jahre interessanterweise noch nie eine Horrorvision. Im Gegenteil: Die Technisierung der Landwirtschaft durch Landmaschinen und Agrarfabriken wurde nahezu einhellig begrüßt, schien sie Menschen doch von harter körperlicher Arbeit zu befreien. Und wie selbstverständlich fanden die allermeisten Menschen, die in der Landwirtschaft nicht mehr benötigt wurden, anderswo Beschäftigung. Die Produktion bekommt in den Medien immer sehr viel Aufmerksamkeit, während die Entwicklung in der Landwirtschaft schon viel weniger zum Thema gemacht wird.

Unsere mentalen Bilder von Erwerbsarbeit beziehen sich trotzdem nicht allein auf die industrielle Produktion. In der klassischen Industriegesellschaft gibt es neben dem Arbeiter noch den Angestellten. Im Englischen unterscheidet man zwischen „Blue Collar Worker" und „White Collar Worker". Auch für die Welt des Angestellten mit „weißem Kragen" gibt es typische Bilder, die sich uns allen eingeprägt haben. Da ist zum Beispiel das Bürogebäude oder, noch ikonischer: das Bürohochhaus im Zentrum einer Großstadt. Denken Sie nur an die Skylines von Millionenstädten auf der ganzen Welt mit ihren gläsernen Bürotürmen. Vielleicht sehen Sie vor Ihrem geistigen Auge jetzt Angestellte, die morgens mit Vorortzügen und U-Bahnen zu ihren Büros fahren. Oder die auf verstopften Autobahnkreuzen mit ihren Autos im Stau stehen. Im Büro warten auf sie typischerweise ein Schreibtisch und ein Drehstuhl. Während der Mittagspause strömen dann alle – egal, ob Arbeiter oder Angestellte – zum Essen in eine Kantine. Auch das Bewerbungsgespräch, der bezahlte Jahresurlaub, die Arbeitskleidung, der Meetingraum oder der Renteneintritt gehören zu den Ritualen, Bildern und sozialen Codes der Arbeitswelt, wie wir sie bisher kennen.

Es handelt sich bei alledem um mentale Programmierungen sowie durch gesellschaftliche Konditionierung geschürte Erwartungen. Arbeit kann so aussehen, wie es diesen Bildern in unseren Köpfen entspricht – und über mittlerweile mehrere Generationen sah sie wirklich so aus, jedenfalls für die Mehrheit. Das bedeutet jedoch noch lange nicht, dass zukünftig keine anderen Formen von Arbeit denkbar wären. Was ich in früheren Kapiteln bereits für Lebensbereiche wie Partnerschaft oder Gesundheit dargestellt habe, gilt ebenso für die Arbeitswelt:

### Erkenntnis

Mentale Programmierungen sind unvermeidlich, gleichzeitig schränken sie unsere Freiheit sehr stark ein. Sie verengen unseren Blick auf die Wirklichkeit und beschneiden unsere Fantasie, welche neuen Möglichkeiten uns tatsächlich offenstehen. Dabei zeigen uns die „Digitalnomaden" bereits seit einigen Jahren, dass produktive Arbeit andere als die bisher gewohnten Formen annehmen kann.

Auch hierzu gibt es bereits ikonische Bilder: junge Menschen mit aufgeklapptem Laptop, die in der Karibik am Strand sitzen und zwischen morgendlichem Yoga und Surfen am späten Nachmittag ihr Geld verdienen. „Wir nennen es Arbeit" hieß bereits 2006 ein Buch des Bloggers und Digitalexperten Sascha Lobo und des Journalisten Holm Friebe, das vom „intelligenten Leben jenseits der Festanstellung" handelte. Das größte Kapital dieser seinerzeit neuen „Digitalen Boheme" war die Vernetzung mit anderen Selbstständigen und mit Unternehmen. Ihr Hauptmerkmal war die räumliche Mobilität. Mehr als 15 Jahre später und nach mehreren Wellen der Corona-Pandemie ist „Remote Work" kein Privileg der digitalen Avantgarde mehr, sondern für viele Angestellte zum Alltag geworden. Immer mehr Arbeitnehmerinnen und Arbeitnehmer bekommen nur noch Arbeitsaufträge, die sie bis zu einem bestimmten Termin erledigen müssen, und können Arbeitsort und Arbeitszeit selbst festlegen.

Das Beispiel zeigt, wie vergleichsweise leicht und schnell sich herkömmliche Vorstellungen von Arbeit verändern und damit neue Wege beschreiten lassen. Gleichzeitig gibt es viele Menschen, die aufgrund ihrer bestehenden mentalen Programmierungen den Wandel der Arbeitswelt mit Sorge betrachten oder ihn aus Angst sogar ablehnen. Man könnte diese Menschen einfach auffordern, sich von ihren alten Konditionierungen zu befreien. Das sollte jedoch besser begründet sein als bloß mit dem bekannten neoliberalen Argument, der durch globale Kapitalströme erzeugte wirtschaftliche Wandel sei unvermeidlich und der Mensch habe eben beweglich zu sein und sich dem anzupassen. Besser ist es, gemeinsam eine neue Vision zu erschaffen. Wie an einer anderen Stelle dieses Buchs bereits dargestellt, wirft die Befreiung von etwas stets die Frage auf, wozu wir die neu gewonnene Freiheit nutzen wollen. Wir können unsere alten mentalen Bilder der Arbeitswelt hinter uns lassen, sollten gleichzeitig aber begreifen, dass wir es nun selbst in Hand haben, wie die Zukunft der Arbeit aussehen wird. Es liegt an uns, uns mental neu zu programmieren! Dazu sollte der Maßstab sein, was dem Menschen und seinen tatsächlichen Bedürfnissen und Potenzialen entspricht und gleichzeitig seine natürliche Umwelt schont und dauerhaft erhält.

**Erkenntnis**

Wenn wir wirklich den Menschen ins Zentrum stellen – wie es richtigerweise immer wieder gefordert, allerdings selten in die Tat umgesetzt wird –, dann können wir eine neue Arbeitswelt erschaffen, die unserem geistigen Potenzial, unserer Kreativität, unserer sozialen Natur und unserer spirituellen Intelligenz entspricht.

Und das ohne andere Menschen auszubeuten oder die natürlichen Lebensgrundlagen auf der Erde noch weiter zu zerstören. Sobald wir uns das zum Ziel setzen, werden wir erkennen, dass Künstliche Intelligenz (KI) und Robotik den Menschen noch lange nicht ersetzen können. Sie sind jedoch wunderbare Hilfsmittel auf dem Weg zu einer menschenzentrierten Arbeitsweise. Es gibt inzwischen auch Forderungen nach einer menschenzentrierten digitalen Transformation. Als „Human Centered Digital Transformation" wird das Thema bereits von den Vereinten Nationen forciert [76], genauer beim UNDP, dem Entwicklungsprogramm der UNO. Genau diesen Ansatz gilt es mit Leben zu füllen.

### Wie Technologien über- und Menschen unterschätzt werden

Auf der Konferenz „Google Zeitgeist 2015" in London wandten sich der Physiker Stephen Hawking und der Multi-Unternehmer Elon Musk in einem gemeinsamen offenen Brief zum Thema Digitalisierung an die Menschheit [77]. Ein mittlerweile oft zitierter Schlüsselsatz daraus lautet: „Unsere Zukunft ist ein Rennen zwischen der wachsenden Macht der Technologie und der Weisheit, wie wir sie nutzen." **Rund drei Jahre später, im April 2018, räumte Elon Musk öffentlich ein, als Gründer des US-Autobauers Tesla diese Weisheit selbst nicht jederzeit besessen zu**

**haben. Er habe Roboter über- und Menschen unterschätzt, gab er zu.** Anlass dieses Eingeständnisses waren erhebliche Probleme bei der Serienfertigung des damals neu auf den Markt gekommenen Fahrzeugs Tesla Model 3. Elon Musks Vision für die Fertigung des Elektroautos der Mittelklasse hatte geheißen: „Die Maschine, die die Maschine baut." Ein unrealistischer Wunschtraum, wie sich in der Praxis zeigen sollte. Der zu hohe Grad an Automatisierung sei die Ursache für die massiven Probleme in der Produktion, räumte Musk schließlich ein. Gegenüber dem Fernsehsender CBS sagte er:

> „Wir haben ein verrücktes, komplexes Netz aus Förderbändern gebaut. Und es hat nicht funktioniert. Also haben wir das ganze Ding wieder abgeschafft."

Auf Twitter wurde Elon Musk noch persönlicher. In einem Tweet nannte er die Automatisierung bei Tesla übermäßig und einen Fehler.

> „Um genau zu sein: meinen Fehler"

schrieb er wörtlich. Und ergänzte:

> „Menschen werden unterschätzt." [78]

Diese Aussagen des Mannes, der zurzeit nicht nur als reichster Mensch, sondern auch als innovativster Unternehmer der Welt gilt, lese ich als eine Entschuldigung gegenüber den arbeitenden Menschen. Dabei ist bemerkenswert, dass sich Elon Musk auf die Automobilproduktion bezieht. Denn es galt jahrelang als ausgemacht, dass die menschenleere Fabrikhalle zumindest in der Automobilindustrie ganz sicher kommen wird. Nun sagt der Tesla-Gründer nicht etwa: Wir brauchen noch ein paar Jahre, wir waren zu schnell. Sondern er sagt: „Menschen werden unterschätzt" – ohne sie geht es nicht. Um die Hintergründe besser zu verstehen, müssen wir noch einmal auf das Thema Intelligenz zurückkommen. Roboter können immer nur so gut sein, wie die Software, die sie steuert, „intelligent" ist. Den menschlichen Bewegungsapparat nachzubauen oder Maschinen zu konstruieren, die einzelne Bewegungsabläufe sogar geschickter ausführen als der Mensch, ist heute keine Kunst mehr. Es ist die Ebene der Steuerung, die über die Leistungsfähigkeit von Maschinen und Robotern entscheidet. Wir Menschen werden von der mentalen, der geistigen Ebene aus „gesteuert". Versucht man diese oder einen Teil davon mit einer Software für Computer abzubilden, wird von Künstlicher Intelligenz gesprochen. Ich hatte in Kap. 2 bereits ausgeführt, dass wir vor Künstlicher Intelligenz keine Angst haben müssen, sobald wir verstanden haben, dass die Intelligenz des Menschen weit mehr umfasst als die rein rationale, mathematisch-technische Intelligenz. Doch selbst diese Intelligenz können die Algorithmen von Computern noch längst nicht auf jedem Gebiet zu hundert Prozent abbilden.

„KI hat einiges mit Intelligenz zu tun", behauptet der Philosoph Richard David Precht in seinem Buch „Künstliche Intelligenz und der Sinn des Lebens", ohne jedoch zu erläutern, was „einiges" genau bedeutet [79]. Mir scheint, dass „Intelligenz" einer der am häufigsten missverstandenen Begriffe ist und jeder zu wissen glaubt, was darunter zu verstehen ist. Erstaunlicherweise gibt es jedoch bis heute keine einheitliche Definition von Intelligenz.

> Intelligenz ist nach meiner eigenen Definition die Fähigkeit, sein Leben der eigenen Bedürfnisse entsprechend zu organisieren.

Bereits Tiere in ihrer natürlichen Umgebung tun genau das. Auch der kleine Marco beweist Intelligenz, als er seinen Stoffhasen einsetzte, um das Verbot des Vaters zu umgehen, mit dessen Laptop zu spielen. Intelligent sein gemäß meiner Definition heißt auch, offen und neugierig zu sein sowie erwartungsvoll auf das Neue und vor uns Liegende – so wie kleine Kinder sich darauf freuen, jeden Tag etwas Neues zu entdecken. Pro Sekunde möglichst viele Rechenoperationen durchführen zu können ist dann kein so verlässlicher Maßstab mehr für Intelligenz. Wir Menschen sind hoch komplexe, fühlende und liebende soziale Wesen. Deshalb benötigen wir auch emotionale Intelligenz, um zwischenmenschliche Netzwerke zu knüpfen und zu unterhalten, in denen wir unser Potenzial entfalten und innere Erfüllung finden können. Auch sind wir – zumindest nach dem Empfinden der großen Mehrheit der Menschheit – mit einer höheren Bewusstseinsebene verbunden, die sich als Transzendenz bezeichnen lässt. Aufgrund unserer spirituellen Intelligenz erkennen wir diese Ebene. Ihre Bedeutung besteht darin, dass wir auch untereinander alle geistig miteinander verbunden sind. Wir erfassen deshalb Menschen in ihrer Ganzheit und sollten auch achtsam gegenüber der Erde und den natürlichen Lebensgrundlagen sein. Uns macht also sehr viel mehr aus als nur rationale Intelligenz. Doch die Wissenschaft ist nach wie vor auf den Bereich der rationalen Intelligenz – den „IQ" – fixiert, und auch die Debatte über Künstliche Intelligenz ist ganz davon geprägt.

**Erkenntnis**

Was bisher in der Psychologie größtenteils unter IQ verstanden wird, ist keine wirklich einzigartig menschliche Intelligenz, sondern es sind „nur" Algorithmen – Teil unserer mentalen Programmierungen.

In früheren Passagen dieses Buchs habe ich von mentalen Programmierungen als „Algorithmen unseres Verstandes" gesprochen und sie als „Muster der Wiederholung" beschrieben. Die meisten Intelligenztests messen lediglich diesen kleinen Teil unserer Intelligenz und unseres Geistes. Was also sagt ein bestimmter IQ überhaupt aus?

> Der IQ ist stets das Ergebnis dessen, was ein bestimmter Intelligenztest zu messen versucht – nichts weiter. Alles andere ist Interpretationssache.

Es gibt sehr unterschiedliche Intelligenztests, die alle kontextabhängig sind. Gemessen wird dabei bestenfalls ein kleiner Ausschnitt des geistigen Potenzials eines Menschen. Das belegen unter anderem sogenannte Savants. So bezeichnet man Menschen, deren gemessener IQ so niedrig ist, dass sie als „geistig behindert" eingestuft werden – und die trotzdem über phänomenale Talente verfügen. „Es sind weniger als hundert echte ‚Savants' bekannt", schreibt der Philosoph und Politologe Patrick Zimmerschied [80] in einem Beitrag für das Magazin „Cicero". „Sie können trotz sonstiger mentaler Retardierung zum Beispiel unglaubliche Rechenaufgaben lösen, hyperrealistische Zeichnungen anfertigen oder ein komplexes Musikstück nach einmaligem Hören fehlerfrei reproduzieren." Zimmerschied zählt selbst zu den Menschen mit dem höchsten IQ weltweit – und bezweifelt die Aussagekraft dieser Zahl! Allgemein werde angenommen, dass es so etwas wie „die" Intelligenz gebe, schreibt er. Dabei deute „alles … darauf hin, dass IQ-Tests nur einen Teilbereich unserer Intelligenz erfassen". Ein Savant, wie er übrigens auch in dem Film „Rain Man" von Schauspieler Dustin Hoffman porträtiert wird, ist dafür das beste Beispiel.

Der US-amerikanische Psychologe Edwin Boring und auch der deutsche Psychologieprofessor Jens Asendorpf bringen es auf den Punkt: „Intelligenz ist, was Intelligenztests messen." [81] Zu den Hintergründen führt Jens Asendorpf aus, Intelligenztests seien so konstruiert worden, „dass sie das Bildungsniveau möglichst gut vorhersagen". Deshalb könne man genauso gut auch sagen: „Intelligenztests messen die Befähigung zu hoher Bildung." Die sogenannte „höhere" Bildung ist jedoch nichts anderes als die Fähigkeit, sich einen gewissen Intellekt anzueignen.

**Erkenntnis**

Intellekt sollte nicht mit Intelligenz verwechselt werden! Weil Intellekt nur sehr wenig mit der Fähigkeit zu tun hat, sein Leben gemäß den eigenen Bedürfnissen zu leben, konnte Osho sagen: „Man findet viel intelligentere Leute unter den Bauern, Gärtnern und Schreinern als unter den Professoren, Theologen und Gelehrten." [82]

Intellektuelle besäßen zwar viel Wissen im Sinne von Informationen, meinte der spirituelle Lehrer, der selbst ursprünglich Professor für Philosophie an einer indischen Universität war. Aber: „Informationen sind nicht Weisheit. Informationen sammeln kann jeder Computer, und zwar viel effizienter. Doch kein Computer wird je weise." Der englischsprachige Dichter und Literaturnobelpreisträger T. S. Eliot schrieb bereits 1934: „Wo ist die Weisheit, die in Wissen verloren gegangen ist? Wo ist das Wissen, das in Informationen verloren gegangen ist?" [83]

Müssen wir bald als dritte Frage ergänzen: „Wo sind die Informationen, die in Künstlicher Intelligenz verloren gegangen sind?" Man könnte diesen Eindruck gewinnen, wenn man die öffentlichen Debatten zur KI verfolgt. Doch in Wirklichkeit ist das so gut wie ausgeschlossen. Bisher wird zudem viel zu selten zwischen „schwacher" und „starker" KI unterschieden. Diese Unterscheidung ist jedoch sehr wichtig. Jegliche Form aktueller Künstlicher Intelligenz wird der schwachen KI zugeordnet – und dies wird sehr wahrscheinlich auch in den kommenden Jahren, wenn nicht sogar Jahrzehnten so bleiben. Die schwache KI „ist immer noch ausschließlich eine Disziplin der Informatik" [84] und im Prinzip „nur" eine extrem leistungsfähige Rechenmaschine. Sie arbeitet mit Algorithmen und kann uns Menschen nur dort Paroli bieten, wo auch wir ausschließlich unsere logisch-technische Intelligenz einsetzen.

Im realen Leben beeindruckt die schwache KI etwa als Schachcomputer „Deep Blue", der im Jahr 1997 den damaligen Schachweltmeister Garri Kasparow besiegte. Auch lernende Algorithmen haben nichts mit der oben definierten menschlichen Intelligenz zu tun; es sind und bleiben Algorithmen. Oder sie ärgert uns in Gestalt der Textbausteine, die wir als Antwort bekommen, wenn wir eine E-Mail an Google schreiben. (Die Antwort hat oft nur entfernt mit unserer Frage zu tun – obwohl dies zugestandenermaßen immer besser wird.) Eine starke KI wäre dagegen zu sämtlichen Leistungen des menschlichen Geistes fähig, und zwar in derselben Qualität und Tiefe. So etwas ist Science-Fiction und in der Realität bis jetzt noch nicht einmal in Ansätzen absehbar. Undenkbar beispielsweise, dass in 10 Jahren der Literaturnobelpreis an einen Computer gehen oder ein Algorithmus die Impfung gegen Krebs erfinden wird. Dafür ist selbst die neueste KI zu schwach. Deshalb musste auch Elon Musk mit seiner Vision „Maschinen bauen Maschinen" scheitern. Bereits die Produktion eines modernen Autos ist so komplex, kann so viele winzige Abweichungen und zufällige Fehler mit sich bringen, dass bisher nur der Mensch in der Lage ist, diesen Prozess im Griff zu haben. Selbstverständlich werden die Mitarbeitenden bei Tesla in einem Umfang von Software und Robotik unterstützt, wie er vor wenigen Jahrzehnten noch undenkbar war. Aber die Menschen sind dennoch unverzichtbar!

*Unternehmen als Ökosysteme zum Wohl der Menschen*
Künstliche Intelligenz, Automatisierung und Robotik können den arbeitenden Menschen von vielen eintönigen, ermüdenden und gesundheitsschädlichen Tätigkeiten befreien. Genauso wie einst Landmaschinen die Plackerei von Millionen Arbeitern auf den Feldern beendeten, können Förderbänder und Roboter einen großen Teil der Arbeit im produzierenden Gewerbe übernehmen. In der Medizin ist Künstliche Intelligenz jetzt schon in der Lage, neue Röntgenaufnahmen mit riesigen Datenbanken älterer Röntgenaufnahmen zu vergleichen, die mit den entsprechenden Berichten über Krankheitsverläufe verknüpft sind. Das erleichtert Ärzten die Arbeit und macht ihre Diagnosen fundierter und zuverlässiger. Wir gewinnen so auf der einen Seite an Freiheit und auf der anderen Seite an neuen Möglichkeiten. Inwieweit wir all diese Potenziale jedoch tatsächlich für eine ebenso effiziente und produktive wie nachhaltige und dem Menschen dienende Arbeitswelt nutzen können, hängt entscheidend von unserer Vorstellungskraft ab.

### Fragen

Sind wir in der Lage, uns von alten mentalen Bildern dessen, was „Arbeit" bedeutet, zu verabschieden – und uns gleichzeitig auf das zu besinnen, was menschliche Intelligenz und Schöpferkraft wirklich ausmacht? Und eben nicht von Algorithmen übernommen werden kann?

Falls das gelingt, dann heißt New Work mehr als Kickertisch im Flur, Obstkorb in der Teeküche und hyperaktives Netzwerken mit Kollegen von früh bis spät. Dann sind wir tatsächlich dabei, ein neues Kapitel in der Geschichte der menschlichen Zusammenarbeit aufzuschlagen. Aktuell sind die Signale gemischt: Das von der OECD hoch gepriesene chinesische Bildungssystem scheint ganz von der Absicht getrieben zu sein, Menschen auf dem Gebiet der rationalen Intelligenz mit Algorithmen konkurrieren zu lassen. Wenn das wirklich zum Vorbild für den Rest der Welt wird, dann werden wir unsere Energie in einem Wettlauf verschwenden, den wir nur verlieren können. Es geht jetzt um „die Weisheit, Technologie zu nutzen" – wie es Stephen Hawking und Elon Musk ausdrückten – und nicht um die Dummheit, unsere Gehirne gegen High-Tech ins Rennen zu schicken. Sollte auch noch Chinas politisches System Schule machen, also der hierarchisch-autoritäre digitale Überwachungsstaat, dann werden Wirtschaft und Gesellschaft der Zukunft wohl kein Ort sein, an dem Menschen ihre Träume verwirklichen und ihr wahres Potenzial leben können.

Optimistisch stimmen mich auf der anderen Seite die vielen innovativen Start-up-Gründerinnen und -gründer auf der ganzen Welt, die sich zum Ziel gesetzt haben, digitale Technologie zur Erschaffung einer menschlicheren, ökologisch nachhaltigeren und gerechteren Welt einzusetzen. Diese meist (aber nicht nur) jungen Menschen verfügen oft über ein hohes Maß an spiritueller Intelligenz. Sie sind stark intrinsisch motiviert, einen Beitrag für das Gemeinwohl zu leisten. Häufig haben sie sich schon ein großes Stück von altem Konkurrenzdenken verabschiedet.

---

**Erkenntnis**

Nun möchten sie Kunden und Partnern auf Augenhöhe begegnen und es allen ihren Mitarbeitenden ermöglichen, ihre Potenziale zu entwickeln und den Job zu machen, der wirklich zu ihnen passt. In solchen neuen Unternehmen ist der einzelne Mensch kein bloßer Leistungsträger mehr, sondern ein für das Gelingen eines größeren Ganzen einmaliger und unverzichtbarer Teil. So erblüht die Kreativität freier Menschen und so finden sich auch neue Lösungen für die globalen Herausforderungen auf unserem Planeten.

In seinem Buch „The Rise of the Creative Class" sagte der US-amerikanische Ökonom und Soziologe Richard Florida [85] schon vor zwei Jahrzenten voraus, dass die neue Arbeitswelt des 21. Jahrhunderts maßgeblich von kreativen Menschen geprägt werden würde. Mittlerweile zum viel zitierten Klassiker geworden, erschien sein Buch im Jahr 2019 in einer komplett überarbeiteten Neuausgabe. Als „kreative Klasse" bezeichnet Richard Florida nicht allein Künstler im herkömmlichen Sinn. Diese neue Bevölkerungsgruppe von Innovatoren im beginnenden digitalen Zeitalter besteht für ihn vielmehr aus „Ingenieuren und Managern, Hochschullehrern und Musikern, Forschern, Designern, Entrepreneuren und Anwälten, Dichtern und Programmierern". Die Liste ließe sich weiter fortsetzen. In dem sich Menschen mit allen diesen unterschiedlichen Begabungen und Tätigkeiten untereinander vernetzen und miteinander an Projekten arbeiten, erschaffen sie laut Florida gemeinsam „neue Formen" (new forms). Nach Beobachtung des Autors sind es auch zunehmend diese Kreativen, die darüber bestimmen, „wie Arbeitsumfelder organisiert werden, welche Unternehmen florieren oder Bankrott gehen und welche Städte aufblühen, stagnieren oder niedergehen". Bekannt geworden ist Richard Florida zudem für seine These, dass es die Kreativen an geografische Orte zieht, wo ein hohes Maß an Offenheit, Freiheit und Vielfalt sowie Toleranz gegenüber Minderheiten herrscht. Nicht durch Zufall zählen deshalb Städte wie Berlin, Amsterdam oder San Francisco zu den Magneten für innovative Start-ups. Es herrscht dort ein offener und toleranter Lebensstil und es gibt typischerweise eine lange Tradition der Gegenkultur. Hier waren „bockige Kinder" aus rechtschaffenen Elternhäusern einst Hippies oder Punks, Skater oder Hausbesetzer, bevor sie ihr kreatives Potenzial auf Businessziele ausrichteten. Kurz gesagt:

**Erkenntnis**

Viel mentale Freiheit zieht viel Kreativität an und begünstigt Innovation! Wo die entsprechend offene Kultur herrscht, da erschaffen Menschen gemeinsam Neues.

Kultur als Voraussetzung für Kreativität war auch ein zentraler Ansatzpunkt für den deutschen Organisationspsychologen Professor Peter Kruse (1955–2015) [86], der als früher Vordenker des digitalen Wandels gilt.

„Unternehmen, so Kruse, könnten Mitarbeitenden keine Kreativität und Innovationsfähigkeit verordnen, ja diese nicht einmal direkt fördern. Lediglich indirekt sei dies möglich – über die Schaffung einer entsprechenden Kultur. Doch auch diese Kultur könne nicht direkt erzeugt werden, sondern man könne lediglich Rahmenbedingungen schaffen, in denen bestimmte neue Kulturmuster dann „emergieren" (spontan auftreten)".

Kruse sprach von „indirekten Möglichkeitsräumen", die nötig seien, damit in Unternehmen die vollen Potenziale an Kreativität und Innovation freigesetzt werden. Hier wird deutlich, warum sich Manager mit Musikern und Ingenieure mit Dichtern vernetzen sollten: Allein durch rationale Intelligenz und klassisches Management lässt sich der gewünschte kulturelle Effekt nicht erzielen. Es gilt vielmehr, alte mentale Programmierungen hinter uns zu lassen und auf der Basis einer Verknüpfung möglichst vieler Menschen und ihrer Begabungen gemeinsam neu zu denken.

Wie solche neuen Rahmenbedingungen und Kulturmuster aussehen können, habe ich in meinem Buch „Mehr arbeiten, weniger leiden: Eine Anleitung zu gesunder Hochleistung in Unternehmen" (2021) ausführlich dargestellt. Emotionale Einbindung von Menschen ist zum Beispiel einer der wichtigsten Schlüssel. Sie wird von vielen Unternehmen, gleich welcher Größe, immer noch stark unterschätzt, auch weil man Innovation zu einseitig von der technisch-rationalen Intelligenz her denkt. Nur emotional eingebundene Menschen sind in höchstem Maß co-kreativ und umsetzungsstark. Emotionale Einbindung zeigt sich nicht allein in einer Kultur der gegenseitigen Wertschätzung, sondern auch und gerade im Umgang mit Fehlern. In den meisten Unternehmen, die ich kennengelernt habe, ist es heute noch ein auf alten mentalen Programmierungen basierender Reflex, Schuldige zu suchen, sobald etwas schiefgegangen ist. Dieses Muster lässt sich mit einer Technik durchbrechen, die ich als „Dumm gelaufen" bezeichne. Egal, was falsch läuft: Man einigt sich darauf, „Dumm gelaufen" zu sagen und *keine* Schuldigen zu suchen. Wenn etwas „falsch" läuft, dann ist der entsprechende Prozess oder Prozessschritt nicht robust. Auf diesen gilt es sich zu fokussieren und ihn zu verbessern.

> **Erkenntnis**
>
> Spirituell intelligente Führungskräfte erkennen, dass Menschen stets ihr Bestes geben und keine Fehler „machen". Fehler passieren. Punkt. Mit dieser Technik und mit einem solchen Menschenbild lassen sich alte mentale Programmierungen löschen. Die Menschen in einem Unternehmen richten sich dann neu aus – auf Gemeinsamkeit.

Heute ist es oft noch so, dass auf Betriebsversammlungen, in Leitsätzen und bei Wertedebatten von „Fehlerkultur" geredet, sie aber nicht gelebt wird. Erst wenn sich alle daran halten, dass es keine Schuldigen gibt, sondern nur Dinge, die „dumm gelaufen" sind, findet eine mentale Neuprogrammierung statt, die zu einem Kulturwandel im Unternehmen beiträgt.

Eine Unternehmerin, die es verstanden hat, ein kulturelles Umfeld zu schaffen, in dem neue Geschäftsideen erblühen, die nicht allein Geld bringen, sondern auch der Gesellschaft nützen, ist Elsa Bernadotte [87]. „Ich bin Mitglied der am wenigsten ambitionierten und leckersten Klimabewegung", teilte die Schwedin einmal über Social Media mit. „Eine von den Leuten, die helfen, die Erde zu retten, indem sie das Normalste der Welt tun – essen." Im Jahr 2015 gründete sie gemeinsam mit drei Freunden das Tech-Unternehmen „Karma". Es bietet eine App an, über die Restaurants ihr übrig gebliebenes Essen zum halben Preis verkaufen können. Die Gastronomen verdienen daran immer noch, die Kunden machen ein gutes Geschäft und alle gemeinsam haben das Gefühl, etwas Sinnvolles getan zu haben. Inzwischen hat die Plattform schon über eine Million Nutzer in Schweden, Frankreich und Großbritannien. Mehr als 1200 Tonnen Lebensmittel konnten bereits vor dem Wegwerfen bewahrt werden. Elsa Bernadotte hatte eine kreative Idee und besaß großen Enthusiasmus, stammte aber überhaupt nicht aus der IT-Branche. Das spielte keine Rolle, denn ihr großes Talent war und ist es, die passenden Menschen miteinander zu verbinden und auf gemeinsame Ziele hin auszurichten. Wichtig sei es, sagt Elsa Bernadotte, die eigenen *Vorurteile abzubauen*, um sich den mentalen Zugang zu einer noch unbekannten Branche zu erleichtern. Wer in der Tech-Branche arbeiten möchte, müsse kein Nerd sein. Es komme vielmehr darauf an, welche einzigartigen Talente und Ideen jemand einbringe.

Auf der Makroebene führt die Zusammenarbeit jenseits alter mentaler Programmierungen immer mehr zu einer offenen Plattform-Ökonomie. Das Unternehmen Karma ist dafür ein gutes Beispiel, denn es stellt weder etwas her noch erbringt es seine Dienstleistungen selbst. Vielmehr bietet es eine Plattform, die bestehende Anbieter für ein sinnvolles Ziel mit Verbrauchern zusammenbringt. Plattformen wie

Karma erzeugen Win-win-win-Situationen, bei denen drei Seiten gleichermaßen profitieren: Anbieter, Kunde und Gesellschaft/Umwelt. Als Amazon vor über 20 Jahren mit „Marketplace" zum Vorreiter der digitalen Plattform-Ökonomie wurde, schüttelten viele noch verständnislos den Kopf: Wieso holen die sich die eigene Konkurrenz ins Haus, indem sie ihre teuer aufgebaute IT-Infrastruktur für alle anderen Händler öffnen? Heute ist klar, dass diese Öffnung maßgeblich dazu beitrug, Amazon zum weltweit größten Online-Händler und zum zweitgrößten Einzelhändler überhaupt (nach Walmart) zu machen. Viele Kunden achten heute gar nicht mehr darauf, ob sie direkt bei Amazon oder via Amazon bei einem Partnerunternehmen bestellen.

Ich weiß, dass viele Menschen gerade in Deutschland die großen Tech-Konzerne kritisch sehen, und die Unternehmenspolitik von Amazon & Co. gibt sicher auch öfter Anlass zur Kritik. Wir sollten jedoch das Erfolgsprinzip dahinter betrachten und davon auch im Mittelstand lernen. Es ist das Prinzip der Offenheit und Kooperation. Wenn es sich dann noch mit dem Prinzip der Menschenzentrierung verbindet, dann werden die Umrisse einer Digitalisierung erkennbar, vor der niemand Angst zu haben braucht. Unternehmen werden zu Ökosystemen, die ihrerseits Teil eines größeren, globalen Ökosystems sind. Gemeinsamkeit jenseits des bisherigen Konkurrenzdenkens ist eines seiner Hauptmerkmale. Wissen ist in diesem Ökosystem keine künstlich verknappte Ressource mehr, die dem Erhalt von Privilegien dient. Sondern Wissen wird jederzeit mit allen geteilt, weil das allen Vorteile bringt. Unter dieser Voraussetzung ist dann auch Künstliche Intelligenz keine Konkurrenz mehr für den arbeitenden Menschen. Sondern sie ist eine weitere Ergänzung innerhalb eines Ökosystems und erlaubt es kreativen und emotional eingebundenen Menschen, sich noch mehr auf ihre menschlichen Stärken zu konzentrieren. In einer solchen Wirtschaft ist es auch egal, wie viele Menschen noch in einer Fabrikhalle stehen. Hauptsache, es sind erstens die Richtigen, also diejenigen, die wirklich Leidenschaft und Talent für industrielle Produktion besitzen. Und sie sind zweitens so vernetzt, dass sich ihre Stärken mit denen vieler anderer Menschen optimal ergänzen.

# 8

# Das Unbewusste ist der größte Wirtschaftsfaktor

Würden Sie zwölf Stunden vor einem Geschäft anstehen, um sich eine Armbanduhr zu kaufen? Vielleicht beantworten Sie diese Frage spontan mit nein. Dann ginge es Ihnen wie mir. Ich besitze nicht einmal eine Armbanduhr. Solch ein Accessoire war mir nie wichtig; die Zeit ablesen kann ich auch auf meinem Smartphone. Sehr vielen Menschen rund um den Globus geht es da jedoch anders. Klar, denken Sie jetzt vielleicht, das sind Menschen in den ärmsten Ländern, die sich bisher noch nie den Luxus einer Armbanduhr leisten konnten. Wenn es dann plötzlich einmal sehr günstig welche zu kaufen gibt, dann stellen sie sich dafür in eine Schlange. Aber was, wenn wir hier nicht von den Ärmsten der Armen sprechen, sondern von Menschen in den reichsten Städten der Welt – wie Düsseldorf, Abu Dhabi oder Zürich? Von Menschen, die bereits mehrere Armbanduhren besitzen? Würden diese für eine weitere Uhr stundenlang vor einem Geschäft warten?

Sie würden es nicht nur, sie taten es tatsächlich, und das in Scharen. Bereits am späten Nachmittag des 25. März

© Der/die Autor(en), exklusiv lizenziert an Springer Fachmedien Wiesbaden GmbH, ein Teil von Springer Nature 2023
G. R. Wende, *Wie halten Sie Ihre Gabel?*,
https://doi.org/10.1007/978-3-658-40045-3_8

2022, eines Freitags, fanden sich erste Kaufinteressierte vor den Geschäften der Uhrenmarke Swatch ein, um dort bis zum Verkaufsstart der neuen „MoonSwatch" am darauffolgenden Samstag zu übernachten. Vor der Swatch-Filiale in der Düsseldorfer Schadowstraße wurden Campingzelte aufgebaut. Am frühen Samstagmorgen war die Schlange dann bereits mehrere hundert Meter lang [88]. Ähnlich wie vor den Geschäften in München, Wien, Paris oder Kopenhagen. Aus Bangkok kam da schon die Nachricht, der örtliche Swatch-Laden sei auf Anraten der Polizei gar nicht erst geöffnet worden – aus Sicherheitsbedenken. Aber auch andernorts musste die Polizei einschreiten, so etwa in Hamburg. Vor dem Geschäft in Amsterdam soll es zu einer Schlägerei gekommen sein. Eine Mall in Dubai war wegen des Ansturms vollkommen überfüllt [89].

Die MoonSwatch kostet 250 Euro und kann nichts, was (fast) jede andere analoge Uhr nicht auch könnte. Sie kann wesentlich weniger als eine Smartwatch und sogar weniger als eine Casio aus dem Kaufhaus für 19,90 Euro. Was sie so begehrt macht, hat mit einem Mythos zu tun sowie dem Glauben, 250 Euro seien ein günstiger Preis, um einen Teil dieses Mythos zu erwerben. Für die MoonSwatch kooperiert Swatch mit dem ebenfalls in der Schweiz ansässigen Uhrenhersteller Omega, um eine preiswerte Version dessen sogenannter „Moonwatch" zu vermarkten. Diese Armbanduhr heißt eigentlich „Speedmaster" und wird in der Branche zu den bedeutendsten Uhren gezählt, die jemals hergestellt wurden [90]. Das liegt jedoch nicht an irgendeiner besonderen Qualität der Uhr, sondern allein an der Tatsache, dass Neil Armstrong und Buzz Aldrin dieses Modell trugen, als sie am 20. Juli 1969 als erste Menschen den Mond betraten. Eine Produktplatzierung, die für Omega Gold wert war, auch wenn die Moonwatch silberfarben ist. Im Frühjahr 2022 kostete das Original 6600 Euro. Machen die Käufer der MoonSwatch für 250 Euro also ein gutes

Geschäft? Eines, für das es sich lohnt, vor einem Laden zu campieren oder sich sogar mit anderen Kaufinteressenten zu prügeln?

Wie Sie diese Frage beantworten, hängt gleich auf mehreren Ebenen von Ihren mentalen Programmierungen ab. Zunächst einmal müssen Sie eine Armbanduhr an sich für ein nützliches oder zumindest ästhetischen Genuss versprechendes Produkt halten. Wie erwähnt, steige ich an dieser Stelle bereits aus. Menschen haben jahrtausendelang ohne Armbanduhren gelebt. Dass die Uhr den Takt unseres Lebens vorgibt, begann überhaupt erst mit der Erfindung der Turmuhr im Mittelalter. Davor orientierte der Mensch sich am Stand der Sonne. Wir produzieren und kaufen Armbanduhren heute, weil wir es können, nicht, weil wir sie dringend brauchen. Sie sind ein kulturelles Phänomen und damit – wie alle Kultur – Teil unserer Konditionierung. Menschen erwerben „besondere" Armbanduhren, um sich daran zu erfreuen, aber oft auch, um ihren sozialen Status zu demonstrieren und sich von Menschen abzugrenzen, die sich weniger leisten können.

Um die MoonSwatch als etwas Besonderes einzuschätzen, brauchen Sie jetzt aber auch noch eine gewisse Kennerschaft. Wenn ich zehn Menschen, die keine Ahnung von Uhren haben, 20 Armbanduhren der Preisklasse um 250 Euro zur Auswahl hinlege, darunter die MoonSwatch, bin ich mir nicht sicher, ob sich auch nur eine Person für das Produkt von Swatch entscheiden wird. Zumal das Design der Moonwatch jetzt schon mehr als 50 Jahre alt ist. Es gibt bei Konsumgütern natürlich immer auch eine Alternative zur Kennerschaft: Sie haben lediglich davon gehört, dass dieses oder jenes Produkt ganz toll sein soll – sei es über die Medien oder im Freundeskreis. Sie glauben es und jetzt wollen Sie das Produkt auch. Vielleicht sind Sie sich nicht einmal sicher, ob Sie an das Produkt glauben, aber weil alle Ihre Freunde es besitzen, „müssen" Sie es auch haben. Man könnte meinen, solch ein Verhalten träfe nur auf Jugendliche zu, aber das stimmt nicht. Ich sage nur: Weber-Grill.

Um den Mythos der Moonwatch verstehen zu können, müssen Sie schließlich auch noch glauben, dass es sich tatsächlich um ein die Geschichte der Menschheit prägendes Ereignis handelte, als zwei US-Amerikaner im Jahr 1969 den Mond betraten, ein paar Schritte dort herumspazierten und dann zurück in ihre Kapsel stiegen, um den langen Rückflug zur Erde anzutreten. Der Glaube an die Besonderheit dieser kurzen Handlung zweier Männer auf einem anderen Planeten ist eine lupenreine mentale Programmierung. Ihr Leben dürfte dieses Ereignis genauso wenig beeinflusst haben wie meines. Durch die Mondlandung wurden weder Fortschritte im Kampf gegen Hunger und Armut gemacht noch wurden neue Heilmethoden für Krankheiten entdeckt. Die Umwelt wurde zudem nicht gerade geschont. Im Gegenteil: Die Anbahnung des kurzen Mondspaziergangs zweier Astronauten verbrauchte enorme Ressourcen, allein die Trägerraketen verpesteten die Umwelt wie zigtausende LKW. Trotzdem sind wir alle durch die Schule und durch die Medien darauf programmiert, in der Mondlandung eines der wichtigsten Ereignisse der Geschichte zu erblicken. Und wenn wir Teil dieses Mythos sein wollen, dann stellen wir uns heute vor einem Swatch-Laden in die Schlange, um uns eine MoonSwatch zu kaufen.

### Jeder unnötige Konsum basiert auf mentaler Programmierung

Die Markteinführung der MoonSwatch sei ein „unglaublicher Erfolg, der alle Erwartungen übertroffen hat", teilte die Swatch Group im Schweizerischen Neuenburg bereits am Samstag des Verkaufsstarts mit. Das Unternehmen machte 2021 mit Uhren und Schmuck einen Jahresumsatz von 7,31 Milliarden Schweizer Franken [91] und hofft mit der MoonSwatch auf weiteres Wachstum nach einem durch die Corona-Pandemie bedingten Einbruch. Milliardenumsätze mit Produkten, die niemand wirklich braucht, sind heute normal. Der Kosmetikkonzern L'Oréal kam auf 32,28 Milliarden Euro Umsatz im selben Jahr. Rund das Doppelte erzielte 2021 der Unterhaltungskonzern Walt Disney mit 67,42 Milliarden US-Dollar 91. Keines dieser drei Unternehmen bietet Produkte an, die für den Menschen überlebenswichtig wären oder – nach meiner persönlichen Einschätzung – seine Gesundheit und Lebensqualität substanziell verbesserten. Anders als auf die Leistungen der Landwirtschaft, des Lebensmittelhandels, der Energiewirtschaft, des Gesundheitswesens oder auch noch der Transport- und Logistikbranche könnten wir auf Uhren und Schmuck, Haarspray und Nagellack, Hollywoodfilme und Vergnügungsparks sehr gut verzichten.

Doch unser Wirtschaftswachstum basiert schon seit Langem auf Produkten und Dienstleistungen, die wir nicht notwendigerweise brauchen. Der Markt für die zum Überleben wichtigen Dinge ist in den meisten Ländern der Welt gesättigt. Umso schockierter sind wir, wenn Teile davon plötzlich nicht mehr gesichert erscheinen, wie zum Beispiel Erdgas für geheizte Wohnungen im Winter. Durch die Sanktionen gegen Russland nach Ausbruch des Ukraine-Konflikts stand die Versorgung mit Erdgas auf der Kippe. Auch fehlten in den Regalen der Supermärkte für einige Tage Grundnahrungsmittel, wie zum Beispiel Speiseöl. So etwas erschüttert uns deshalb so sehr, weil wir uns längst daran gewöhnt haben, dass unsere Grundversorgung sicher ist – übrigens auch eine mentale Programmierung – und wir uns in unserem Konsumverhalten ganz darauf konzentrieren können, was wir uns darüber hinaus noch wünschen. Kein Mensch stellt infrage, ob und wozu er etwas zu essen und zu trinken und eine warme Wohnung braucht, weil er ohne das schlicht Hunger und Durst hätte beziehungsweise frieren würde. Bei dem, was wir über die Grundversorgung hinaus konsumieren, gibt es jedoch anscheinend keinen Instinkt, kein verlässliches Bauchgefühl, das uns sagt, ob etwas sinnvoll und nützlich ist oder nicht. Hier scheinen wir ganz unseren unbewussten mentalen Programmierungen ausgeliefert zu sein.

Wir konsumieren alle möglichen Dinge und lassen uns immer wieder neue Produkte schmackhaft machen, ohne jedes Mal zu reflektieren, was dieser Konsum uns tatsächlich bringt. Wirtschaftswachstum ist heute größtenteils reine Psychologie. Das Unbewusste ist der größte Wirtschaftsfaktor. Denn je weniger wir reflektieren, wo unser Geld eigentlich hinwandert und warum, desto bereitwilliger geben wir es aus. Menschen, die man auf diese Tatsache hinweist, reagieren meist überrascht oder bestreiten sogar, unbewusst beeinflusst worden zu sein. Das belegte eine mittlerweile klassische Studie in den USA schon vor Jahrzehnten [92]: In dieser Studie schätzten Männer, denen man eine Anzeige für ein Auto vorgelegt hatte, in der auch eine verführerische Frau abgebildet war, das Auto als schneller, ansprechender, teurer aussehend und besser gestylt ein als Männer, denen man genau dieselbe Anzeige ohne das Model gezeigt hatte. In der anschließenden Befragung wollten die Männer aus der ersten Gruppe jedoch nicht glauben, dass die Abbildung einer spärlich bekleideten jungen Frau sie in ihrem Urteil beeinflusst hätte! Sie waren davon überzeugt, sich ausschließlich mit dem Auto beschäftigt zu haben.

Zwischen einem Auto und einer attraktiven Frau existiert genauso wenig ein natürlicher Zusammenhang wie zwischen einer Armbanduhr und der ersten Mondlandung. Erst wenn beides geschickt miteinander verknüpft wird, entsteht eine *Assoziation*, die uns dann unbewusst in unserem Konsumverhalten beeinflusst. Wenn Sie einmal Augen und Ohren offenhalten, werden Sie erkennen, dass die

Werbung seit Langem mit solchen eigentlich willkürlichen Assoziationen arbeitet. Das reicht vom Rasierer mit dem Namenszusatz „Sport" bis zu der kugelförmigen Süßigkeit eines italienischen Herstellers, die durch ihre Einzelverpackung aussieht wie ein Goldnugget. Das Motto der aktuellen Werbekampagne für „Rocher" lautet: „Erwecke das Gold in dir!" Über den Sinn dieses Satzes denkt man besser nicht nach. Matthias Fickinger von der verantwortlichen Werbeagentur Leo Burnett Deutschland sagte dazu gegenüber der Fachzeitschrift „Werben und Verkaufen" [93]: „Ferrero Rocher steht wie keine andere Praline für Eleganz und Premiumness. Mit der neuen Kampagne wollen wir diesem Markenkern mehr Leichtigkeit verleihen und zeigen, dass goldene Momente etwas sind, das jeder für sich finden und weitergeben kann." So entsteht um eine gewöhnliche Süßigkeit eine ganze Wolke eigentlich unsinniger Assoziationen.

Wie groß der unbewusste Einfluss von Assoziationen tatsächlich ist, zeigte sich in den 1990er-Jahren in mehreren Studien, die unter anderem durch den Marktforscher Richard Feinberg und sein Team durchgeführt wurden. Erforscht wurde der Effekt der Logos von Kreditkartenanbietern auf das Kaufverhalten von Konsumenten [92]. Das verblüffende Ergebnis: Sehen Verbraucher an der Eingangstür von Geschäften die Logos von MasterCard, Visa und American Express, so geben sie anschließend mehr Geld aus als in Geschäften, an deren Türen diese Symbole fehlten. Der Versuch wurde in unterschiedlichen Kontexten wiederholt und lieferte stets ähnliche Ergebnisse. So gaben Gäste auch mehr Trinkgeld, wenn sich im Restaurant auf der Mappe mit der Rechnung deutlich sichtbar die Logos der Kartenanbieter fanden. Sogar die Bereitschaft, für eine wohltätige Organisation zu spenden, war signifikant höher, wenn sich im Raum gut erkennbar das Logo von MasterCard befand: 87 Prozent versus 33 Prozent. Dabei konnte bei diesem Experiment gar nicht per Kreditkarte gespendet werden, sondern ausschließlich in bar! Es existiert also anscheinend eine unbewusste mentale Verknüpfung zwischen dem Anblick der Logos von Kartenunternehmen und der Bereitschaft, Geld auszugeben. Kreditkarten assoziieren wir möglicherweise mit „Ich habe Kredit" oder „Ich kann mir etwas leisten". Auch könnte sich das flüchtige Glücksgefühl, das viele Menschen erleben, wenn sie sich ein teures Produkt kaufen und dieses mit Kreditkarte bezahlen, im Unbewussten mit den Logos der Kartenanbieter verknüpft haben.

Das alles erklärt jedoch noch nicht, warum wir uns auf so geradezu erschreckend einfache Weise zum Geldausgeben verführen und zu Handlungen verleiten lassen, die von außen betrachtet manchmal nur dumm wirken – so wie das nächtliche Campieren vor einer Swatch-Filiale. (Ähnliche Szenen spielten sich in den Jahren zuvor bereits bei der Markteinführung verschiedener Produkte des Tech-Konzerns Apple oder beim Erscheinen neuer Romane aus der „Harry Potter"-Reihe ab.)

> **Erkenntnis**
>
> Ich vertrete in diesem Kapitel die These, dass der Hauptgrund für unser heute oft übertriebenes Konsumverhalten *Kompensation* ist. Wir sind auf der Suche nach etwas, das uns *innerlich* erfüllt. In letzter Konsequenz ist das eine spirituelle Suche. Weil die spirituelle Suche nach innerlich Erfüllendem schwierig ist, oft ins Stocken gerät oder sogar zu scheitern droht, kompensieren wir den Mangel an innerer Erfüllung durch *äußeren* Konsum.

Eigentlich geht es bei allem nicht lebensnotwendigen Konsum nämlich gar nicht um das Außen, sondern um unser Innenleben. Niemand kauft eine MoonSwatch, weil er wissen will, wie spät es ist. Sondern weil er sich ein bestimmtes inneres Erlebnis davon verspricht. Im Idealfall ist es eine Form von Erfüllung oder sogar Glück. Nun hat die östliche Weisheit immer schon gelehrt:

**Erkenntnis**

Wirkliche Erfüllung und dauerhaftes Glück findet sich nur in unserem Inneren.

Buddha wuchs in märchenhaftem materiellem Überfluss auf, und die Tatsache, dass ihn dieser nicht glücklich machte, trieb ihn schließlich so zur Verzweiflung, dass er von zu Hause auszog und seine jahrelange spirituelle Reise begann. Wenn Sie zu Menschen heute sagen „Konsum macht nicht glücklich", dann werden die meisten wahrscheinlich nicken. Auf der rationalen Ebene stimmen sie dem zu. Aber unbewusst läuft bei ihnen ein ganz anderer Film ab! Konsum aller Art ist im Alltag eben doch unsere bevorzugte Methode, innere Leere zu füllen und ein Gefühl des Mangels zu kompensieren. Darüber sind die meisten Menschen nicht reflektiert. Einige verstricken sich sogar tiefer und tiefer in diese unbewussten Mechanismen. Manchmal bis zum Exzess.

## Wenn der Kontakt zu sich selbst und zur Wirklichkeit verlorengeht

Nachdem die jugendlichen Einbrecher – drei Mädchen und ein Junge – nachts in das Haus von Paris Hilton eingedrungen sind, dreht sich die Anführerin noch einmal zur Gruppe um und sagt mit einem Lächeln im Gesicht: „Let's go shopping!" Das ist eine der ersten Szenen aus dem Film „The Bling Ring" der Regisseurin und Drehbuchautorin Sophia Coppola. In einer der nächsten Szenen sieht man die vier in einem Raum, der nur aus hochhackigen Schuhen zu bestehen scheint. Hollywoodstar Paris Hilton besitzt hunderte Paar Schuhe und hat sie zu Hause in offenen Regalen aufgereiht wie in einem Schuhgeschäft. In weiteren Räumen finden sich neben Dutzenden von Handtaschen auch Berge von Schmuck. Die Jugendlichen stopfen sich ihre Taschen voll und verschwinden dann leise aus dem Haus. In den folgenden Wochen werden sie noch mehrmals in dieses Haus und in die Häuser anderer Hollywoodstars einbrechen. Dank Social Media wissen sie, wann die Prominenten gerade in anderen Städten sind. Wie in den USA oft üblich, sind die Häuser nicht abgeschlossen oder der Hausschlüssel liegt unter der Fußmatte. Die Jugendlichen prahlen im Freundeskreis mit ihren Beutezügen in den Hügeln von Hollywood und werden dafür von Gleichaltrigen bewundert. „Ihr seid so cool", hören sie auf Partys. Da sie mit dem Diebesgut auf Facebook posieren und ihre Gesichter schließlich auch auf Bildern von Überwachungskameras zu erkennen sind, kommt ihnen die Polizei am Ende auf die Spur.

Der Film basiert bis in Details auf einer wahren Begebenheit. Sophia Coppola stützte ihr Drehbuch auf eine 2010 veröffentlichte Recherche der Journalistin Nancy Sales [94]. Im lokalen Fernsehen wurden die Jugendlichen tatsächlich als „The Bling Ring" bezeichnet, frei übersetzt: „die Glitzerbande". Was motivierte diese 18- bis 19-Jährigen zu ihren Taten? Armut war es nicht. Alle lebten selbst in teuren Wohngegenden, gleich im nächsten Tal hinter den Hügeln von Hollywood. Ihre Eltern waren Inhaberinnen von Nachhilfeketten oder Manager in der Filmindustrie. Obwohl die Teenager noch zur Schule gingen, fuhren sie im neuesten BMW oder Lexus zum Strand, zum Einkaufen oder zu Partys – von den Eltern bezahlt. Für die Stars, bei denen sie einbrachen, empfanden sie nach ihren eigenen Angaben große Bewunderung. Der Journalistin Nancy Sales erzählten die drei jungen Frauen später, sie hätten Teil des Lifestyles von Paris Hilton, Lindsay Lohan und anderen Opfern ihrer Einbrüche sein wollen.

Im Film geht Sophia Coppola näher auf den 19-jährigen Marc ein. Er kommt nach einem Schulverweis auf eine neue Schule, hat dort keine Freunde und fühlt sich einsam. In einer Szene spricht er gegenüber der den Fall recherchierenden Journalistin (die auf einer späteren Zeitebene ebenfalls im Film vorkommt) über seine Depressionen. Unattraktivität sieht er als den Kern seines Problems: „Ich sehe nicht so gut aus wie andere Jungen." Die Journalistin widerspricht seiner Einschätzung und sagt ihm, er sei nicht unattraktiv. In Rebecca, der späteren Anführerin der Bande, findet Marc auf der Schule endlich eine Bezugsperson. Den ersten Einbruch verüben die beiden aus einer Laune von Rebecca heraus im Haus eines flüchtigen Bekannten von Marc, der gerade außer Landes ist. Rebecca merkt aufgrund Marcs Beschreibung dieser Bekanntschaft, dass Marc homosexuell ist, macht es aber nicht zum Thema. Innerhalb kurzer Zeit wird sie Marcs beste Freundin. Marc ist dann bei jedem Beutezug dabei, den Rebecca vorschlägt. Während die anderen ihre Einbrüche genießen wie einen Drogenrausch, fühlt er sich in den fremden Häusern jedoch unwohl und sagt häufig: „Lasst uns jetzt gehen." Bei den weiblichen Teenagern ist weniger offensichtlich, was sie motiviert. Allerdings porträtiert der Film ihre Eltern als entweder emotional abwesend oder übergriffig. Eine Mutter und Unternehmerin will, dass ihre Töchter ganz nach dem esoterischen „Gesetz der Anziehung" leben und nur Reichtum und Glück in ihr Leben ziehen. Sie predigt ihnen dies von früh bis spät, doch dabei ist kaum Herzenswärme spürbar. Vor dem Gerichtstermin sagt ihre an den Einbrüchen beteiligte Tochter gegenüber Journalisten: „Die Situation war ein wichtiger Lernprozess für mich. Ich möchte einmal eine große

Wohltätigkeitsorganisation leiten. Am liebsten möchte ich ein Land führen."

**Erkenntnis**

Der Film zeigt Menschen, die in einer Blase leben. Sie scheinen den Kontakt zu sich selbst und zur Wirklichkeit bereits ein großes Stück verloren zu haben. Ihre innere Leere versuchen sie damit zu kompensieren, dass sie den Konsum auf die Spitze treiben und Teil einer Scheinwelt werden. Oder sie hungern wie Marc nach Anerkennung, Akzeptanz und emotionaler Einbindung.

Wenn ich mich in unserer Gesellschaft umsehe, dann erlebe ich zunehmend mehr Menschen, die in einer Blase leben. So wie Uli Hoeneß, der anscheinend irgendwann glaubte, über Recht und Gesetz zu stehen, und der die Welt nicht mehr verstand, als er zu einer Gefängnisstrafe verurteilt wurde. Das gleiche gilt für Boris Becker. Mir war Becker persönlich immer sympathisch. Doch Ignoranz und Abgehobenheit brachten auch ihn schließlich hinter Gitter. „Becker hat in seinem Kopf den Tennisplatz nie verlassen" [95], schrieb das Magazin „Stern" nach Beckers Verurteilung. Dieser Satz bringt es für mich auf den Punkt. Sein ganzes Nach-Tennis-Leben versuchte Becker mit seinen in jungen Jahren erlernten mentalen Programmen zu bewältigen. Das wichtigste dieser Programme lautete: Gehe als Sieger vom Platz!

**Erkenntnis**

Die britische Richterin, die Becker verurteilte, warf ihm schließlich einen eklatanten Mangel an Empathie gegenüber den Geschädigten vor. Wo sollte diese Empathie auch herkommen, wenn jemand nur gelernt hat, sich in den Kategorien „Sieger oder Verlierer" zu bewegen? Wenn sich jemand im Leben nicht weiterentwickelt und seine unbewussten Programmierungen nie reflektiert, kann es sein, dass er irgendwann in einer Blase lebt und glaubt, die Welt spiele nach seinen Regeln.

Das ließ sich bei Hoeneß und Becker sehr gut beobachten.

Doch wer vermittelt einem die nötigen Kompetenzen, wenn man bereits früh im Leben in einer Blase gelandet ist? Selbstreflexion und mentale Flexibilität brauchen Vorbilder und Förderung. Manchmal „hilft" auch eine Lebenskrise. Es braucht einen Anstoß, um hinter die Kulissen zu blicken, Bewusstheit zu entwickeln und sowohl eigene mentale Programme als auch kulturelle Konditionierungen zu erkennen und zu hinterfragen. Andernfalls kann die Flucht in Illusionen sehr lange dauern. Wir haben hier allerdings überhaupt keinen Anlass, mit dem Finger auf Prominente oder auf verwöhnte Hollywood-Teenager zu zeigen. Ihr extremes Verhalten spiegelt uns lediglich unsere eigene häufige Flucht in Konsum aller Art. Der Kaufrausch ist lediglich eine Spielart der Kompensation unerfüllter Bedürfnisse. Auch Alkohol, Drogen, Fernsehserien, Videospiele, Extremsport oder ständiges Verreisen an möglichst exotische Ziele sind Fluchtangebote, die unsere Konsumgesellschaft uns unterbreitet und die breite Bevölkerungsschichten sich auch leisten können.

> **Erkenntnis**
>
> Manche Menschen sind durch den Konsum bereits so abgelenkt, dass sie die ihm zugrundeliegenden Mangelgefühle gar nicht mehr spüren. Sie müssten ihre innere Leere überhaupt erst einmal wahrnehmen – und diese Leere dann zulassen, um in die Reflexion zu kommen! Doch es braucht spirituelle Intelligenz, um diesen Zusammenhang überhaupt zu verstehen oder ihn wenigstens intuitiv zu erfassen.

Mangelgefühle haben heute viele Menschen gerade auch im Hinblick auf ihren Körper. Ich habe das im Kapitel über Gesundheit bereits erwähnt. Wir werden gesellschaftlich auf ein bestimmtes Idealbild konditioniert, dem wir zu entsprechen haben. Mit der Folge, dass vollkommen gesunde und normal aussehende Menschen sich als hässlich und unattraktiv empfinden, so wie Marc in dem Film „The Bling Ring". Normalgewichtige halten sich für zu dick, attraktive Frauen meinen, ihre Brüste seien zu klein, und sportliche Männer finden, sie hätten zu wenig Muskeln. Ganze Industrien leben davon, diesen Menschen mit Diäten, Kosmetika oder Schönheits-OPs zu einem „besseren" Aussehen zu verhelfen. Obwohl das, was sie eigentlich bräuchten, mehr Selbstwertgefühl und emotionale Stabilität wäre. Model und Unternehmerin Jessica Haller reiste einem Bericht zufolge vor einiger Zeit nach Düsseldorf, um sich einer weiteren Brust-Operation zu unterziehen [96]. Es hieß, ihr Arzt habe ihr dazu geraten, ihre Brustimplantate des Herstellers Allergan austauschen zu lassen, da diese möglicherweise krebserregend seien. Ihre Brustgröße und -form seien ihr „wirklich egal", sagte Jessica Haller auf die Fragen von Journalisten. „Ich habe nach Jahren vergessen, dass ich sie je gemacht hatte", meinte die ehemalige Teilnehmerin der Fernsehshow „Der Bachelor". Kurzzeitig habe sie sogar erwägt, die Implantate ganz entfernen zu lassen, „weil mir große pralle Brüste dann doch nie so wichtig waren, wie ich in meiner Jugend dachte."

Ich frage mich, was Jessica Haller ursprünglich überhaupt zu der OP motiviert hat? Welches mentale Programm lief da ab? Die Unternehmerin ist ja lediglich ein Beispiel von vielen. „Immer mehr jugendliche Mädchen äußern den Wunsch nach einer ästhetischen Brustoperation", sagt der Berliner Schönheitschirurg Dr. Nektarios Sinis [97]. Eine große Rolle bei diesem Wunsch von Teenagern dürften Influencer auf Social Media spielen. Diese „Einflussnehmer" können aber nur dort ansetzen, wo sie offene Türen vorfinden. Emotional stabile und mental starke Menschen lassen sich nicht so leicht beeinflussen! Eine junge Arzthelferin erzählte mir einmal, dass sie früher auf die Frage von Freun-

dinnen, ob ihnen zum Beispiel ein bestimmtes Kleidungs-
stück stehen würde, stets wahrheitsgemäß geantwortet
hätte. Sie stellte dann aber fest, dass die Freundinnen die
Wahrheit gar nicht hören wollten. Im Laufe der Jahre habe
sie sich von diesen Freundinnen getrennt. Jetzt habe sie
einen Freundeskreis, der ihr ehrliches Feedback zu schätzen
wisse. Sie sagte noch in einem Nebensatz, dass sie ihren Eltern dankbar sei, nicht ständig an ihr herumgenörgelt, sondern sie im Gegenteil in ihrer Individualität bestärkt zu
haben. Dadurch fühle sie sich heute stark. Den Einfluss von
Influencern habe sie im Griff. Damit sind wir beim Kern
des Themas: Ein Wirtschaftssystem, das auf permanentes
Wachstum und das Erschließen immer neuer Märkte und
Zielgruppen angewiesen ist, trifft heute meist auf emotional viel weniger stabile Menschen als diese Arzthelferin. Sie
scheinen ständig auf der Suche nach etwas, mit dem sie ihre
innere Leere und mangelnde Stärke kompensieren können.
Das ist eine Konstellation, von der letztlich nur wenige profitieren – und die es gleichzeitig sehr vielen Menschen un-
nötig schwer macht, innerlich frei zu werden.

### Die Besinnung auf das, was wirklich Lust und Genuss bringt

In seinem Buch „Eine kurze Geschichte der Menschheit"
bezeichnet der Historiker Professor Yuval Noah Harari
unsere Epoche als das „Shopping-Zeitalter" [98]. Im Vergleich zu anderen historischen Zeitabschnitten sind Produktion und Konsum ihr Hauptmerkmal. Und wie ein
ausgelaugter Boden immer mehr Dünger braucht, um
weiterhin landwirtschaftlich nutzbar zu sein, so brauchen
wir immer mehr Konsum, damit das Spiel weitergeht. „Die
moderne Wirtschaft basiert auf einem konstanten Wachstum der Produktion", schreibt Harari. „Sie muss immer
mehr produzieren, weil sie andernfalls in sich zusammen-
fällt. Aber die Produktion allein reicht natürlich nicht.

Irgendjemand muss diese Erzeugnisse auch kaufen, denn sonst gehen Fabrikanten und Investoren pleite. Um diese Katastrophe abzuwenden und sicherzustellen, dass die Menschen die Masse an produzierten Waren auch kaufen, entstand eine völlig neue Ethik: der Konsumismus." Der Konsumismus ist heute unsere fundamentale mentale Programmierung im Wirtschaftsgeschehen. Sie besagt, dass wir der Wirtschaft etwas Gutes tun, wenn wir möglichst viel konsumieren. Umgekehrt führt Konsumzurückhaltung zu Krisen, Arbeitslosigkeit und Elend. Noch einmal Yuval Harari:

> „Der Konsumismus bewertet den Konsum von immer mehr Produkten und Dienstleistungen als positiv. Er fordert die Menschen auf, sich ‚etwas zu gönnen' … Shopping ist [so] zu einer der beliebtesten Freizeitbeschäftigungen geworden, und Konsumgüter zu unersetzlichen Vermittlern zwischen Angehörigen, Partnern und Freunden. Einst religiöse Festtage wie Weihnachten sind zu Einkaufsfesten geworden."

Für die in unserem System ökonomisch notwendige dauernde Stimulation der Konsumlaune hat sich das Marketing über die Jahrzehnte einiges einfallen lassen. Marketingexperten sind heute ausnahmslos Meister der Psychologie. Das Marketing versteht sich überall auf der Welt darauf, mit menschlichen Bedürfnissen und Sehnsüchten zu spielen. Wie bereits erwähnt, sehe ich Kompensation als das wesentliche Motiv, das uns innerlich – abgesehen vom äußeren makroökonomischen Zwang – zu immer mehr Konsum verleitet. Eine chronische Unzufriedenheit treibt uns an. Ob sie den Konsumismus hervorgebracht hat oder umgekehrt, ist ein klassisches Henne-Ei-Problem. Wir werden es nie lösen. Deutlich sichtbar sind jedoch die vielen Gesichter der Kompensation. Dazu gehört zum Beispiel das Streben nach Statuserhöhung, das stets mit einem unbewussten Mangel an Anerkennung und gesundem Selbstwert einhergeht. Oder das Streben nach Zugehörigkeit über Konsum – als Apple-Fan, eingefleischter BMW-Fahrer oder Stammgast auf den „Beauty-Partys" von Mary Kay –, das häufig Ausdruck eines Mangels an echter emotionaler Einbindung oder von unbewusster Angst vor Einsamkeit ist.

Das Marketing hat nahezu die gesamte psychologische Forschung der Zeit nach dem Zweiten Weltkrieg aufgesaugt und für sich zu nutzen gelernt. Detailliert beschreibt dies der Psychologieprofessor Robert Cialdini in seinem Buch „Die Psychologie des Überzeugens". Die wichtigsten Stichworte zur Beeinflussung von Konsumenten lauten Reziprozität, Konsistenz, Soziale Bewährtheit (engl. „social proof"), Sympathie, Autorität und (künstlich erzeugte) Knappheit. Reziprozität sorgt dafür, dass Sie sich nach einer „Gratisprobe" verpflichtet fühlen, das Produkt auch zu kaufen. Es ist das mentale Programm des „Gebens und Nehmens". Haben Sie einmal ein Image als „elegante Dame" kreiert, müssen Sie *konsistent* bleiben und können Ihre Kleidung nicht plötzlich bei Primark kaufen. Ein treffendes Beispiel für Soziale Bewährtheit sind sogenannte Testimonials. Nur weil fünf Prominente ein Buch in den Himmel loben, muss es für Sie zwar noch keine interessante Lektüre sein. Die Wahrscheinlichkeit, dass Sie es kaufen, ist trotzdem viel höher, als wenn solche Zitate fehlen. Die Mischung aus Sympathie und Autorität macht heute die typischen Instagram-Influencer aus. Pamela Reif zählt 2022 mit rund 8,5 Millionen Followern zu den zehn erfolgreichsten Influencerinnen in Deutschland [99]. Posiert sie in bestimmter Kleidung vor der Kamera, wollen ihre Fans diese auch haben. Sie gestehen der ihnen sympathischen Pamela Reif also Autorität in Geschmacksfragen zu. In Wirklichkeit ist der Geschmack vieler Influencer gekauft. Nach Schätzung des Wirtschaftsmagazins „Capital" erhält Pamela Reif von Unternehmen wie dem Wäschehersteller

Hunkemöller um die 5000 Euro für ein einzelnes Foto mit seinen Produkten [99]. Wird ein Produkt danach zur „limitierten Edition" erklärt, kommt auch noch künstliche Verknappung ins Spiel.

Es gibt noch viele andere psychologische Phänomene, die das Marketing immer wieder nutzt, zum Beispiel den Kontrasteffekt [100]. Er begegnet Ihnen beim Besuch praktisch jedes Einzelhandelsgeschäfts: Ein Pullover, der von 120 Euro auf 70 Euro reduziert wurde, wirkt viel günstiger als einer, der immer schon 70 Euro kostete. Dabei sind 70 Euro 70 Euro und die Qualität von Strickwaren können Sie als Laie im Laden kaum beurteilen. (Nach der ersten oder zweiten Wäsche meist schon, aber dann ist es zu spät.) Der Ansturm auf die MoonSwatch erklärt sich zum Teil auch durch den enormen Kontrast zwischen dem Verkaufspreis der original Omega-Moonwatch von 6600 Euro und dem des Swatch-Modells von 250 Euro. Eine Swatch bleibt trotzdem eine Swatch und die Swatch Group zählt mit einer Umsatzrendite um die 14 Prozent zu den sehr profitablen produzierenden Unternehmen [101]. Verschenkt wird auch hier nichts.

Wie aber geht es uns Menschen mit dem Zwang zu immer mehr Konsum? Befragt man die alten spirituellen Traditionen des Ostens, so kann Konsum nicht glücklich machen. Das habe ich bereits erwähnt. Sagt die moderne empirische Wissenschaft dazu etwas Anderes? Der Schweizer Wirtschaftswissenschaftler Professor Bruno Frey forscht seit Jahrzehnten über das Wesen des Glücks und gilt als Pionier der ökonomischen Glücksforschung [102]. In einem Interview mit der „Frankfurter Allgemeinen Zeitung" äußerte er: „Wir wissen, dass Materialisten, die sehr auf das Geld aus sind, weniger glücklich sind als Idealisten, die sich weniger um ihr Einkommen kümmern. Wenn das Vermögen wächst, sind die Materialisten immer noch nicht zufrieden; denen reicht es nie. Die meisten Menschen erwarten zu viel vom Konsum und überschätzen das zukünftige Glück, das sie aus den materiellen Gütern ziehen." Wie viele Paar Schuhe werden zum Glück benötigt? Bei Damenschuhen scheint es ohnehin so zu sein, dass sich der Materialeinsatz umgekehrt proportional zum Preis verhält: je geringer der Materialeinsatz, desto höher der Preis!

**Erkenntnis**

Wir sitzen mentalen Programmierungen auf, die uns das Glück dort versprechen, wo es nicht zu finden ist.

Doch weil diese Programmierung untrennbarer Teil unseres Wirtschafssystems ist, ist es so schwierig, ihr zu entkommen!

**Erkenntnis**

Was können wir also tun? Bewusstheit entwickeln und mentale Programmierungen hinterfragen, so wie ich es in diesem Kapitel getan habe. Das ist das Erste. Das Zweite besteht darin, von der Mangelkompensation wegzukommen und sich zu fragen, was einem im Leben wirklich Spaß macht, was Lust und Genuss verspricht und einen erfüllt. Schließlich das Dritte: Sich bewusst Auszeiten nehmen. Abstand gewinnen, sich für andere Menschen wirklich öffnen und ihnen zuhören.

Mir geht es in diesem Kapitel keinesfalls darum, Konsum in Bausch und Bogen zu verdammen. Es kommt darauf an, was, wie und wozu wir konsumieren. Wir müssen wieder genussfähig werden! Und wir sollten lernen, weniger auf andere und mehr auf uns selbst zu schauen. Sie können daraus im Alltag eine Übung machen und sich selbst eine Zeit lang beobachten:

**Fragen**

Wo ist Ihre Aufmerksamkeit, während Sie konsumieren?

Sind Sie mit Ihrer Aufmerksamkeit bei Ihrem Körper und bei Ihren Sinnen?

Erleben Sie sinnlichen Genuss, der Sie von Herzen erfreut – egal, ob bei einem leckeren Essen mit einem guten Wein oder beim Anhören Ihrer Lieblingsmusik?

Oder sind Sie mit Ihrer Aufmerksamkeit bei anderen Menschen und bei dem, was diese über sie denken sollen, weil Sie etwas Bestimmtes konsumieren?

Ich kann im offenen Cabrio durch eine Wüste fahren und einfach die Fahrt genießen, den Wind, die Sonne, den Sound des Motors. Oder ich kann mit demselben Cabrio über die Düsseldorfer Kö fahren und die ganze Zeit danach schielen, ob die anderen mich auch sehen und mich für mein Auto bewundern. Im ersten Fall bin ich mental bei mir und meinen Bedürfnissen, im zweiten Fall bei den anderen. An diesem Beispiel sehen Sie, dass wir stets die Wahl haben.

**Erkenntnis**

Auf unsere innere Haltung kommt es an. Diese innere Haltung ist Teil unserer spirituellen Intelligenz.

Ich möchte Bedürfnisse, die sich mit Konsum befriedigen lassen, gar nicht moralisch bewerten. Sie sind weder gut noch schlecht. Es wird lediglich maßlos überschätzt, zu welchem Grad uns Konsum glücklich machen kann. Und wir sind darauf programmiert, eine Konsumgesellschaft in Schwung zu halten, die nicht nachhaltig ist. Der „Earth Overshoot Day" [103], also der Tag eines laufenden Jahres, an dem unser Konsum an Rohstoffen das Angebot und die Kapazität der Erde zur Reproduktion dieser Ressourcen in diesem Jahr übersteigt, rückt von Jahr zu Jahr auf einen früheren Termin. Im Jahr 1961 lag er noch im Mai des Folgejahres, das heißt, es waren noch verfügbare Ressourcen übrig. 1981 war es der 11. November, 2001 schon der 22. September und im Jahr 2021 schließlich der 29. Juli. So kann unser Konsum nicht weitergehen! Wenn wir beginnen umzudenken und unsere alten mentalen Programmierungen hinter uns zu lassen, erreichen wir ein zweifaches Ziel: Wir werden selbst unmittelbar innerlich zufriedener und wir stellen zudem erste Weichen für eine neue Wirtschaft, die von den wirklichen Bedürfnissen des Menschen ausgeht und Rücksicht auf unsere natürlichen Lebensgrundlagen nimmt. Der erwähnte Historiker Yuval Harari bezeichnet den Konsumismus sarkastisch als „die erste Religion in der Geschichte der Menschheit, deren Anhänger sich tatsächlich an alle Gebote halten." Bisher wurde jedoch noch jede Religion irgendwann mit einer Aufklärung konfrontiert, die ihre Dogmen infrage stellte.

# 9

# Staat und Gesellschaft ohne Grenzen in den Köpfen

Wenn ich Sie frage, ob Sie in einem Staat leben, dann werden Sie höchstwahrscheinlich mit Ja antworten. Sie werden zum Beispiel sagen: „Ja, ich lebe in Deutschland." Oder: „Ich lebe die meiste Zeit in der Schweiz, teilweise in Spanien."

Aber was ist überhaupt ein Staat? Wenn es Ihnen geht wie den meisten Menschen, dann hatten Sie noch nie Anlass, darüber nachzudenken. Es sei denn, Sie haben Jura studiert. Angehende Juristen lernen im Grundstudium zumeist den „Sealand-Fall" [104] kennen, bei dem es um die Frage geht, wann von einem Staat gesprochen werden kann.

Ende der 1960er-Jahre gründeten Geschäftsleute vor der britischen Nordseeküste ihren eigenen Staat. Komplett mit Verfassung, Währung und Reisepässen. Das „Fürstentum Sealand" befand sich auf einer etwa ein Fußballfeld großen Plattform im Meer, einem Relikt aus dem Zweiten Weltkrieg. Im Jahr 1978 kam die Sache in Deutschland vor Gericht. Das Verwaltungsgericht Köln musste entscheiden, ob ein Mann aus Aachen die deutsche Staatsangehörigkeit verloren hatte, weil er angab, Staatsbürger von Sealand zu sein.

© Der/die Autor(en), exklusiv lizenziert an Springer Fachmedien Wiesbaden GmbH, ein Teil von Springer Nature 2023
G. R. Wende, *Wie halten Sie Ihre Gabel?*,
https://doi.org/10.1007/978-3-658-40045-3_9

Das Gericht verneinte dies [105]. Aber mit welcher Begründung? Die war gar nicht so einfach. Die Richter beriefen sich auf eine Definition des Juristen Georg Jellinek (1851–1911), wonach ein Staat aus den drei Elementen „Staatsgebiet", „Staatsvolk" und „Staatsgewalt" besteht. Sealand wurde ein Staatsgebiet abgesprochen, da es sich nicht auf einem „Festlandssockel" befinde. Ein überzeugendes Argument? Urteilen Sie selbst. Die „Drei-Elemente-Lehre" als Staatsdefinition ist übrigens umstritten – wie so gut wie alles unter Juristen. Halten wir fest: Selbst Staatsrechtler können nicht exakt sagen, was ein Staat ist. Es ist also Ansichtssache.

Was macht uns dann so sicher, in einem Staat zu leben? Vielleicht erinnern Sie sich wie ich an folgende typische Szene in der Schule: Zwei Schüler aus der Klasse werden losgeschickt, um aus einem separaten Kartenraum eine dieser großen aufgerollten Landkarten zu holen. Nehmen wir an, die Schüler kommen mit einer politischen Weltkarte zurück. Sie wird an die Halterung des Kartenständers vorne im Klassenzimmer gehängt und dann von einem der beiden Schüler vorsichtig entrollt, während der andere das verstellbare Gestänge ganz nach oben fährt. Dabei verströmt die Karte diesen typischen, leicht beißenden Geruch, den die Schüler ihr Leben lang nicht vergessen werden. Die Klasse sieht nun die geografische Ausdehnung der Kontinente. Innerhalb des Kontinents Europa findet sich ein Mosaik aus bunten Umrissen. Auf der Karte des Verlags Westermann ist zum Beispiel Deutschland blau, Frankreich violett, Italien hellgrün und Schweden orange. Die Kinder lernen: Unsere Welt besteht aus einzelnen Staaten. Sie sind deutlich sichtbar voneinander abgegrenzt.

Fliegen wir in einem Flugzeug und sehen die Welt von oben, wie sie tatsächlich aussieht, lassen sich dagegen keine Staaten erkennen. Wo hört Deutschland auf und wo beginnt Frankreich? Und wo befindet sich die Grenze zwischen Frankreich und der Schweiz? Wir können es nicht sehen. Öffnen wir später am Computer Google Maps, sind die Grenzen plötzlich wieder da: Es sind Umrisse aus grauen Linien, in denen in großen Buchstaben „Niederlande", „Österreich" oder „Slowenien" steht. Wechseln wir in die „Satellitenansicht", sind die Grenzen immer noch da, nur feiner eingezeichnet, als gestrichelte Linien. Das ist interessant, weil Staatsgrenzen auf Satellitenbildern natürlich genauso wenig zu sehen sind wie aus dem Flugzeugfenster. Deutlich sichtbar eingezeichnet sind die Grenzen schließlich auch in der „Geländeansicht". Obwohl diese, laut Google, „Topographie und Erhebungen" darstellt – und keine Staaten. Eine Ansicht, in welcher die Staatsgrenzen ausgeblendet wären, gibt es bei Google Maps überhaupt nicht. Der Internetkonzern scheint sie zur Orientierung für unerlässlich zu halten. Dabei ist die Frage, was ein Staat ist, am Sitz von Google auf dem amerikanischen Kontinent genauso schwierig zu beantworten wie überall sonst auf der Welt.

Der Grund für diese Schwierigkeit besteht darin, dass der Staat eine Fiktion ist. Wir sind mental darauf programmiert, an den Staat zu glauben. Aber er ist nicht real. Der Staat ist vielmehr eine vom menschlichen Verstand erfundene Realität. Auch viele andere Realitäten des täglichen Lebens sind fiktiv: Ihr Kontostand ist bloß eine Zahl in einer Währung, die Menschen sich ausgedacht haben. Ihr Eigentum an einem Grundstück oder dem Teil einer Immobilie beruht zwar auf einer anerkannten Übereinkunft, aber nicht auf der Realität. Real ist zum Beispiel, dass Ihre leibliche Mutter Sie geboren hat. Oder der Schmerz, den Sie empfinden, wenn Sie sich mit einer Säge den Finger abschneiden. Diese Dinge sind nicht fiktiv. Dies bedeutet nun nicht automatisch, dass solche Fiktionen sinnlos wären oder uns Menschen keinerlei Nutzen brächten. Im Gegenteil: Moderne Gesellschaften funktionieren nur, weil sie sich über fiktive Realitäten organisieren. Ihre Grundlagen sind jedoch nicht real. Gesellschaften aus Millionen von Menschen benötigen Fiktionen zur Orientierung, da sich nicht sämtliche Individuen persönlich kennen und ständig untereinander abstimmen können. Aber heißt das, dass wir über die Fiktion „Staat" nie nachzudenken brauchen?

Damit kommen wir zum Kern des Problems mentaler Programmierung im Hinblick auf den Staat: Es gibt neben der Frage, was ein Staat überhaupt ist, noch eine Menge mehr, über das wir uns selten oder nie Gedanken machen. Zum Beispiel, wer die Macht hat und warum. Wer bestimmt eigentlich die Regeln innerhalb dieses fiktiven Gebildes namens Staat? Und wer profitiert von diesen Regeln? Gibt es Menschen, die unter Berufung auf die Fiktion des Staates an seinen – ausgedachten – Grenzen zurückgewiesen werden, denen man also die Freizügigkeit verwehrt? Und wenn ja, womit begründet man das?

### Fragen

Gibt es Bürgerbeteiligung in einem Staat? Kann jeder und jede sich jederzeit einbringen? Ist der Staat grundsätzlich bürgerzentriert und dient seine Existenz dem Wohl aller? Oder dient er hauptsächlich einer kleinen Elite? Beruht der Staat auf Prinzipien des Friedens oder auf Gewaltanwendung? Geht es gerecht zu? Werden alle gleich behandelt oder gibt es Diskriminierung?

Wir nehmen es meistens unreflektiert hin, dass es Staaten gibt, und im Großen und Ganzen akzeptieren wir die Staaten auch so, wie sie nun einmal sind. Doch es existiert ein großer Unterschied zwischen der Erdoberfläche in der Satellitenansicht und dem bunten Mosaik der Staaten auf Westermanns Weltkarte: Unsere Erde können wir nur minimal an der Oberfläche verändern – unsere fiktiven staatlichen Realitäten ließen sich jederzeit umgestalten. Wenn wir uns dann noch vor Augen führen, vor welchen ökologischen Herausforderungen wir durch den Klimawandel stehen, dann könnte eine intensivere Kooperation über Grenzen hinweg sogar zur Überlebensfrage werden. Doch dem Umdenken steht noch einiges im Weg. Wir haben uns an Zerrbilder von Staat und Gesellschaft gewöhnt und legitimieren die Gräueltaten der Vergangenheit oft noch im Nachhinein.

### Was die Pyramiden und das Berliner Schloss gemeinsam haben

Neulich schwärmte eine Bekannte von den Pyramiden, die sie während ihres Urlaubs in Ägypten besucht hatte. Ich sagte ihr direkt, ich könne mir nicht vorstellen, mir die Pyramiden anzuschauen. Bereits der Anblick von Bildern dieser Bauten löst bei mir beklemmende Gefühle aus. Meine Bekannte verstand das zunächst nicht. Deshalb bemühte ich mich, es ihr zu erklären: Bei den Pyramiden kann ich nicht ausblenden, dass hier für die damalige Zeit gewaltige Ressourcen allein für die Überhöhung der Mächtigen verschwendet wurden. Die Pharaonen im Alten Ägypten galten als fleischgewordene Götter [106]. Sie sollten über ihren Tod hinaus Macht über ihr Volk behalten. Deshalb die monumentalen Grabmale in der Gluthitze der Wüste. Wie es dem Volk ging und ob alle Menschen genug zu essen hatten, war den Pharaonen anscheinend egal.

> **Erkenntnis**
>
> Menschen erhöhen sich oft, indem sie andere erniedrigen.

Wenn wir heute zu den Pyramiden reisen und sie ehrfürchtig bestaunen, tun wir damit eigentlich immer noch das, was die Pharaonen einst ihrem Volk befahlen. Auch wenn wir diese Herrscher heute nicht mehr für Götter halten.

---

**Erkenntnis**

Erst wenn wir die Pyramiden einmal „vergessen", sie also nicht mehr beachten und besuchen, entkommen wir einer mentalen Programmierung der Bewunderung für die politisch Mächtigen und die Denkmäler, die sie sich auf Kosten anderer gesetzt haben.

---

Seit der Entstehung der modernen Geschichtswissenschaft im 19. Jahrhundert werden wir darauf programmiert, die Geschichte der Menschheit als eine Geschichte der Mächtigen zu begreifen – und dies auch gutzuheißen. Wir hören in der Schule von Alexander dem „Großen", Karl dem „Großen" oder Friedrich dem „Großen" – ohne dass wir lernen zu hinterfragen, was sie in den Augen von Historikern „groß" macht. Würden wir das reflektieren, dann sähen wir, dass die „Großen" der Geschichte fast immer diejenigen waren, welche die schlimmsten Kriege angezettelt, die meisten Menschen unterdrückt und ihre Macht am rücksichtslosesten ausgedehnt haben. Der Geschichtsunterricht in der Schule verändert sich seit einigen Jahren, und es wird inzwischen schon auch einmal gefragt, wie es der breiten Bevölkerung in unterschiedlichen historischen Epochen tatsächlich ging. Das Grundgerüst bildet aber nach wie vor die Frage, wer wann die Macht hatte, welche Schlachten er gewann oder verlor und welche Grenzen er auf der Landkarte wohin verschob. Im Klartext:

---

Wir sehen Menschen, die von ihrer eigenen Macht besessen waren und nie genug bekommen konnten, als die „Großen" der Geschichte an.

---

Im Lateinunterricht haben die meisten Gymnasiasten nicht die Gedichte von Vergil oder Horaz gelesen, sondern den (in mittelmäßigem Latein verfassten) Kriegsbericht des Julius Caesar über seinen Feldzug in Gallien. Das sagt viel über unsere mentalen Programmierungen! Der Alltag der Menschen im damaligen römischen Herrschaftsgebiet, nicht zuletzt der Frauen und Kinder, scheint im Vergleich zu den „Großtaten" der Feldherren nicht besonders interessant zu sein.

Natürlich hören wir in der Schule auch etwas von der Demokratie im antiken Athen, die gerne als die eigentliche Keimzelle unseres heutigen demokratischen Staats hingestellt wird. Aber auch hier sollten wir genauer hinsehen:

## »Gab es bei dieser Demokratie wirkliche Bürgerbeteiligung? War das System gerecht?

Ursprünglich herrschte in Athen nur eine kleine Schicht aus Großgrundbesitzern und reichen Händlern. Ihr Wohlstand beruhte auf der Ausbeutung rechtloser Sklaven. Bauern, Fischer, Handwerker und Tagelöhner waren zwar persönlich frei, durften aber nicht mitbestimmen. Die Richter waren korrupt und urteilten willkürlich. Unter Solon (640–558 v. u. Z.) wurden dann erstmals die Rechte und Pflichten aller Bürger festgeschrieben und die Bürger selbst in vier Klassen eingeteilt – auf der Basis ihres Vermögens. Die Gesetze wurden in der Volksversammlung von der Mehrheit der männlichen Bürger aller Klassen gewählt. Den Sklaven und den Frauen stand jedoch kein Wahlrecht zu! Außerdem waren sämtliche Staatsämter Ehrenämter ohne Bezahlung. Somit konnten es sich nur die Reichen leisten, zur Wahl anzutreten.

Im alten Rom lebten einzelne Elemente der Demokratie später noch einmal kurz auf. Rom wurde ursprünglich von einer kleinen Adelsschicht regiert. Die gebildeten Römer bewunderten jedoch die griechische Kultur und wollten daher auch gewisse Kennzeichen der Demokratie übernehmen. Die Privilegien der adeligen Oberschicht sollten dabei unangetastet bleiben. Menschen ohne Grundbesitz und Geldvermögen, sogenannte Proletarier, hatten bei den Römern nur wenige Rechte. Nur wer es als Proletarier durch Geschäfte zu viel Geld gebracht hatte, durfte begrenzt mitreden. Ohnehin bestimmte das Geld, wer das Sagen hatte. Stimmenkauf war normal. Mit „Brot und Spielen" machten sich die römischen Adeligen bei den Proletariern beliebt, um deren Unterstützung zu bekommen. Am Ende verschwanden die Anklänge an die Demokratie vollständig. Zunächst gab es eine Militärdiktatur, später die absolute Herrschaft der Kaiser.

> **Erkenntnis**
>
> Im Kaiserkult wurden die Kaiser als Götter verehrt. Damit stand Rom wieder auf der gleichen Stufe wie das Alte Ägypten mit seinen Pharaonen.

Auch das heutige Deutschland ist das historische Ergebnis von Machtkämpfen. Es begann mit dem Streit der Erben Karls des „Großen" um Gebiete und Ressourcen. Während nahezu des gesamten Mittelalters herrschte dann ein Machtkampf zwischen den politischen Herrschern und den Päpsten. Nach der Reformation und dem Dreißigjährigen Krieg füllten regionale Adelige das Machtvakuum, das am Ende des Dauerstreits zwischen Päpsten und Kaisern entstanden war.

**Erkenntnis**

Diese Fürsten und Könige bauten sich Schlösser – von Potsdam bis Herrenchiemsee –, von denen wir manche heute fast so sehr bewundern wie die Pyramiden. Paare lieben es, auf Schlössern zu heiraten. In welche Tradition stellen sie sich damit? In eine der Macht und der Privilegien einer Elite auf Kosten der Mehrheit, die nie in Entscheidungen einbezogen wurde!

Wir verstehen uns heute in Deutschland als Demokraten, aber wir sind weiterhin fasziniert von den Eliten der Vergangenheit und den Insignien ihrer Macht. Diese mentale Programmierung hat jüngst erst dazu geführt, dass mitten in Berlin mit Millionen an Steuergeldern das Stadtschloss der preußischen Könige wieder aufgebaut wurde.

Sie können jetzt einwenden, dass etwas Traditionspflege vielen Menschen ein Heimatgefühl verleiht oder wir die Schönheit der Kulturgüter der Vergangenheit genießen sollten, ohne diese ständig zu bewerten. Eine solche Einstellung respektiere ich! Das Problem an dieser Stelle heißt Identifikation. Identifikation ist zunächst neutral. Wir alle identifizieren uns mit irgendetwas. Übertriebene Identifikation macht jedoch blind. Die meisten Menschen identifizieren sich blind mit einem Staat und seinen oft fragwürdigen Traditionen, ohne diese jemals zu reflektieren. Der Glaube an den Staat und die Gefolgschaft gegenüber seinen Institutionen und Traditionen weist deutliche Parallelen zur Religion auf. Tatsächlich gibt es in der modernen Gesellschaft eine ganze Reihe von Ersatzreligionen, mit denen sich Menschen unbewusst identifizieren. Nationalismus als Über-Identifikation mit Volk und Staat ist nur eine Spielart davon. Es existieren heute zahlreiche gesellschaftliche Phänomene, die auf der Identifikation mit letztlich fiktiven Realitäten basieren. Vom Konsum, der Macht des Marketings und von Hollywoodstars war im vorherigen Kapitel bereits die Rede. Sie können genauso gut die Fankultur im Fußball betrachten. Die sogenannten Ultras schwören einander, ihr ganzes Leben auf die Unterstützung ihres Vereins auszurichten. Zur Identifikation gehören sehr häufig auch Überlegenheitsgefühle. Die Rückkehr des Nationalismus in Europa sorgt dafür, dass viele Menschen „ihren" Staat für den anderen überlegen halten. Würden sie darüber reflektieren, dass alle Staaten Fiktionen sind, und würden sie erkennen, wie sehr Machtkämpfe der Motor der Geschichte waren, könnten sie ihr Gefühl der Überlegenheit kaum aufrechterhalten.

Eine zu starke Identifikation mit den Staaten, wie sie sich im Augenblick darstellen, verhindert, dass wir in Zukunft anders und besser leben als in der Vergangenheit und bis heute. Menschen brauchen Identifikation. Es ist jedoch die Frage, wie stark und unverrückbar die Identifikation ausfällt. Machen wir unseren Staat zu einem Teil unseres Egos, dann fühlen wir uns schnell persönlich angegriffen und damit verletzt, wenn es Kritiker oder gar Feinde des Staates gibt. Sind wir hier mental flexibler, bedeutet das automatisch mehr psychologische Sicherheit. Als Ergebnis der Geschichte sollten wir vielleicht die Grenzziehungen zu einem bestimmten Zeitpunkt erst einmal akzeptieren. Eine gerechtere Lösung wird es so schnell nicht geben. In dieser Hinsicht war Geschichte niemals gerecht und wird es wahrscheinlich auch niemals sein.

### Erkenntnis

Wir identifizieren uns jedoch oft im Übermaß mit den Ergebnissen historischer Machtkämpfe und den daraus erwachsenen Grenzen. In der Politik sollte es nicht in erster Linie um Macht, sondern um gemeinsame Gestaltung gehen!

Wir haben alle eine Verantwortung für die menschliche Gesellschaft und unsere Umwelt, unabhängig davon, wo wir leben und welche Staatsform dort herrscht. Die ehemalige britische Premierministerin Margaret Thatcher meinte einmal, Gesellschaft existiere überhaupt nicht, es gebe nur Individuen und Familien [107]. Karl Marx dagegen definierte Gesellschaft als Summe der Beziehungen und damit Gesamtheit der Verhältnisse zwischen Menschen [108]. Damit liegt Marx näher an der Wirklichkeit. Alles in der Natur auf unserer Erde ist Kommunikation und Beziehung. Bereits die Billionen Zellen unseres Körpers sind untrennbar miteinander verbunden und kommunizieren ständig miteinander. Alles Lebendige ist miteinander in Resonanz. Wir sind Teil eines größeren Ganzen.

### Erkenntnis

Um das zu sehen und die Konsequenzen für unsere menschliche Gesellschaft zu verstehen, ist spirituelle Intelligenz nötig. Sie lässt uns zweierlei erkennen: Erstens, dass die fiktiven Grenzen, mit denen wir unseren Planeten seit Jahrtausenden einteilen, noch nie allen Menschen gedient haben, sondern stets nur einer kleinen Machtelite. Und zweitens, dass die Herausforderungen, vor denen wir jetzt stehen, allein mit den bekannten staatlichen Organisationsprinzipien nicht mehr zu bewältigen sind.

Der Klimawandel macht vor unseren Grenzen nicht Halt. Und die durch die Klimaveränderungen zu erwartenden Migrationsströme lassen sich nur mit Gewalt stoppen. Aber wollen wir das? Oder wollen wir den Weckruf des Klimawandels und der zunehmenden Ressourcenverknappung nutzen, um jetzt mehr Demokratie zu verwirklichen? Eine Demokratie, die allen Menschen auf der Welt nützt? Wenn ja, dann müssen wir die Grenzen in

unseren Köpfen einreißen und den Mut haben, über alte
mentale Programmierungen hinauszugehen.

### *Warum Wahlen für die Demokratie nicht länger erste Wahl sind*

„Menschen fühlen sich ausgeschlossen; sie misstrauen Politikern, Parlamenten und Machthabern" [109], sagt David
Van Reybrouk, Historiker, Autor und Aktivist. Es gebe ein
Gefühl, bestohlen zu werden – und dieses Gefühl sei be-
rechtigt. Selbst in den westlichen Demokratien hätten
einzelne Bürgerinnen und Bürger keinen Einfluss. Die Bevölkerung sei politisch nicht eingebunden. Gestützt wird
diese These des belgischen Autors, dessen bekanntestes
Buch „Kongo" von der Kolonialgeschichte des zentral-
afrikanischen Landes handelt und auf Deutsch im
Suhrkamp-Verlag erschienen ist, unter anderem durch eine
Studie der Universität Princeton [110]. Danach kann man
bei den USA aus wissenschaftlicher Sicht nicht länger von
einer Demokratie sprechen. Es handele sich inzwischen
vielmehr um eine Oligarchie, also eine – laut Duden –
„Staatsform, in der eine kleine Gruppe die politische
Herrschaft ausübt". Staatliche Entscheidungen erfüllten
systematisch die Wünsche der großen Unternehmen.
Bürgerbeteiligung existiere nicht. Noch einmal: Dies wurde
von einer der weltweit renommiertesten Universitäten
wissenschaftlich untersucht. Es ist keine Behauptung von
Populisten.

Das Vertrauen gegenüber gewählten Volksvertretern und
Institutionen der Demokratie schwindet auch in Deutsch-
land [111]. Die Künstlerin und Politikaktivistin Claudine
Nierth unterstützte in den 1980er-Jahren die „Aktion
Volksentscheid", die erste bundesweite Aktion für direkte
Demokratie. Seit 1998 ist sie Bundesvorstandssprecherin
des Vereins Mehr Demokratie e. V. „Meine Überzeugung

ist", sagt sie gegenüber Deutschlandfunk Kultur, „dass es in Zukunft keine Partei mehr schaffen wird, irgendeine Herausforderung zu meistern, ohne die Bürger zu beteiligen." Neben dem offenen Protest von Bürgern, die einfach nur nein zur Politik sagten, gebe es bereits eine andere Seite, die wir nicht übersehen sollten: das vielfältige Bürgerengagement für konkrete Ziele und Projekte. Das zeige die Lust an politischer Mitbestimmung und das Selbstvertrauen der Bürgerinnen und Bürger. Sie wünschten sich mehr Teilhabe und Verantwortung. Das trifft sogar auf die sogenannten Nichtwähler zu. Laut der Studie „Das Denken der Nichtwählerinnen und Nichtwähler" der Friedrich-Ebert-Stiftung [112] sind sie durchaus politisch interessiert und informiert und beobachten das politische Geschehen sowie die Wahlkampfaktivitäten der Parteien. Die Hauptmotive, sich nicht (mehr) an Wahlen zu beteiligen, sind geradezu politisch: Unmut über Politiker sowie Unzufriedenheit mit den Programmen der Parteien. Es ist also falsch zu glauben, Nichtwähler ließen sich nicht politisch aktivieren.

> **Frage**
>
> Doch wie könnte mehr Bürgerbeteiligung konkret aussehen?

Und: Erleben wir nicht gerade weltweit das Gegenteil? Verschwinden nicht – wie im alten Rom – überall selbst die bescheidenen Ansätze zu Demokratie und Bürgerbeteiligung zugunsten neuer Formen absoluter Herrschaft? Russland kann unter Wladimir Putin nur noch als ein Land mit einer Willkürherrschaft bezeichnet werden. Nach eigener Aussage sieht sich Putin als Nachfolger des Zaren Peter des „Großen" – der historische Bezug spricht Bände. Die türkische Autorin Ece Temelkuran bezeichnet die Situation

ihrer Heimat in ihrem Buch „Wenn dein Land nicht mehr
dein Land ist" als „Weg in die Diktatur" [113]. China baut
gerade ein digitales Überwachungssystem auf, das den dortigen Machthabern die nahezu lückenlose Kontrolle sämt-
licher Bürger ermöglichen wird [114]. Es ist unbestreitbar,
dass überall auf der Welt bestehende Eliten um nahezu
jeden Preis ihre Macht zu sichern versuchen. Das ist aber
nur die eine Seite der Medaille. Die andere besteht aus
Menschen, die ihre mentalen Programmierungen im Hinblick auf Staat und Gesellschaft zu hinterfragen begonnen
haben. Sie machen sich Gedanken über eine bürger-
zentrierte Demokratie der Zukunft. Mehr noch: Sie probie-
ren bereits erste neue Ansätze aus und sammeln damit wert-
volle Erfahrungen.

> Wer sagt zum Beispiel, dass Demokratie immer Wahlen be-
> deuten muss? Die Gleichsetzung von Demokratie mit Wah-
> len ist mittlerweile auch eine mentale Programmierung.

David Van Reybrouck sieht neue Formen der Volksvertretung als ein wesentliches Element für die Zukunft der
Demokratie an. Bisher kennen wir in der Demokratie fast
nur Wahlen, aber es gibt noch eine zweite Möglichkeit,
Menschen mit politischen Aufgaben zu betrauen: per Auslosung. Im Rechtssystem der Vereinigten Staaten sind die
„Geschworenen" immer schon ausgelost worden. Wir kennen das aus amerikanischen Fernsehserien. Jeder erwachsene Bürger mit einem Führerschein (in Ermangelung von
Personalausweisen in den USA) befindet sich im Lostopf.
Die so ausgelosten Bürgerinnen und Bürger sind zwar auch
nicht perfekt in ihrem Urteil. Aber es habe sich gezeigt, so
Van Reybrouck, dass sie ihre Aufgabe sehr ernst nähmen und
zum Wohl der Gesellschaft entschieden. Zwar sind es Laien,
dafür sind sie aber auch nicht so sehr an wirtschaftliche und

parteipolitische Interessen gebunden. Zahlt man ihnen eine angemessene Entschädigung für ihren Verdienstausfall und verschafft man ihnen Zugang zu sämtlichen relevanten Informationen, können Geschworene sehr kompetent urteilen – einfach aufgrund ihres gesunden Menschenverstands.

In seinem Buch „Gegen Wahlen: Warum Abstimmen nicht demokratisch ist" plädiert David Van Reybrouck für ein „bipräsentatives System" der Volksvertretung mit zwei Kammern, einer gewählten und einer ausgelosten. „Ausgeloste Bürger haben vielleicht nicht die Expertise von Berufspolitikern, aber sie haben etwas Anderes: Freiheit. Sie brauchen … nicht wiedergewählt zu werden", schreibt er. Kritikern hält er entgegen: „… die Gründe, die man heute gegen ausgeloste Bürger anführt, sind häufig mit den Gründen identisch, die man seinerzeit gegen die Verleihung des Wahlrechts an Bauern, Arbeiter oder Frauen anführte." Tatsächlich stimmen erste Erfahrungen mit Auslosung optimistisch, so gewöhnungsbedürftig das Verfahren für viele auch sein mag. So gab es im US-Bundesstaat Texas, in dem nach wie vor größere Mengen an Erdöl gefördert werden, vor einigen Jahren eine kontroverse Diskussion über das Aufstellen von Windrädern [115]. Am Anfang war die Zustimmung der Bevölkerung zur Windkraft minimal. Dann wagte man ein Experiment mit ausgelosten Bürgerinnen und Bürgern, welche die gewählten Politiker beraten sollten. Man verschaffte diesen Bürgern Zugang zu allen relevanten Informationen zum Thema Windkraft. Am Ende sprach sich das ausgeloste Bürgerkomitee mit großer Mehrheit für das Aufstellen von Windrädern aus. Heute stehen in Texas die meisten Windräder der USA, mehr noch als im energiepolitisch fortschrittlichen Kalifornien. Die gewählten Politiker allein hätten weiter nur auf Erdöl gesetzt, ganz dem Wunsch der texanischen Ölkonzerne entsprechend.

In Island kam es nach der globalen Finanzkrise von 2008 zu einer schweren Erschütterung des wirtschaftlichen und politischen Lebens [116]. Auslöser war der gleichzeitige Zusammenbruch aller drei großen isländischen Geschäftsbanken, nachdem diese ihre kurzfristigen Schulden nicht mehr refinanzieren konnten und Kontoinhaber aus dem Ausland ihr Geld kurzfristig abgezogen hatten. Im Verhältnis zur Größe seiner Wirtschaft war Islands Bankenkrise die größte der Wirtschaftsgeschichte. In den Jahren zuvor hatte das nordeuropäische Land seine Wirtschaft immer einseitiger auf Investmentbanking und internationale Finanzspekulation ausgelegt. Nach dem Zusammenbruch kam es zu wochenlangen Bürgerprotesten, um eine Bankenrettung mit Steuergeldern – wie in Deutschland durch die Regierung Merkel geschehen – zu verhindern. Mit Erfolg. Statt der von den gewählten Politikern favorisierten Bankenrettung kam es zu einem umfassenden politischen Neustart unter Beteiligung der Bürger. Am 6. November 2010 kamen 1000 ausgeloste Bürger in Reykjavik zusammen, um die zukünftigen Prioritäten für ihr Land festzulegen. Aus ihrer Mitte wählten sie 25 Bürger, um eine neue Verfassung zu schreiben. Diese 25 Bürger wurden von den besten Rechtsexperten des Landes beraten. Das Ergebnis sah eine umfassende Bürgerbeteiligung und nicht zuletzt zahlreiche Schutzmechanismen gegen Korruption und Vetternwirtschaft vor. Bei einer Volksabstimmung im Jahr 2011 stimmten 67 Prozent der Wahlberechtigten für die neue Verfassung. Die Ratifizierung im Parlament wurde dann allerdings von Islands größter und einflussreichster Partei blockiert.

Auf lokaler Ebene hat eine umfassende Bürgerbeteiligung dagegen mehr Chancen, wie ein Beispiel aus Indien zeigt. In Kuthambakkam, einem kleinen Ort in der Nähe der Großstadt Chennai an der Küste des Golfs von Bengalen, existiert eine Selbstverwaltung, bei der die Bürgerversammlung sämtliche wichtigen Entscheidungen trifft. Die Initiative dazu ging von Elango Rangaswamy aus. Er wurde als ein „Unberührbarer" nach dem indischen Kastensystem geboren, was eigentlich ein Schicksal als sozial Ausgegrenzter bedeutet hätte. Offiziell ist das Kastensystem mit der indischen Verfassung von 1950 abgeschafft worden und Diskriminierung aufgrund der Kaste ist verboten. In der Praxis hält die gesellschaftliche Mehrheit der religiösen Hindus aber bis heute am Kastensystem fest – übrigens ein weiterer Beleg für die Hartnäckigkeit mentaler Programmierungen. Die unterste Kaste der Dalits (Unberührbaren) hat gerade auf dem Land kaum eine Chance auf sozialen Aufstieg. Elango Rangaswamy gelang es trotzdem, eine Schule zu besuchen und anschließend Chemie zu studieren. Schließlich wurde er zum Bürgermeister seines Heimatorts Kuthambakkam gewählt. Er übte seine Macht jedoch nicht direkt aus, sondern rief Bürgerversammlungen ein, mit denen er sämtliche Themen diskutierte und an deren Beschlüsse er sich hielt. Sein Modell nennt er die „Dorfrepublik". Die alle drei Monate tagende Bürgerversammlung fasst Beschlüsse, die für Indien ungewöhnlich sind. So wurden die Slums der Dalits mit öffentlichen Geldern saniert und an die Kanalisation angeschlossen. Die Gründung gemeinnütziger Unternehmen wurde gefördert und ein Mikrokreditsystem etabliert. Eine weitere Initiative sorgte dafür, den Anteil der Kinder, die eine Schule besuchen, von ursprünglich 40 Prozent auf 100 Prozent zu erhöhen. Elango Rangaswamy hält heute Vorträge und schult andere indische Bürgermeister in Bürgerbeteiligung.

„Bürger, die an der Macht teilhaben, können eine wunderbare Demokratie leben", sagt er.

Im vermeintlich höher entwickelten Deutschland sind wir noch weit davon entfernt, so viel Basisdemokratie zu wagen. Oft heißt es mantraartig, Erfahrungen aus anderen Ländern seien auf Deutschland nicht übertragbar. Damit werden jedoch lediglich bestehende mentale Programmierungen gerechtfertigt. Politische Lernfähigkeit – im Sinne mentaler Flexibilität – sieht anders auf. Es geht in meinen Augen selten darum, etwas 1:1 zu übernehmen, sondern vielmehr, sich einzelne Elemente anzusehen und diese bestmöglich an das eigene System anzupassen und daraus etwas Neues zu kreieren. Immerhin wird über Bürgerräte auch bei uns bereits diskutiert. Sie sollen eine weitere Säule der Demokratie bilden. Diese nennen die Politikwissenschaftlerin Patrizia Nanz und ihr Kollege Claus Leggewie in ihrem gleichnamigen Buch die „Konsultative". Patrizia Nanz und ihr Team vom Institut für Transformative Nachhaltigkeitsforschung (IASS) führten in Magdeburg ein Experiment durch [117], um Bürgerbeteiligung genauer zu untersuchen. Zufällig ausgewählte Bürgerinnen und Bürger wurden in drei Gruppen eingeteilt, um in unterschiedlichen Formaten politische Fragen zu diskutieren: mit Moderation durch Profis, ohne Moderation sowie in einer Mischform. Das verblüffende Ergebnis: Im Großen und Ganzen haben alle drei Formate funktioniert. Selbst in der Gruppe ohne Moderation brach kein Chaos aus und die Diskussion wurde auch nicht von einzelnen Wortführern dominiert. Alle hörten einander zu.

In Leipzig berief ungefähr zur selben Zeit der Verein Mehr Demokratie e. V. den ersten gesamtdeutschen Bürgerrat aus 160 ausgelosten Bürgerinnen und Bürgern ein [118]. Auf 22 Ideen konnte sich der Bürgerrat schließlich einigen, darunter die, dass die Demokratie durch Elemente der Bürgerbeteiligung erweitert werden und Bürgerräte gesetzlich verankert werden sollen. Das Ergebnis wurde dem Deutschen Bundestag in Berlin übereicht. Der Journalist Timo Rieg war dabei. Auf Deutschlandfunk Kultur erinnert er sich: „Als das Bürgergutachten den Politikern übergeben worden ist, ... hat die Politik schon sehr deutlich gemacht, dass sie das als Empfehlung zwar annimmt und auch ernst nimmt, aber dass sie natürlich selbst bewertet, was sie damit macht. Und das ist das Grundproblem, das wir natürlich immer haben. Das heißt, die Politik beansprucht das Primat der Entscheidung. Politiker gehen davon aus, dass es ihr Job ist zu entscheiden. Kein Politiker versteht sich als Dienstleister der Bevölkerung ...“

Da könnte Deutschland von Bürgermeister Elango Rangaswamy aus Kuthambakkam in Indien noch einiges lernen.

### Aus einer Vielfalt unterschiedlicher Quellen schöpfen

*Warum* sind wir überhaupt nicht stärker bereit, über den Tellerrand zu schauen und von Menschen in anderen europäischen Ländern oder sogar anderen Regionen der Erde zu lernen? Unsere mentalen Programmierungen und die übertriebene Neigung zur Identifikation sind uns im Weg. Jenseits dessen läge Freiheit, die uns die nötige Offenheit ermöglichen würde, uns unvoreingenommen mit neuen und interessanten politischen Ideen zu beschäftigen. Egal, von wo sie kommen und wer sie hatte. Frei von Ideologie und Parteidenken. Und ohne dass sie von berufsmäßigen Lobbyisten ins Spiel gebracht und durch bezahlte PR unterstützt wurden. Doch wer in Deutschland, Österreich oder der Schweiz wäre tatsächlich offen, von Indien zu lernen? Oder – von Singapur? Dort, in einer der teuersten Städte der Welt und einer Hochburg des Finanzkapitalismus, ist zum Beispiel bezahlbarer Wohnraum – anders als bei uns – kein Thema [119]. Achtzig Prozent der Bevölkerung Singapurs besitzen eine Eigentumswohnung, die sie sich auch sehr gut leisten können. Der Wohnungsmarkt ist dort weitgehend in staatlicher Hand und Wohneigentum wird als Erbpacht erworben. Spekulation mit Wohnraum ist im Grunde verboten; man darf eine Wohnung nur für den eigenen Bedarf besitzen. Damit hat Singapur quasi die Synthese aus kapitalistischer und sozialistischer Wohnungswirtschaft geschafft – und sie funktioniert! Aber Lösungen aus Singapur übernehmen? Können wir uns das vorstellen? In Deutschland herrschen weiter die drei bekannten Grundsätze: 1. Das haben wir immer so gemacht. 2. Das haben wir noch nie so gemacht. 3. Wo kämen wir da hin?

Es beginnt damit, dass wir sehr stolz drauf sind, Deutsche (oder Österreicher, Schweizer usw.) zu sein und uns anderen Ländern überlegen fühlen – ob wir das nun zugeben oder nicht. Wir sagen zum Beispiel meistens „Ich bin Deutscher" und nicht „Ich bin in Deutschland geboren" oder „Ich habe einen deutschen Pass".

**Erkenntnis**

Übertriebene Identifikation zu überwinden und mentale Programmierungen zu hinterfragen, beginnt bei solchen Kleinigkeiten. Ich sage zum Beispiel oft bewusst „Ich heiße Gundolf Wende" und nicht „Ich bin Gundolf Wende". Damit distanziere ich mich ein Stück von meinem Namen. Wenn ich weniger identifiziert bin, dann bin ich offener.

Offenheit zeigt sich auch darin, welche Informationsquellen jemand nutzt. Sehe ich nur die Tagesschau, lese ich hauptsächlich meine seit Jahren gewohnte Tageszeitung, konsumiere ich ausschließlich, was der Filter von Facebook mir auf meiner Startseite präsentiert? Oder informiere ich mich breit und aus den verschiedensten, auch unabhängigen Quellen? Verfolge ich Diskussionen im Fernsehen und lese ich aktuelle Sachbücher? (Letzteres tun Sie im Augenblick gerade – danke dafür!)

Das Internet bietet heute eine Fülle von Möglichkeiten, über den Tellerrand zu schauen und sich in politischen und gesellschaftlichen Fragen, aber auch ganz allgemein in Lebensfragen (beides hängt untrennbar miteinander zusammen) zum Nachdenken, Reflektieren und Erkennen anregen zu lassen. Wir müssen lediglich bereit sein, uns ab und zu mehr als nur unterhalten zu lassen. Die Mediatheken der öffentlichen Fernsehsender sind voller wertvoller und erhellender Beiträge und Reportagen aus aller Welt. Bei Streamingdiensten wie Netflix oder Amazon Prime gibt es ausgezeichnete Dokumentarfilme, wie etwa den Film „Tomorrow" über neue Lösungen für eine nachhaltige Zukunft, dem ich für dieses Kapitel einige Beispiele entnommen habe. YouTuber auf der ganzen Welt ermöglichen uns unmittelbare Einblicke in ihre Lebenswelten, wie sie in unseren Mainstream-Medien nicht auftauchen. Sehr viele YouTube-Videos lassen sich mit englischen oder sogar deutschen Untertiteln anschauen. Durch eine Empfehlung habe ich auf YouTube vor einiger Zeit die Videos von Sadhguru entdeckt. Obwohl ich mich zu dem Zeitpunkt schon lange mit spirituellen Themen und mentalem Wachstum beschäftigt hatte und regelmäßig mehrtägige Meditations-Retreats besuchte, hat mich Sadhguru nicht nur in vielem bestätigt, sondern konnte mir mit seiner ebenso weisen wie erfrischenden und humorvollen Art noch einmal einiges geben. Andere verfolgen über das Internet Eckhart Tolle, Deepak Chopra, Shakti Caterina Maggi, Gregg Braden, Mooji oder Jiddu Krishnamurti – um nur einige zu nennen – und lassen sich von diesen achtsamen und intuitiven Menschen inspirieren.

Unsere Gesellschaft wird sich dann allmählich „von unten" verändern, wenn immer mehr Menschen mental aus den unterschiedlichsten Quellen schöpfen, neue Ideen aufsaugen und sich darüber untereinander intensiv austauschen. Wir brauchen mehr Austausch, mehr Kommunikation in der Politik und über Politik. Wenn Sie an die Beispiele mit ausgelosten Bürgern als Entscheidungsträger denken, die ich in diesem Kapitel erwähnt habe, dann war Kommunikation stets ein wesentlicher Schlüssel für das Gelingen dieser Form von Demokratie. Den Bürgern wurde (bezahlte) Zeit eingeräumt und es wurden ihnen sämtliche zur Entscheidung relevanten Informationen zur Verfügung gestellt. Sie durften sich mit den besten Experten austauschen. Wir sind darauf programmiert, dass Politik ein Beruf ist. Berufspolitiker wiederum lassen sich gerne von Experten beraten. Während der Corona-Pandemie wurde aber auch deutlich, dass politische Entscheidungen politische Entscheidungen blieben und nicht von Virologen oder Epidemiologen getroffen werden konnten, so wichtig ihre Expertise auch war. Ein Gesundheitsminister beispielsweise braucht selbst während einer Pandemie weder Arzt noch Epidemiologe zu sein. Professor Karl Lauterbach, der beides ist, erntete auf dem Ministersessel nicht weniger Kritik an seiner Amtsführung als sein Vorgänger, der gelernte Bankkaufmann und Politikwissenschaftler Jens Spahn. Für eine Verteidigungsministerin gilt ein geleisteter Wehrdienst genauso wenig als notwendige Voraussetzung. Die Aufgabe eines Ministers oder einer Ministerin als Chef oder Chefin einer großen Behörde ist es, Expertenmeinungen zu bündeln und zu evaluieren, um dann im Team Entscheidungen zu treffen und diese zeitnah und verständlich zu kommunizieren.

**Erkenntnis**

Die Zukunft könnte einem Modell gehören, bei dem informierte Bürger unter Berücksichtigung des Rats von Experten entscheiden und Profis dann die Umsetzung organisieren.

Ein erster Schritt in eine neue Richtung könnte mehr Bürgerkommunikation auf Augenhöhe sein. Robert Habeck und Annalena Baerbock (Grüne) sind unter den deutschen Politikern gute Beispiele für gelungene Kommunikation. Es geht mir hier in keiner Weise um Parteipolitik! Umfragen bestätigen, dass die Art der Kommunikation von Habeck und Baerbock bei den Bürgerinnen und Bürgern ankommt [120]. Sie erhalten auch Zuspruch aus anderen Parteien. Wir haben uns leider daran gewöhnt, dass parteipolitische und wirtschaftliche Interessen die politische Diskussion dominieren. Wenn wir uns von alten Programmierungen mehr und mehr befreien, uns durch nationale Grenzen (mental) nicht einengen lassen und eine zunehmend ganzheitliche und globale Perspektive einnehmen, dann werden sich im intensiven Austausch vieler unterschiedlicher Menschen auch neue Lösungsansätze finden. Menschen wollen eingebunden sein, egal ob in einem Unternehmen, einem Staat oder einer Gemeinschaft von Staaten. Auch die Menschen in den ärmeren Ländern wollen eingebunden sein. Woher nimmt ein „Club der Reichen" das Recht, allein über die Zukunft unseres Planeten zu entscheiden?

**Erkenntnis**

Wenn wir mehr kommunizieren, wenn wir mehr in den Dialog kommen, werden wir entdecken, wie viel wir alle voneinander lernen können. Bisher vermitteln uns Berufspolitiker eher den Eindruck, dass wir als Bürger dankbar sein sollten, von ihnen vertreten zu werden. Umgekehrt sollte es sein, Politiker und Politikerinnen sollten durch Taten Dankbarkeit zum Ausdruck bringen, dass sie uns als Bürger vertreten dürfen. Um diese Sichtweise annehmen zu können ist spirituelle Intelligenz notwendig.

# 10

# Freiheit heißt, seine eigenen Programme zu schreiben

Das deutsche Wort „Bewusstsein" wurde geprägt von Christian Wolff [121], einem Juristen, Mathematiker und Philosophen der Aufklärung, der von 1679 bis 1754 lebte. Im weitesten Sinne bedeutet Bewusstsein das Erleben mentaler Zustände und Vorgänge. Über das, was Bewusstsein genau ist, streiten sich die Gelehrten jedoch fast schon so lange, wie es den Begriff gibt. Das 20. Jahrhundert brachte verschiedene Zweige der Bewusstseinsforschung hervor, darunter den psychologischen, den biologischen, den neurowissenschaftlichen und den kognitionswissenschaftlichen. Sie konnten sich jedoch nicht auf ein gemeinsames Verständnis des Bewusstseins einigen. Dafür haben wir Biologen inzwischen noch ein weiteres Forschungsfeld gefunden: Wir fragen uns, ob auch Tiere über ein Bewusstsein verfügen – und wenn ja, inwieweit. Während meiner Zeit als Doktorand an der Universität von Edinburgh in den 1990er-Jahren hatte ich einen netten Kollegen, der über das (mögliche) Bewusstsein von Schweinen forschte. Ich interessierte mich für die Experimente, mit denen er sich be-

G. R. Wende, *Wie halten Sie Ihre Gabel?*,
https://doi.org/10.1007/978-3-658-40045-3_10

schäftigte. Nicht, weil diese mich in meiner eigenen Forschung weitergebracht hätten, sondern weil ich sie zunächst skurril und witzig fand. Später erkannte ich den hohen Wert der Ergebnisse und daraus gewonnenen Erkenntnisse.

In einem dieser Experimente ging es um die Frage, ob ein unterwürfiges Schwein sich seiner Unterwürfigkeit bewusst ist und ein dominantes Schwein sich seiner Dominanz. Der Versuchsaufbau sah so aus, dass ein dominantes und ein unterwürfiges Schwein von einer Startlinie zu zwei Futterstellen laufen sollten, wobei sich nur in der rechten Futterstelle tatsächlich Futter befand; die linke Futterstelle war leer. Es ist hier wichtig zu wissen, dass ein unterwürfiges Schwein niemals in Gegenwart eines dominanten Schweins frisst, sondern wartet, ob das dominante Schwein ihm etwas übriglässt. Die Chancen des unterwürfigen Schweins auf Futter waren also eigentlich gering. Man hatte das unterwürfige Schwein jedoch vorher konditioniert, das Futter auf der rechten Seite zu finden (ohne zunächst zu der linken Futterstelle zu laufen). Es wurde dabei darauf geachtet, dass das dominante Schwein „mitbekam", dass das unterwürfige Schwein die richtige Futterstelle kannte. Daraus ergaben sich zwei mögliche Szenarien: Entweder das unterwürfige Schwein würde sofort zur richtigen Futterstelle laufen – oder es würde zunächst zur falschen Futterstelle laufen, um das dominante Schwein abzulenken. Tatsächlich lief das unterwürfige Schwein zunächst zur falschen Futterstelle. Kurz bevor das dominante Schwein hinzukam, wechselte das unterwürfige Schwein schnellstmöglich zur richtigen Stelle, um so viel wie möglich zu fressen, bevor das dominante Schwein „den Braten gerochen" hatte und ebenfalls zur rechten Futterstelle kam. Als es dort eintraf, hörte das unterwürfige Schwein sofort auf zu fressen. Das Ergebnis des Experiments spricht also dafür, dass das unterwürfige Schwein sich seiner Unterwürfigkeit (und ihrer Konsequenzen in Gegenwart eines dominanten Schweins) bewusst ist.

Wir können heute ziemlich sicher sagen, dass Tiere über mehr Bewusstsein verfügen als jahrhundertelang angenommen. In unserer neuzeitlichen westlichen Kultur haben wir uns daran gewöhnt, in Schweinen und anderen sogenannten Nutztieren eine bloße Ressource zu sehen. Rechtlich gelten Tiere für uns als „Sache". Dass das Bewusstsein vieler Tiere höher sein könnte als gedacht, legen auch Versuche und Beobachtungen mit Schafen nahe [122]. Sie können sich zum Beispiel die Gesichter von bis zu 50 anderen Schafen über einen Zeitraum von zwei Jahren merken – und sogar die von Menschen, selbst wenn sie diese nur auf einem Foto sehen. In einem weiteren Experiment wurde festgestellt, dass Schafe sich Wissen über Nahrung aneignen und dieses Wissen dann bei Krankheiten gezielt dafür einsetzen, sich selbst zu behandeln. Schafe bilden auch „Freundschaften" mit charakterlich ähnlichen Tieren. Sie entwickeln sogar Strategien, um Hindernisse zu überwinden, die sie von besonders guter Nahrung fernhalten. Einem Bericht zufolge konnte eine Schafherde einen drei Meter breiten Weiderost überwinden, der zwischen ihnen und leckerem Gemüse in Schrebergärten lag. Die Tiere legten sich flach auf den Boden und rollten über den Rost hinweg – sehr zum Ärger der Gärtner.

Bei Tieren dämmert uns also langsam, dass wir gegenüber dem Ausmaß ihres Bewusstseins lange ignorant waren, und wir stellen uns die Frage, welche Konsequenzen wir daraus möglicherweise im Umgang mit Tieren ziehen sollten.

**Fragen**

Aber wie steht es mit unserem eigenen, menschlichen Bewusstsein? Wie ignorant sind wir gegenüber uns selbst?

Wir betreiben seit Jahrzehnten Bewusstseinsforschung in allen möglichen Fachrichtungen, doch darüber verpassen wir den entscheidenden Punkt: bewusst zu *sein*. Wir häufen immer mehr akademisches Wissen an, werden immer intellektueller, können aber praktisch oft nur wenig mit unserem Wissen anfangen. Entscheidend ist nicht, auf einer theoretischen Ebene zu verstehen, was Bewusstsein ist – so interessant diese Frage auch sein mag –, sondern die Konsequenzen aus der Tatsache zu ziehen, dass wir in höchstem Maße bewusste Wesen sind. Genauso wie der artgerechte und empathische Umgang mit Schweinen oder Schafen wichtiger ist als jedes weitere Experiment zur Erforschung des Bewusstseins dieser Tiere.

---

**Beispielgeschichte**

Ich hatte einmal einen Akkustaubsauger gekauft, ihn mitsamt der Verpackung in einen Schrank gestellt und dann vergessen, dass ich ihn besaß. Erst Jahre später erinnerte ich mich an das Gerät, nahm es in Betrieb und freute mich darüber, wie praktisch es war, ohne lästiges Kabel den Fußboden zu saugen. Ähnlich kommt mir manchmal das menschliche Bewusstsein vor: Wir besitzen es, aber wir scheinen das oft zu vergessen. Wir lassen uns unbewusst von außen mental programmieren, statt so reflektiert und so frei zu leben, wie es dem Grad unseres menschlichen Bewusstseins eigentlich entspräche.

---

Der mentale Zustand, der uns ein reflektiertes, freies und unabhängiges Leben erlaubt, wird auch „Bewusstheit" genannt. Bewusstheit setzt Bewusstsein voraus, meint aber noch einmal etwas Anderes. Der Begriff stammt nicht aus der westlichen Wissenschaft, sondern aus der östlichen Tradition, insbesondere dem Yoga. Synonyme für Bewusstheit sind Präsenz, Wachheit, Gewahrsein oder Achtsamkeit [123].

> **Erkenntnis**
>
> Ich besitze Bewusstheit, wenn ich in diesem Augenblick mit allen Sinnen bei dem bin, was ich tue. Bewusstheit meint außerdem auch ein klares Bewusstsein über das, was geschieht – sowohl im Außen als auch im Innen. Wenn ich zum Beispiel erkenne, dass mein Verhalten in einem bestimmten Moment gar nicht meiner wirklichen Absicht entspricht, sondern eher einer mentalen Programmierung aus meiner Kindheit folgt, dann besitze ich in diesem Moment Bewusstheit.

Die yogische Tradition lehrt, dass sich im Licht der Bewusstheit sämtliche negativen Glaubensüberzeugungen (mentalen Programme) und Emotionen von selbst auflösen. Es sind bloße Reaktionen auf etwas in der Außenwelt. Sie dienen nicht dem, wer wir wirklich sind. Dass Menschen *Bewusstsein* besitzen, können wir nach dreihundert Jahren wissenschaftlicher Beschäftigung mit dem Thema mit ziemlicher Gewissheit behaupten.

> **Erkenntnis**
>
> Aber ob ein Mensch *Bewusstheit* entwickelt, ob er oder sie bewusst lebt – und dadurch frei wird –, ist eine persönliche Entscheidung.

### Warum Bewusstheit gleichbedeutend mit Freiheit ist

Viele Menschen laufen heute unbewusst, unreflektiert und damit in letzter Konsequenz auch unfrei durch die Welt. Sie sind sich ihrer Unbewusstheit jedoch nicht bewusst! Sie kennen sicherlich den Film „Pappa ante Portas". Loriot spielt in diesem Komödienklassiker den 59-jährigen Vorruheständler Heinrich Lohse, der glaubt, Frau und Sohn freuten sich darüber, dass „Pappa" in Zukunft die ganze Zeit zu Hause sein wird. Das Gegenteil ist jedoch der Fall.

Besonders seine Ehefrau Renate, gespielt von Evelyn Hamann, sieht sich von Lohse bald an den Rand des Wahnsinns getrieben. Lohse besteht darauf, sich im Haushalt nützlich zu machen, stiftet dabei aber nur Chaos. Unzählige Männer, die bald oder demnächst in den Ruhestand gehen, haben den Film gesehen.

### Beispielgeschichte

Aber können sie das Gesehene auf ihr eigenes Leben übertragen? Ein Bekannter von mir sah sich den Film gemeinsam mit seiner Frau an. Als der Bekannte später selbst in Rente ging, kam er nicht auf die Idee, dass er sich genauso verhielt wie Heinrich Lohse. Im Gespräch zu dritt behauptete er, seine Frau habe kein Problem damit, dass er jetzt den ganzen Tag zu Hause sei. Seine Frau dagegen hielt die Luft an und rollte mit den Augen. Schnell wechselte ich das Thema. Der Bekannte kannte zwar die Probleme von Männern im Ruhestand – er hatte den Film mit Loriot sogar treffend gefunden und dabei viel gelacht –, besaß aber anscheinend keine Bewusstheit im Hinblick auf sein eigenes Verhalten.

### Ein weiteres Beispiel

Einmal hatte ich einen Sportpartner im Badminton, mit dem ich regelmäßig spielte. Jürgen (so nenne ich ihn hier einmal) war ehemaliger Profisportler und arbeitete jetzt im Management eines größeren Unternehmens. Er war verheiratet und hatte zwei Kinder. Beim Badminton wollte er immer unbedingt gewinnen. Wenn er verlor, dann war er schlecht gelaunt und versuchte, das mit Späßen zu vertuschen. Eines Tages fragte mich Jürgen bezüglich seiner älteren Tochter um Rat. Sie war damals acht Jahre alt. Die Tochter sei grundsätzlich sehr gut in der Schule, sagte er. Bei den Hausaufgaben werde sie jedoch schnell wütend, wenn ihr die Lösung nicht oder nicht schnell genug gelinge. Sie würde dann manchmal schreien, weinen und um sich schlagen. Jürgen rätselte, was das Problem sein könnte. Mir war intuitiv sofort klar, dass *er selbst* das Problem war. Ich fragte ihn jedoch zunächst, ob er sich vorstellen könne, dass das Verhalten seiner Tochter auf den Einfluss von Erwachsenen zurückgehe. Er ging daraufhin sämtliche Erwachsenen durch, die seine Tochter beeinflusst haben könnten: seine Frau, beide Großelternpaare und so weiter. Nur sich selbst ließ er aus! Als ich ihm klarmachte, dass er möglicherweise das Problem sei, verstand er die Welt nicht mehr. Die Vorstellung, dass er sein extremes Leistungsdenken unbewusst auf die Tochter übertrug und sie daher genauso schlecht mit Frust umgehen konnte wie er selbst, kam ihm absurd vor. Er wollte das Offensichtliche nicht wahrhaben und in der Folgezeit auch mit mir nicht mehr über seine Tochter sprechen.

„Wer sich nicht selbst befiehlt, bleibt immer Knecht"

dichtete Goethe [124]. Zwischen Bewusstheit und Freiheit besteht ein untrennbarer Zusammenhang. Unbewusste Menschen können nicht frei sein. Das zeigt sich auch deutlich an den beiden genannten Beispielen, dem des Ruheständlers und dem des Managers beim Badminton: Wenn ich die Augen vor meinem eigenen Verhalten verschließe, dann nehme ich auch die Auswirkungen meines Verhaltens auf Menschen in meiner Umgebung nicht wahr. Ich erkenne meinen Anteil an den Problemen nicht und kann deshalb auch keinen Beitrag dazu leisten, sie zu lösen. Wer unbewusst durchs Leben geht, ist den Umständen ausgeliefert. Bei dem Ehepaar im Ruhestand verstand es die Frau übrigens sehr gut, ihren Mann in die Schranken zu weisen. Er wiederum wusste jeweils gar nicht, wie ihm geschah. Wäre er bewusster gewesen, dann wäre das ganze Spiel nicht nötig gewesen und die beiden hätten freier und glücklicher sein können. Wäre Jürgen bewusster gewesen, dann hätte er seine Tochter einfach liebevoll unterstützen können. So quälte ihn der Gedanke, ein verhaltensauffälliges Kind zu haben. Weil er seinen Anteil an dem Problem nicht erkannte, verstärkte er es nur – und litt gleichzeitig unter der Situation.

In den bisherigen Kapiteln dieses Buchs haben Sie anhand zahlreicher Beispiele aus sehr unterschiedlichen Lebensbereichen gesehen, wie wir aufgrund mangelnder Bewusstheit von außen mental programmierbar sind. Wir handeln oft aus bestehenden Programmen heraus statt aus freiem Entschluss. Als kleine Kinder haben wir keine Möglichkeit, uns gegen die mentale Programmierung zu wehren. In einem liebevollen Elternhaus oder unterstützenden sozialen Umfeld ist das auch zunächst kein Nachteil, denn wir alle brauchen eine bestimmte „Grundprogrammierung", um in der Gesellschaft leben zu können. Es ist gut zu wissen, wie man eine Gabel hält. So gelingt auch das Essen in der Schulmensa ohne Probleme. Das Gleiche gilt für das Binden von Schnürbändern oder die Fähigkeit des Lesens. Fast alle Grundfähigkeiten, die wir zur Bewältigung des Alltags brauchen, basieren auf mentalen Programmierungen. Wenn Eltern ihr Leben mit Lockerheit und Begeisterung leben und darin Vorbilder sind, dann ahmen deren Kinder dies freudig nach. Anders als den Tieren genügt uns der Instinkt eben nicht zum Leben und Überleben in der Gruppe. Wir brauchen eine geeignete Konditionierung. Die Probleme fangen allerdings in der Schule schon an: Es wird von den Kindern erwartet, dass sie zahllose Überzeugungen unhinterfragt übernehmen, obwohl sie Bewusstsein besitzen und durchaus schon zu einem gewissen Maß an Bewusstheit fähig sind. Das demonstrieren zum Beispiel Schulen nach der Montessori-Pädagogik, die Kindern bereits sehr viel mehr Reflexionsfähigkeit und Entscheidungsfreiheit zugesteht als anderswo üblich.

Je älter sie werden, desto mehr mentale Programme übernehmen Jugendliche und junge Erwachsene aus Schule und Hochschule, Religion und Medien sowie dem Freundes- und Bekanntenkreis. Programmierungen über die Rollen von Mann und Frau werden ebenso integriert wie Vorstellungen von einer gelungenen Partnerschaft, Wünsche im Hinblick auf Konsum und Karriere oder politische Überzeugungen. Alles das habe ich in den vorherigen Kapiteln ausführlich beschrieben. Der typische Erwachsene ist irgendwann quasi „fertig programmiert" und lebt sein Leben dann weitgehend wie von einem Autopiloten gesteuert. **Ein berühmtes Zitat von Benjamin Franklin dazu lautet:**

> **„Die meisten Menschen sterben mit 25 Jahren, werden aber erst begraben, wenn sie 75 sind."**

Ein programmierter Mensch meint zwar vielleicht, freie Entscheidungen zu treffen. Solange er sich jedoch die hinter dem Entscheidungsprozess liegenden mentalen Programmierungen nicht bewusst macht, handelt es sich lediglich um eine vordergründige Freiheit. Es ist die Freiheit, sich zwischen verschiedenen vorgegebenen Optionen zu entscheiden. So wie die Wahl zwischen Parteien an der Wahlurne, zwischen Apple- oder Android-Handys, zwischen Pizza oder Pasta auf dem Teller. Das ist keine existenzielle, wirkliche Freiheit, sondern lediglich Multiple Choice.

## Fragen

Nun stellen Sie sich einmal vor, Sie könnten als erwachsener Mensch wirklich existenziell frei sein. Sie hätten die freie Wahl zwischen Knechtschaft – im Sinne von Goethe – oder Herrschaft über sich selbst. Bei sämtlichen mentalen Programmierungen, die Sie in den Jahren und Jahrzehnten Ihres bisherigen Lebens unbewusst übernommen haben, dürften Sie sich entscheiden, ob Sie diese behalten oder lieber überschreiben möchten. Stellen Sie sich vor, es gäbe einen Weg von mentaler Programmierung zur inneren Freiheit. Was wäre das dann für eine Freiheit? Und wie könnte der Weg zu dieser Freiheit aussehen? Ein Weg, der für jeden Menschen gangbar ist, unabhängig vom Einkommen, vom kulturellen Hintergrund und vom Bildungsgrad?

Oft haben Kunst oder Musik schon längst treffend ausgedrückt, wonach der Intellekt noch krampfhaft sucht. „Black Night" ist einer der bekanntesten Songs von Deep Purple. Der Songtext beginnt mit diesen Zeilen:

> Black night is not right
> I don't feel so bright
> I don't care to sit tight
> Maybe I'll find on the way down the line
> That I'm free, free to be me
> Black night is a long way from home

**Erkenntnis**

Es ist unnatürlich („nicht richtig"), im Dunkel der Unbewusstheit zu leben. Doch vielleicht finde ich „irgendwann auf dem Weg" die Wahrheit: *„dass ich frei bin, frei ich selbst zu sein"*. Zuerst muss ich also *erkennen, dass ich frei bin*. Freiheit bedeutet, ich selbst zu sein. Und mich selbst gibt es bereits! Das ist die entscheidende Erkenntnis. Ich muss nicht erst frei werden – ich *bin* bereits frei. Das, was ich in Wahrheit und meinem Wesen nach bin, ist vollkommen frei. Die östliche Weisheit lehrt genau das seit Jahrtausenden. Man könnte es als ihre Essenz bezeichnen. Wenn wir uns unfrei fühlen, dann sind wir in eine dunkle Nacht geraten, „weit weg von unserem Zuhause".

Im Viveka Chudamani, einem Hauptwerk der vedischen spirituellen Tradition aus dem 9. Jahrhundert, heißt es [125]: „Es gibt nur das eine reine Sein, reines Bewusstsein." Wir sind alle eins damit. Deshalb ist Bewusstheit gleichbedeutend mit Freiheit. Wenn wir bewusst sind, dann sind wir uns auch der Freiheit bewusst, die wir besitzen. Wir sind frei, wir selbst zu sein – also das zu sein, was wir wirklich sind und schon immer waren. Und das ist nach der östlichen Tradition reines Bewusstsein. Alle unsere mentalen Programmierungen sind am Ende bloße Illusionen, an die wir in der „schwarzen Nacht" der Unbewusstheit begonnen haben zu glauben. Deshalb können wir uns von mentalen Programmierungen im Prinzip auch ganz einfach lösen. Wir brauchen uns ihrer lediglich voll und ganz bewusst zu werden. Dann geht, bildlich gesprochen, die Nacht der Unfreiheit und der Illusion zu Ende und wir erwachen an einem neuen Tag.

**Frage**

Aber wie erreicht man das ganz praktisch?

## Techniken für ein Leben jenseits mentaler Programmierung

Die östliche Weisheit ist keine Religion. Religionen bestehen aus Dogmen, an die man glauben muss, und aus Geboten, denen man folgen muss. Die östliche Weisheit der indischen Tradition ist dem gegenüber wesentlich eine Sammlung von Techniken. An Techniken muss man nicht glauben. Man wendet sie einfach an und beobachtet, was passiert. Es gibt zum Beispiel yogische Techniken und tantrische Techniken. Das Ziel ist bei beiden stets dasselbe: Freiheit. Die monotheistischen Religionen mit ihren Dogmen und Geboten zielen nie auf Freiheit, sondern höchstens auf vermeintliche Erlösung im Jenseits. Yoga oder Tantra sind demgegenüber Angebote, sich *hier und jetzt* auf den Weg zurück zu sich selbst und zur inneren Freiheit zu machen. Der spirituelle Lehrer Osho schärfte seinen Schülern immer wieder ein, ihm kein Wort zu glauben! Unvorstellbar bei einem Priester der monotheistischen Religionen. Doch Osho bestand darauf, ihm nichts zu glauben, sondern lieber selbst etwas zu tun. Die Aufgabe eines östlichen spirituellen Lehrers ist es, neue Sichtweisen zu eröffnen, größere Zusammenhänge aufzuzeigen sowie befreiende Techniken zu vermitteln. Entscheidend ist dabei immer das eigene Ausprobieren. Entweder eine bestimmte Technik macht einen Menschen bewusster und freier – oder sie ist nichts wert.

> **Erkenntnis**
>
> Man muss nicht einmal seine Religion wechseln, um die östlichen Techniken auszuprobieren, sondern darf sie auch gerne behalten.

Der indische Yoga-Meister und Philosoph Yogananda gründete vor rund hundert Jahren in den USA die „Kirche aller Religionen" und nannte seine eigene Organisation die „Gemeinschaft für Selbstverwirklichung" [126] (Self-realization Fellowship). Zur Erkenntnis seines wahren Selbst zu gelangen, ist ein Prozess jenseits von Religion und Kultur. Sadhguru, welcher ebenfalls der yogischen Tradition folgt, nannte eines seiner Bücher „Inner Engineering" – und tatsächlich sind viele östliche Techniken fast schon eine Art Ingenieurwesen für unser Inneres. Ihr Beweis liegt darin, dass sie funktionieren!

Der Dreh- und Angelpunkt aller östlichen Techniken ist die Meditation. Die meisten Menschen stellen sich unter Meditation eine einfache Form der Zen-Meditation vor: Man sitzt mit geradem Rücken auf einem Kissen, das auf dem Boden liegt, schließt die Augen und versucht, an nichts zu denken. Keiner schafft es, an *nichts* zu denken (außer nach Jahren oder Jahrzehnten der Übung), aber man kommt irgendwie zur Ruhe. Natürlich ist das Meditation, aber es ist lediglich eine von hunderten verschiedener Meditationstechniken der östlichen Tradition. Bei Meditation wird auch oftmals irrtümlich angenommen, ihr Ziel sei die Steigerung unserer Konzentrationsfähigkeit. Es geht vielmehr darum, unseren Geist zu reinigen. Bei einigen Meditationstechniken, insbesondere denen aus der Tradition des Tantra [127], würden Sie als Laie im ersten Moment vielleicht gar nicht vermuten, dass es sich hierbei um Meditation handelt. Eher könnten Sie an Mentaltraining denken. Übrigens ist das genau der Grund, warum ich in diesem Buch über mentale Programmierungen und innere Freiheit überhaupt so sehr auf die östlichen Techniken eingehen. Wenn Sie wie ich einen naturwissenschaftlichen Hintergrund haben und sich später intensiv mit Mentaltraining beschäftigen – sowohl in der Theorie als auch in der Praxis –, dann merken Sie irgendwann, wie groß die Schnittmenge zwischen Mentaltraining und alten östlichen Techniken ist. Vieles, was uns heute in Büchern und Videos als der allerneuste Trick angepriesen wird – zum Beispiel die „Manifestation" von Realität mit der Kraft der Gedanken – haben Yogis und Tantrikas in Indien schon vor tausenden von Jahren praktiziert. Ich will auf solche Phänomene hier jedoch nicht eingehen, sondern beim Thema Meditation bleiben.

Die in früheren Kapiteln bereits mehrfach erwähnte Vigyana Bhairava Tantra, verfasst vermutlich im 7. oder 8. Jahrhundert unserer Zeitrechnung, enthält insgesamt 112 tantrische Meditationstechniken, sogenannte Yuktis [128]. Es sind 112 Wege zu einem universellen und transzendenten Zustand des Bewusstseins. Ob wir dadurch alle diesen transzendenten Bewusstseinszustand erreichen können, will ich hier nicht bewerten.

**Erkenntnis**

In jedem Fall helfen solche Meditationstechniken, im ersten Schritt überhaupt Bewusstheit zu entwickeln. Diese Bewusstheit lässt uns mehr und mehr unsere mentalen Konditionierungen erkennen. Indem wir diese Konditionierungen in einem meditativen Zustand beobachten, verlieren sie ihre Macht über uns.

Ein Meditationskissen und absolute Stille sind dazu gar nicht immer nötig. Es gibt auch Techniken, die sich den ganzen Tag über immer wieder und mit einem Minimum an Konzentration ausführen lassen – beim Zähneputzen, in der Bahn oder beim Kochen. Im Tantra existiert sogar eine eigene Meditation „Im fahrenden Wagen"! (Das war zur Entstehungszeit natürlich noch ein Pferde- oder Ochsenfuhrwerk, die Technik funktioniert aber auch im Auto.) Andere Meditationstechniken sind anspruchsvoller und setzen eine ruhige Umgebung voraus, um sich auf sie einzulassen. Osho hat sämtliche Techniken der Vigyana Bhairava Tantra in Vorträgen, die er zwischen 1970 und 1974 in Bombay (heute Mumbai) hielt, für seine Schüler ausführlich kommentiert. Diese Kommentare kamen dann später als Bücher heraus. Die deutsche Erstausgabe erschien 1999 in fünf Bänden. Seit 2009 gibt es den Originaltext der Vortragsreihe auf Deutsch in einem einzelnen dicken Band mit dem Titel „Das Buch der Geheimnisse".

Die erste der tantrischen Meditationen lautet:

„Beobachte die Lücke zwischen zwei Atemzügen." [129]

Das klingt vielleicht zuerst banal, ist aber in Wirklichkeit fundamental. Indem wir zum *Beobachter* werden, werden wir bewusst. Eigentlich ist es fast egal, was wir beobachten, solange wir es konzentriert und lange genug tun. Es wird sich ein Abstand ergeben, der uns mit unserer Freiheit in Berührung bringt. Das Atmen ist jedoch das Fundament des Lebens. Sehr viele Meditationstechniken, nicht nur im Tantra, sondern auch und gerade im Yoga, haben mit dem Atem zu tun. In der ersten tantrischen Meditation beobachtet man jedoch nicht das Atmen, sondern das Nicht-Atmen, die Pause. Das ist raffiniert. Es geht bei solchen Techniken darum, mit der Stille in uns in Kontakt zu kommen, die das Gegenteil des Lärms im Kopf ist, zu dem auch die mentalen Programme gehören. Wenn wir ganz in die innere Stille gehen, blenden wir alle unsere mentalen Programme aus. Was dann noch übrigbleibt, das sind wir selbst, das ist unsere Bewusstheit und Freiheit, jenseits aller äußeren Einflüsse.

Bei einer weiteren tantrischen Technik geht es darum, sich an unser eigentliches Selbst bewusst zu erinnern [130].

Wir sind normalerweise mit unserer Aufmerksamkeit vollständig im Außen. Wir nehmen die Bäume und Häuser wahr, die Menschen auf der Straße oder in einem Raum, die Geräusche und Gerüche. Wir vergessen, dass es etwas geben muss, das alles dies wahrnimmt. Das sind wir, das ist unser Bewusstsein. Deshalb können wir es zu einer Meditation machen, uns bei den Dingen, die wir von früh bis spät tun – arbeiten, essen, laufen, singen, egal was – daran zu erinnern, dass *wir es sind*, die das erleben. Wenn wir uns alle äußeren Reize und Aktivitäten wegdenken, dann bleibt am Ende noch etwas übrig. *Das* sind wir – Bewusstheit, Freiheit, Möglichkeit.

Sehr hilfreich kann es auch sein, die eigene Vergangenheit mit Abstand zu betrachten [131].

Osho nannte dies „eine ganz, ganz elementare Technik". Sie sei viel benutzt worden, vor allem von Buddha. Bei dieser Technik erinnern wir uns an ein Ereignis aus unserem Leben, als wäre es einer anderen Person geschehen oder als sei es ein Roman, ein Theaterstück oder ein Film. Wir identifizieren uns nicht mit der Person, die wir damals waren, sondern beobachten sie wie eine Figur. Dabei ist es egal, ob wir uns an ein schönes Ereignis erinnern, etwa an eine Liebesaffäre, oder an ein schmerzhaftes, wie zum Beispiel den Tod eines nahen Angehörigen. Wenn wir unsere eigene Vergangenheit wie einen Film ablaufen lassen, werden wir zum Beobachter unserer selbst. Wir erkennen, dass wir nicht die Ereignisse unseres Lebens sind, sondern das Bewusstsein, das sie erlebt. Yogananda sagte einmal: „Ich genieße das Leben auf eine objektive Art, als wäre es ein Film." [132] Er lebte ganz in der Freiheit des inneren Abstands zum äußeren Geschehen. Osho empfahl, vor dem Einschlafen die Ereignisse des Tages noch einmal wie einen inneren Film vor sich ablaufen zu lassen – aber rückwärts! Indem wir die Reihenfolge umdrehen und den Ereignissen damit ihren scheinbar linearen Charakter nehmen, erinnern wir uns an unsere Freiheit, die äußeren Dinge so wahrzunehmen und zu interpretieren, wie wir es wollen.

Eine auf das Thema dieses Buchs hin modifizierte Meditationstechnik könnte auch so aussehen, dass Sie sich im Lauf eines Tages immer wieder in Gedanken folgende Frage stellen:

> „Bin ich das oder ist das ein Programm, das in mir abläuft?"

Statt „Bin ich das?" können Sie auch noch andere Formulierungen einsetzen, zum Beispiel „Wünsche ich mir das?" oder „Macht mich das wütend?". Angenommen, Sie hatten sich auf einen ganz bestimmten Job beworben, waren auch sehr zuversichtlich, die Stelle zu bekommen, und jetzt gerade lesen Sie die Absage. Es fühlt sich an, als fielen Sie in ein tiefes Loch. Sie sind maßlos enttäuscht. Nehmen Sie ein paar tiefe, ruhige Atemzüge. Jetzt fragen Sie sich: „Bin ich das oder ist das ein Programm, das in mir abläuft?" Sind Sie diese Enttäuschung? Oder reagieren Sie reflexhaft enttäuscht aufgrund eines mentalen Programms? Vielleicht empfinden Sie ja nur deshalb so extreme Enttäuschung, weil Sie schon früh auf Karrieredenken konditioniert wurden oder mit Niederlagen nicht umzugehen gelernt haben oder oder oder. Ein anderes Beispiel: Sie sehen im Fernsehen eine Werbung für das neueste Küchengerät und spüren im selben Moment den Wunsch, es zu besitzen. Sie denken kurz an Ihr altes Gerät und glauben sofort, dass es eigentlich nichts taugt im Vergleich zu dem neuen Wunderding, das in der Werbung präsentiert wird. Sie spüren starkes Kaufverlangen in sich aufsteigen. Schließen Sie kurz die Augen und atmen Sie tief durch. Jetzt fragen Sie sich: „Wünsche ich mir das, oder ist das ein Programm, das in mir abläuft?" Vielleicht haben Ihre Eltern sich immer wieder die neuesten Dinge gekauft und Sie haben dieses Verhalten übernommen – weil sie glauben, dass es zu einem erwachsenen und gelingenden Leben einfach dazu gehört, immer mehr Sachen anzuschaffen.

Stellen Sie sich solche Fragen einfach immer wieder. Achtung: Es ist überhaupt nicht nötig, die jeweilige Frage zu beantworten! Forschen Sie also nicht krampfhaft nach den Ihrem Erleben zugrundeliegenden mentalen Programmen und versuchen Sie nicht, diese zu analysieren. (Das wird Ihnen im Zweifel auch gar nicht gelingen, weil Sie selbst in einem blinden Fleck sitzen.) Stellen Sie sich einfach nur weiter innerlich Fragen, beobachten Sie sich. Wenn Ihr Verstand Ihnen Antworten anbietet, gehen Sie nicht darauf ein, sondern wiederholen einfach die jeweilige Frage. Es genügt tatsächlich, sich selbst Fragen zu stellen! Mehr ist nicht nötig.

> **Erkenntnis**
>
> Denn es geht bei Meditationstechniken nicht darum, Erkenntnisse zu gewinnen, sondern Abstand zu gewinnen zu dem, was Sie mental und emotional erleben. Indem Sie Ihre eigenen mentalen und emotionalen Vorgänge zu beobachten beginnen, gewinnen Sie an Bewusstheit und kommen in Kontakt mit der Freiheit, die Sie wirklich sind.

Alles andere ergibt sich dann daraus. Sobald Sie inneren Abstand zu Ihren Programmierungen gewinnen und sich nicht länger blind auf das verlassen, woran Sie einmal zu glauben gelernt haben, entsteht Raum für neue Möglichkeiten in Ihrem Leben. Sie werden nach einiger Zeit auch ganz konkrete Veränderungen beobachten.

Vielleicht bemerken Sie dann auch immer öfter ganz bewusst: Das ist ein altes Programm von mir! Nachdem Sie sich selbst lange genug beobachtet haben, wurde es Ihnen plötzlich intuitiv klar. Sie sitzen zum Beispiel im Zug auf dem Weg zu einem beruflichen Termin und plötzlich kommt bei Ihnen der Gedanke auf, Sie könnten für dieses Meeting bei dieser Art von Kunden nicht „gut" genug gekleidet sein. Sofort fühlen Sie sich unwohl. Bilder schießen Ihnen durch den Kopf, wie Sie „underdressed" in einem Meetingraum mit lauter Menschen in eleganten Kostümen und teuren Anzügen stehen. Nachdem Sie durchgeatmet und innerlich Abstand gewonnen haben, erinnern Sie sich, wie viel Wert Ihre Eltern stets auf korrekte Kleidung und tadelloses Auftreten gelegt haben. Die Eltern wollten in Gesellschaft bloß nicht auffallen und auf gar keinen Fall „Fehler machen"! Intuitiv ist Ihnen klar, dass von dort Ihr Programm kommt. Sie spüren, dass Sie jetzt, mit dieser Bewusstheit, die freie Wahl haben. Bevor Sie das nächste Mal zu einem Termin aufbrechen, können Sie sich entweder sagen: Ich bin ich und ich kleide mich so, wie es mir gefällt und wie ich mich wohlfühle. Wenn mich jemand nicht mag, dann ist das sein Problem und er wird mich im klassischen Kostüm auch nicht sympathischer finden als in Longblazer und Jeans. Oder Sie sagen sich: Meine Eltern haben immer Wert auf elegantes Auftreten gelegt und ich entscheide mich, das auch zu tun. Nicht weil ich es muss, sondern weil ich es will. In diesem Moment handeln Sie nicht länger mental programmiert, selbst wenn Ihr Auftreten von außen betrachtet gleich bleibt.

In Hermann Hesses „Narziss und Goldmund" sagt Goldmund zu Narziss [133]: „Aber wie machst du das nur, dass du mir immer wieder Worte sagst oder Fragen stellst, die in mich hineinleuchten und mich mir selbst klarmachen?" Bleiben Sie aufmerksam! Stellen Sie sich selbst immer wieder Fragen, und dann führen Sie auch möglichst viele Gespräche mit möglichst unterschiedlichen Menschen und bitten Sie um Feedback. Sie werden merken, dass Sie laufend Hinweise erhalten, die Sie Ihrer eigenen inneren Wahrheit näherbringen – im Dialog mit anderen, beim Lesen, durch Beobachten. Ich kann Sie nur ermutigen, Ihre eigenen Erfahrungen zu machen. Sie wissen jetzt, worauf es ankommt und haben einige Anregungen bekommen, wie Sie innerlich Abstand gewinnen und sich langsam und allmählich von immer mehr alten mentalen Programmierungen lösen können. Nutzen Sie Ihre Freiheit, Ihre eigenen mentalen Programme zu schreiben – oder diejenigen Ihrer alten Programme zu behalten, die Ihnen Freude machen oder Ihrer Zufriedenheit und Ihrem inneren Frieden zumindest nicht im Weg stehen.

> **Erkenntnis**
>
> Freiheit heißt, sich zu öffnen und aus nahezu unbegrenzten Möglichkeiten zu schöpfen – ohne sich durch das äußere Umfeld irritieren zu lassen.

Es gibt sehr, sehr viele Wege zur inneren Freiheit. Wenn Sie für sich nur einen davon finden und zu gehen beginnen, genügt das bereits.

# Fazit

## Innerlich souverän den Wandel gestalten

Wir sind heute in der Lage, alle möglichen technischen Geräte einzusetzen: Flugzeuge bringen uns an nahezu jeden beliebigen Punkt der Erde. Satelliten umkreisen unseren Planeten. Tiefer im All gibt es Raumstationen, auf denen Astronauten monatelang leben können. Wir setzen Roboter auf dem Mars ab, und das nur wenige Zentimeter entfernt vom vorausberechneten Landeplatz. Computer unterstützen fast jeden von uns in irgendeiner Form bei der Arbeit. Das Internet eröffnet uns Zugang zu praktisch dem gesamten Wissen der Menschheit. Unsere Autos werden weitgehend von Roboterarmen zusammengebaut. Vor etwas mehr als 15 Jahren trat das Smartphone seinen Siegeszug an und ist aus unserem Alltag schon nicht mehr wegzudenken. Wir steuern alles Mögliche auf diesem Planeten

© Der/die Herausgeber bzw. der/die Autor(en), exklusiv lizenziert an Springer Fachmedien Wiesbaden GmbH, ein Teil von Springer Nature 2023
G. R. Wende, *Wie halten Sie Ihre Gabel?*,
https://doi.org/10.1007/978-3-658-40045-3

**225**

und darüber hinaus. Ja, wir erschaffen sogar Programme, die es Dingen ermöglichen, sich selbst zu steuern.

**Erkenntnis**

Wozu die meisten Menschen jedoch nach wie vor kaum in der Lage sind, ist die Steuerung ihrer eigenen Gedanken.

Wir „programmieren" ganz selbstverständlich ein Navigationssystem, den Umluftherd oder die Waschmaschine. Wir schreiben Computerprogramme, die in der Lage sind, Berechnungen über die Größe des gesamten Universums anzustellen. Aber im eigenen Kopf verlassen wir uns auf die Programme, die dort mehr oder minder zufällig eingestellt sind. Auch darüber, wie unser Denken funktioniert und wo unsere Gedanken herkommen, wissen wir so gut wie nichts.

Die Reise der ersten Menschen zum Mars (und zurück) wird einfacher sein als die Reise zu uns selbst!

**Fragen**

Warum ist das so? Was hält uns zurück? Weshalb sind wir nicht in der Lage, unsere eigene „Software" zu verstehen und vollumfänglich zu nutzen? Zu unserem eigenen Besten und zum Wohl aller Menschen und der Erde?

Bevor wir ein kompliziertes technisches Gerät benutzen, lesen wir in der Regel zuerst die Gebrauchsanweisung.

**Erkenntnis**

Wer hat je das Handbuch zur Benutzung unseres Gehirns gelesen? Niemand, denn es existiert nicht.

Wir kommen auf die Welt, wachsen heran und entdecken irgendwann mehr und mehr die Möglichkeit, unsere Außenwelt zu gestalten. Es ist nichts falsch daran, die Welt zu gestalten. Ganz offensichtlich haben wir uns aber bei der Gestaltung der Welt verrannt. Gemäß einem breiten Konsens in der Wissenschaft sind die fünf größten Umweltprobleme unserer Zeit diese [134]: Erstens Klimawandel durch Luftverschmutzung, zweitens Abholzung der Waldflächen der Erde, drittens um den Faktor 100 beschleunigtes Artensterben, viertens massive Bodenerosion sowie fünftens Überbevölkerung durch den Menschen. Alles das zusammen genommen wirkt sich längst verheerend auf den Planeten aus. Wenn wir diese und weitere Probleme in den Griff bekommen wollen, müssen wir wiederum handeln. Wir müssen etwas ändern. Vom Jammern gehen die Probleme nicht weg – vom Meditieren allein auch nicht!

Menschen wählen immer wieder denselben Ansatz, egal worum es geht: Sie werden unmittelbar im Außen aktiv, statt zuerst nach innen zu gehen. Sie betreiben blinden Aktionismus. Sie handeln aufgrund ihrer logisch-rationalen Intelligenz sehr vordergründig und reflektieren erst später über die Folgen – wenn überhaupt [135]. Stellen Sie sich einmal vor, Außerirdische mit einer höheren Intelligenz würden uns heimlich beobachten. Was müssten diese von uns denken? Sie würden es möglicherweise nicht verstehen, warum wir nicht erst in unseren eigenen Köpfen aufräumen, bevor wir anfangen, die Erde auf den Kopf zu stellen. An den Ergebnissen könnten die Außerirdischen ja sehen, dass vieles nicht besonders intelligent und das meiste absolut nicht nachhaltig ist, was wir da machen. Weder unsere ressourcenfressende Industrieproduktion noch unser auf Verschuldung basierendes Finanzsystem noch unsere Ernährungsweise werden noch Jahrhunderte in der bestehenden Form existieren können. Das ist schlicht nicht möglich, denn wir haben ein Schneeballsystem erschaffen. Warum ändern wir es nicht? Etwa, weil wir selbst nicht verstehen, was uns innerlich überhaupt zu allen unseren negativen Verhaltensweisen treibt? Sind wir zu faul, uns einmal intensiv mit unserem Inneren zu beschäftigen – oder wissen wir nicht wie? Gäbe es die Außerirdischen wirklich, könnten wir sie ja um einen Tipp bitten. Ich vermute, sie würden uns raten, unser Gehirn und unseren Geist erst einmal gründlich zu reinigen. Und danach endlich aus dem heraus zu leben, wer wir wirklich sind und was im Moment noch unter allen möglichen mentalen Programmen verschüttet ist. Programme, die die meisten Menschen sich nicht einmal anschauen, bevor sie sich selbst und anderen weiteren Schaden zufügen.

Ich habe in diesem Buch an verschiedenen Beispielen aufgezeigt, wie sehr wir von unbewussten mentalen Programmierungen gesteuert sind, wie sie zustande kommen und wie sie sich bewusstmachen und auflösen lassen. Gerade wenn Sie zu denjenigen Menschen gehören, die Verantwortung übernehmen – egal, ob als Führungskraft in einem Unternehmen gegenüber Ihren Mitarbeitenden, als Aktivist oder Aktivistin gegenüber Gesellschaft und Umwelt oder als Elternteil gegenüber Ihren Kindern –, fragen Sie sich vielleicht, was jetzt zu tun ist.

**Frage**

Was fangen Sie mit den gewonnenen Erkenntnissen über mentale Programmierung konkret an?

Als Antwort auf diese Frage möchte ich Ihnen drei Schritte mit auf den Weg geben, an denen Sie sich unabhängig von Ihrer Lebenssituation und Ihren aktuellen Zielen orientieren können:

1. Immer wieder meditativ nach innen gehen, um mentale Programmierungen erkennen und auflösen zu können sowie eine gewisse Immunität gegenüber neuen und für Sie nicht hilfreichen Programmierungen zu erreichen.
2. Spirituelle Intelligenz entwickeln, um Menschen – einschließlich sich selbst – und Situationen in ihrer Ganzheit zu erfassen, ohne die eigene Denkweise auf andere zu projizieren.
3. Aus wachsender innerer Freiheit heraus souverän handeln und gestalten, dabei andere Menschen emotional einbinden und es auch ihnen ermöglichen, zunehmend in die innere Freiheit zu kommen.

Zu 1.: **Meditativ nach innen gehen**, um mentale Programmierungen erkennen und auflösen zu können, ist nichts, das sich einmal an einem Wochenende abschließend erledigen ließe. Theoretisch wäre eine solche Auflösung zwar sogar von einem Moment auf den nächsten möglich. In der Praxis kommt dies jedoch so gut wie nie vor. Inneren Abstand zu unserem programmierten Verstand zu gewinnen, ist fast immer ein längerer Prozess. Dieser Prozess erfordert Übung und eine gewisse Disziplin.

> **Erkenntnis**
>
> Das wichtigste ist, diesen Prozess zu beginnen, sich auf den Weg zu begeben. Und dann gilt es dranzubleiben! Mentales Wachstum entsteht nicht über Nacht. Psychologische Sicherheit und Gesundheit entstehen ebenfalls nicht von heute auf morgen, sondern sind das Resultat einer Prozesskette. Setzen Sie also jetzt die Prozesskette in Gang, indem Sie regelmäßig in die Stille gehen.

Versuchen Sie im Alltag immer wieder für Sekunden oder Minuten, sich vom Geschehen um Sie herum innerlich zu distanzieren. Beginnen Sie, Ihr Denken und die

Muster, die sich darin zeigen, zu beobachten. In Kap. 10 habe ich Ihnen dazu einige Techniken genannt. Es gibt noch viele weitere. Besorgen Sie sich Lektüre zu den Themen Meditation, Achtsamkeit und Bewusstheit – sofern Sie das nicht schon längst getan haben – und Sie werden sicher etwas finden, das für Sie passt. In diesem Kontext ist es zunächst nicht so wichtig, welche Meditationstechnik Sie nutzen. Entscheidend ist, dass Sie immer wieder, das heißt mindestens einmal täglich, in einen Zustand kommen, in dem Sie Ihr Denken und Ihre mentalen Programme von einem inneren Ort der Stille aus beobachten. Sobald Sie Ihre inneren Muster bewusst wahrnehmen und dabei akzeptieren können, dass diese jetzt im Augenblick so sind, wie sie sind, ohne sie „weghaben" zu wollen, wird sich Ihnen mehr und mehr zeigen, was in Ihrem Unbewussten los ist. Was Sie beobachtend erkennen, das können Sie schließlich loslassen – oder es löst sich von selbst auf.

> **Erkenntnis**
>
> Sie sind frei, sich selbst neu zu programmieren.

Zu 2.: Je öfter und je länger Sie eine Perspektive des inneren Abstands zu Ihrem programmierten Denken einnehmen, desto stärker werden Sie **spirituelle Intelligenz entwickeln** – und umgekehrt. Auf dem Weg zu innerer Freiheit ist mehr nötig als rationale und selbst emotionale Intelligenz. Ich habe den Begriff „spirituelle Intelligenz" bewusst gewählt, um zum einen eine Abgrenzung zum meist religiös besetzten Begriff „Spiritualität" vorzunehmen. Zudem geht es bei „Spiritualität" oft hauptsächlich um die Frage nach dem Warum. Verstehen Sie mich hier bitte nicht falsch: Die Frage nach dem Warum ist wichtig, ja sogar essenziell. Mir geht es jedoch um einen weit größeren Rahmen – einschließlich der Frage nach dem Warum.

> **Erkenntnis**
>
> Der Grad an spiritueller Intelligenz ist maßgeblich für den Aufbau einer Distanz zu sich selbst, für das innere Loslassen und schließlich für das intuitive Begreifen des großen Ganzen, egal in welcher Lebenssituation. Mit ausreichend spiritueller Intelligenz werden Sie andere Menschen in ihrer Ganzheit erfassen und sie vorurteilsfrei achten und wertschätzen.

Nachdem Sie einmal beobachtet haben, von welchen mentalen Programmen Sie selbst über Jahre oder Jahrzehnte unbewusst gesteuert wurden, können Sie fast nicht anders, als bisher noch unbewussten Menschen mit Empathie zu begegnen. Verwechseln Sie zunehmende innere Freiheit aber nicht mit „Persönlichkeitsentwicklung", wie sie seit Jahren in aller Munde ist! Diese ist letztlich nur ein Herumdoktern an den bestehenden mentalen Mustern. Es geht vielmehr darum, Ihre Individualität zum Vorschein zu bringen und erblühen zu lassen.

> **Erkenntnis**
>
> Spirituelle Intelligenz bedeutet die Fähigkeit zur Selbstwahrnehmung und -reflexion. Das beinhaltet inneren Abstand zur eigenen „Persönlichkeit", die im Grunde nur eine Ansammlung von Gedanken, Konzepten, Urteilen und Erwartungen anderer ist. Wer wir wirklich sind, liegt hinter dem mentalen Konstrukt einer „Persönlichkeit" verborgen. Indem wir innerlich einen Schritt zurückzutreten und das große Ganze in den Blick nehmen, hören wir auch auf, die eigene Denkweise ständig auf andere zu projizieren. Wir erkennen die Begrenztheit und die Konditionierung unseres eigenen Verstandes sowie seine extreme Anfälligkeit für Denkfehler. Spirituell intelligente Menschen hören auf ihre Intuition und nehmen Situationen ganzheitlich wahr. Sie leben nicht allein aus dem Kopf und entscheiden nie nur rational. Sie leben auf der Grundlage aller ihnen zur Verfügung stehenden Sinne.

Zu 3.: Schließlich werden Sie **aus wachsender innerer Freiheit heraus souverän handeln und gestalten** können.

### Erkenntnis

Selbstreflektierte und spirituell intelligente Menschen handeln grundsätzlich anders als solche, in denen ein unbewusstes mentales Programm abläuft. Sie sind sehr mit der Realität verbunden, beschäftigen sich eingehend mit den Fakten und misstrauen vorschnellen Interpretationen und „Gruppendenken". Sie bilden sich ihre eigene, unabhängige Meinung und entscheiden dann souverän.

In Führungspositionen tun sie dies nie, ohne sämtliche Betroffenen ausreichend gehört zu haben. Der innere Abstand zu ihren eigenen mentalen Prozessen ermöglicht es ihnen, anderen Menschen sehr gut zuzuhören. Das macht sie jedoch nicht zu Zögerern und Zauderern! Im Gegenteil: Wer selbstreflektiert ist und bereits über ein hohes Maß an innerer Freiheit verfügt, kann umso entschlossener handeln, wenn es darauf ankommt. Alte Angstmuster sind zunehmend aufgelöst und stehen dem Handeln nicht mehr im Weg. Auch der Wunsch nach Anerkennung und Bestätigung durch andere ist jetzt kein Hauptmotiv des Handelns mehr.

### Erkenntnis

Wer inneren Abstand zu seiner programmierten „Persönlichkeit" hat, schaut auf die Dinge, wie sie sind. Solche Menschen besitzen innere Klarheit und handeln aus einer intuitiven Gewissheit, das Richtige zu tun. Dabei ist ihnen bewusst, dass es im Leben nie nur um sie selbst geht. Sie sehen andere Menschen und deren Bedürfnisse sowie das, was die gesamte Umwelt braucht, um weiter als Lebensraum dienen zu können.

Die Beschäftigung mit mentalen Programmierungen ist also kein Selbstzweck. Innere Freiheit von alten Konditionierungen ist vielmehr die wichtigste Voraussetzung, um den aktuell dramatischen zwischenmenschlichen, politischen, ökonomischen und ökologischen Wandel zu gestalten, und zwar sowohl im globalen Maßstab als auch in einzelnen Ländern, Kommunen und Unternehmen. Ich kann mit diesem Buch letztlich nicht viel mehr tun, als Ihren eigenen inneren Prozess anzustoßen helfen.

**Erkenntnis**

Es geht darum, den Mut zu entwickeln, sich auf sich selbst zu verlassen. Wir alle besitzen Zugang zu einer inneren Weisheit, die unendlich viel größer ist als sämtliche Konditionierungen und mentalen Programme. Gleichzeitig gilt es wachsam zu bleiben! Die eigenen mentalen Programme der Vergangenheit zu erkennen und aufzulösen, ist nur ein Teil des Wegs. Der andere Teil besteht darin, eine Art mentales Immunsystem zu entwickeln gegenüber erneuter Programmierung von außen.

Denn wir alle sind nahezu täglich Versuchen ausgesetzt, von außen gesteuert zu werden. Das beginnt bei manipulativen Menschen in unserem persönlichen Umfeld und reicht bis zu psychologisch raffinierter Werbung und „Fake-News" in Social Media.

„Der Mensch wird als Potenzial geboren … Er kann die Verwirklichung seines Potenzials erreichen …" Darauf wies Osho immer wieder hin [136]. Doch anstatt dass uns unsere Eltern und die uns umgebenden Personen helfen, dieses Potenzial zur Entfaltung zu bringen, wird es beschnitten, und zwar Stück für Stück, so lange, bis wir unsere sogenannte Persönlichkeit entwickelt haben. Intuitiv fühlen wir jedoch, dass uns etwas fehlt. Osho sagte zu diesem Mangelgefühl:

> „Selbst, wenn ihr alles bekommt, was ihr euch wünscht ... es bleibt dieses ständige Gefühl, dass innen etwas fehlt, weil dieses fehlende Etwas nichts mit äußeren Dingen zu tun hat. ... Ehe du dich nicht erfüllt hast, ehe du nicht zur Verwirklichung gelangt bist ... zur inneren Befriedigung gefunden hast ... wird dieses Gefühl des Mangels nicht weichen ... Selbstverwirklichung bedeutet also, dass ein Mensch das geworden ist, zu dem er bestimmt ist ... Auf der Suche nach Erfüllung rennen wir von einem Wunsch zum anderen. Diese Suche endet nie, denn ein Wunsch führt zum nächsten ... Wünsche entstehen nur deshalb, weil du innerlich leer bist." [136]

Werden Sie innerlich frei und werden Sie innerlich erfüllt! Das ist mein Wunsch (im positiven Sinn) für Sie in herausfordernden Zeiten.

# Literatur

1. Michael Jackson-Biografie: J. Randy Taraborelli, „Michael Jackson: The Magic, the Madness, the Whole Story, 1958–2009", Grand Central Publishing, 2010

2. Jeder Mensch ist eine Frühgeburt: https://www.fr.de/wissen/jeder-mensch-eine-fruehgeburt-11273795.html

3. Mensch als Mängelwesen: Arnold Gehlen, „Die Seele im technischen Zeitalter" (1957)

4. Osho-Zitat: „Das Buch der Geheimnisse. 112 Meditations-Techniken zur Entdeckung der inneren Wahrheit", München, Arkana, 2009

5. Begriff „Spirituelle Intelligenz": Danah Zohar und Ian Marshall, „SQ: Spirituelle Intelligenz", O. W. Barth Verlag, 2000

6. Film „alphabet": Österreich 2013, Regie: Erwin Wagenhofer. https://www.alphabet-film.com

7. Pygmalion-Effekt: https://de.wikipedia.org/wiki/Pygmalion-Effekt und https://www.geo.de/wissen/pygmalion-effekt%2 D%2Dwie-erwartungen-die-leistung-beeinflussen-3187 8008.html

8. Merkmale von Hochbegabung: https://plakos-akademie.de/hoechster-iq-der-welt/

G. R. Wende, *Wie halten Sie Ihre Gabel?*,
https://doi.org/10.1007/978-3-658-40045-3

9. Growth Mindset: Carol. S. Dweck, „Selbstbild. Wie unser Denken Erfolge oder Niederlagen bewirkt", Piper, 2006

10. OECD-Konvention: https://www.oecd.org/general/conventionontheorganisationforeconomicco-operationanddevelopment.html

11. Tweet der 17-jährigen Naina (2015), zit. nach: https://www.faz.net/aktuell/wirtschaft/netzwirtschaft/naina-debatte-wie-ein-tweet-eine-bildungsdebatte-ausloesen-konnte-13372015.html

12. Antwort von Franziska Heinisch: https://www.wissensschule.de/erwachsen-keine-ahnung-von-nichts-bereitet-schule-zu-wenig-auf-ein-leben-danach-vor/

13. Finnisches staatliches Gesamtschulsystem und Montessori-Pädagogik: vgl. dazu den Film „Tomorrow – die Welt ist voller Lösungen" (siehe weiter unten)

14. Grundschule auf dem Süsteresch, Schüttorf: https://www.deutscher-schulpreis.de/preistraeger/grundschule-auf-dem-suesteresch-schuettorf/portraet

15. Lebensträume der Deutschen: https://www.bestes-alter.info/aktuelle-umfrage-davon-traeumen-die-deutschen/

16. Experiment mit versteckter Kamera (US-Fernsehen), auf YouTube z. B. unter https://www.youtube.com/watch?v=s_Bn WN9HOuΛ

17. Foto Verweigerung Hitlergruß: https://blog.sz-photo.de/aktuelles/sz-photo-ikonen-verweigerung-des-hitlergrusses-1936/

18. Sadhguru: How Do You Handle Teenagers? Verantwortung übertragen (ab Min. 14:45): https://youtu.be/AagqaAQebKk

19. Glücksforschung: https://www.spiegel.de/wirtschaft/soziales/reichtum-studie-60-000-euro-jaehrlich-reichen-fuer-vollendetes-glueck-a-716132.html

20. Heiliger Geist/Meditationsvideo/Siegfried Zimmer: https://worthaus.org/mediathek/was-wir-aus-dem-alten-testament-ueber-den-heiligen-geist-lernen-koennen-11-7-1/

21. Julian Jacobi, deutscher Shaolin-Mönch: https://www.spiegel.de/sptv/dokumentation/a-811539.html

22. Osho: „Das Buch der Geheimnisse. 112 Meditations-Techniken zur Entdeckung der inneren Wahrheit", München, Arkana, 2009

23. Scheidungsquoten weltweit: https://fowid.de/meldung/scheidungsquoten-deutschland-und-welt

24. Osho-Geschichte: Frei wiedergegeben nach Osho, „Liebe, Freiheit, Alleinsein", 15. Aufl., Goldmann, München, 2002

25. Sadhguru: How Do You Handle Teenagers? Betonklötze (ab Min. 09:40): https://www.youtube.com/watch?v=AagqaAQebKk

26. Sadhguru: How Much Does Commitment Matter? https://isha.sadhguru.org/us/en/wisdom/video/live-in-relationships-how-much-does-commitment-matter

27. Krishnamurti-Zitat: Jiddu Krishnamurti, „Was wir für ein erfülltes Leben brauchen. Die Essenz", Goldmann, München, 2013, S. 123 f.

28. Jürg Willi, „Die Zweierbeziehung", Reinbek, 1975, S. 59 f.

29. Osho-Zitat: „Liebe, Freiheit, Alleinsein", S. 255

30. Jungs und bunte Nägel: https://www.t-online.de/leben/mode-beauty/id_90423614/auch-maenner-tragen-nagellack-ist-cr-etwa-nur-fuer-frauen-.html

31. YouTuber Bill: https://www.th-koeln.de/hochschule/williamsen%2D%2Dvon-koeln-nach-san-diego_84042.php

32. Trusted Traveler: https://youtu.be/Uqbrk71dHS8

33. Bonobos: https://www.emma.de/artikel/matriarchat-they-make-love-not-war-263982

34. Biologiebuch 1942: zit. nach Harari, „Eine kurze Geschichte der Menschheit", S. 286

35. Männlichkeit und Weiblichkeit, menschliche Phantasie: Harari, „Eine kurze Geschichte der Menschheit", S. 186

36. Zitat „Die Gesellschaften stellten Hierarchien auf …": Harari, a.a.O., S. 168

37. Warum durften Frauen nicht studieren? https://www.bpb.de/themen/gender-diversitaet/frauenbewegung/35252/wie-alles-begann-frauen-um-1800/

38. Zitat Dr. Mechthilde Vahsen/Bundeszentrale für politische Bildung: https://www.bpb.de/themen/gender-diversitaet/frauenbewegung/35252/wie-alles-begann-frauen-um-1800/

39. Sofja Kovalevskaja: https://www.mpg.de/frauen-in-der-forschung/sofja-kovalevskaja Kindheit: https://de.wikipedia.org/wiki/Sofja_Wassiljewna_Kowalewskaja

40. Ada Lovelace: https://www.mpg.de/frauen-in-der-forschung/ada-lovelace

41. Bedeutende Wissenschaftlerinnen: https://www.geo.de/wissen/21043-rtkl-weltfrauentag-zehn-wissenschaftlerinnen-die-sie-neben-marie-curie-kennen-sollten

42. Julia Rehkopf: https://www.daserste.de/information/reportage-dokumentation/rabiat/sendung/frauen-unter-druck-folge-3-100.html

43. Baerbock Außenministerin https://www.n-tv.de/politik/politik_person_der_woche/Baerbock-Top-Scholz-waechst-Lambrecht-Spiegel-und-Faeser-Flop-article23196176.html?utm_source=pocket-newtab-global-de-DE

44. Gesetz Florida: https://www.tagesschau.de/ausland/amerika/florida-sexuelle-orientierung-101.html

45. Hatha Yoga: https://www.way-yoga.de/institut/way-yoga-wiki/136-die-zeit-des-hathayoga.html

46. John Wheeler: https://futurism.com/john-wheelers-participatory-universe

47. Bruce Lipton, langes Zitat zu DNA: „Intelligente Zellen", S. 17

48. Marathon https://www.runtastic.com/blog/de/die-7-phasen-des-marathons/

49. Weißkittelhypertonie: https://www.blutdruckdaten.de/lexikon/weisskittelhypertonie.html

50. Psychosomatische Erkrankungen: https://www.planet-wissen.de/gesellschaft/medizin/psychosomatik/pwiepsychosomatischeerkrankungen100.html

51. Placebo: https://www.quarks.de/gesellschaft/wissenschaft/so-funktioniert-der-placebo-effekt

52. Zitat Loewit: Günther Loewit, „Sehnsucht Unsterblichkeit: Wie die Medizin zur neuen Religion der Menschen wird", Wien, Goldegg, 2020, S. 163 f.

53. Nocebo-Studie und Prof. Schröder zit. nach: Ruediger Dahlke, „Corona als Weckruf: Warum wir doch noch zu retten sind", München, Gräfe und Unzer, 2021, S. 36 f.

54. Ellen J. Langer, „Counterclockwise: Mindful Health and the Power of Possibility", Ballantine Books, 2009

55. Entdeckung der Epigenetik: https://www.mta-dialog.de/artikel/die-entwicklung-der-epigenetik

56. Mäuse und Diabetes: https://www.gesundheitsforschung-bmbf.de/de/epigenetik-essgewohnheiten-schlagen-sich-im-erbgut-nieder-3319.php und https://www.mpg.de/9903440/uebergewicht-epigenetik und https://www.diabetesinformationsdienst-muenchen.de/index.php?id=17133

57. Epigenetische Medikamente: https://www.newsletter-epigenetik.de/epigenetische-medikamente-im-kampf-gegen-krebs/

58. Epigenom-Projekt: https://www.dkfz.de/de/presse/pressemitteilungen/2012/dkfz-pm-12-42a-Deutschland-startet-das-BMBF-gefoerderte-Epigenom-Programm-DEEP.php http://www.deutsches-epigenom-programm.de/de/news/details/article/neue-erfolge-bei-der-entschluesselung-des-epigenoms/

59. Max-Planck Institut für Psychiatrie: https://www.spektrum.de/podcast/detektor-fm-epigenetik-wie-stress-unsere-gene-veraendert/1991785#Echobox=1648194361?utm_source=pocket-newtab-global-de-DE

60. Holocaust-Überlebende: ebenda

61. Bruce-Lipton-Newsletter: https://www.brucelipton.com/think-beyond-your-genes-march-2021/

62. Geschichte von Lester Levenson: „Hale Dwoskin: The Sedona Method", Minnetonka, Sedona Press, 2003 u. ö., S. 7 f.

63. Osho, Verstand ist krank: „Das Buch der Geheimnisse", S. 298 ff.

64. Michael Prang: „Die 77 größten Fitness-Irrtümer.", München, C.H.Beck, 2. Aufl., 2014

65. Internes Papier aus dem Bundesinnenministerium: https://www.focus.de/politik/deutschland/aus-dem-innenministerium-wie-sag-ichs-den-leuten-internes-papier-empfiehlt-den-deutschen-angst-zu-machen_id_11851227.html

66. Gerd Gigerenzer: „Risiko. Wie man die richtigen Entscheidungen trifft", München, Pantheon, 2020, S. 16 ff.

67. Klemens Wittig: https://rp-online.de/sport/leichtathletik/80-jahre-und-kein-bisschen-langsam_aid-20675221

68. SPD Parteitag „Schmidt und die Pflicht der Deutschen für Europa": https://www.zeit.de/politik/deutschland/2011-12/helmut-schmidt-spd-parteitag-rede Rede von Helmut Schmidt: https://www.youtube.com/watch?v=3clNsHRoUBI „Gerede

über Krise des Euro ist leichtfertiges Geschwätz": https://www.sueddeutsche.de/politik/helmut-schmidt-beim-spd-parteitag-gerede-ueber-krise-des-euro-ist-leichtfertiges-geschwaetz-1.1225748

69. Menschenleere Fabrikhallen 2064: https://www.produktion.de/technik/id-2064-ist-die-fabrik-menschenleer-118.html

70. Oxford-Studie:     https://www.businessinsider.de/wirtschaft/oxford-studie-in-25-jahren-werden-47-prozent-der-jobs-verschwunden-sein-und-auch-eurer-ist-nicht-sicher-2017-1/

71. Kritik an der Oxford-Studie: https://www.boeckler.de/de/boeckler-impuls-digitalisierung-kein-grund-fuer-horrorszenarien-9820.htm

72. Bitkom-Studie/Massenarbeitslosigkeit: https://industrie.de/arbeitswelt/angst-digitalisierung-digitaltag-bitkom/

73. BMWK-Studie:  https://www.bmwk.de/Redaktion/DE/Publikationen/Technologie/trendbarometer-digitalwirtschaft-2021.pdf?__blob=publicationFile&v=4

74. Beschäftigte in der Produktion: https://de.statista.com/statistik/daten/studie/2190/umfrage/anzahl-der-erwerbstaetigen-im-produzierenden-gewerbe/

75. Landwirtschaft:  https://de.statista.com/statistik/daten/studie/658759/umfrage/wirtschaftskennzahlen-der-landwirtschaft-in-deutschland/

76. UNDP/Human Centered Digital Transformation/Beispiel/Case Study: https://www.undp.org/library/dfs-how-design-human-centered-digital-transformation-initiative-emerging-case-study-ukraine

77. Hawking/Musk: https://www.bbswkh.de/medienkonzept

78. Musk Fehlereingeständnis: https://www.golem.de/news/elon-musk-zu-hohe-automatisierung-bei-tesla-ist-ein-fehler-gewesen-1804-133839.html

79. Precht-Zitat: Richard David Precht, „Künstliche Intelligenz und der Sinn des Lebens", 2. Aufl., Goldmann, München, 2021, S. 26

80. Savants/Zimmerschied: https://www.cicero.de/kultur/iq-tests-intelligenz-der-mythos-hochbegabung/60823

81. Intelligenz nach Jens Asendorpf: https://www.sueddeutsche.de/kultur/sarrazin-intelligenz-definieren-gehirn-und-

erbse-1.994940 Intelligenz nach Edwin Boring: https://www.sueddeutsche.de/wissen/inelligenz-was-taugen-iq-tests-1.952376

82. Osho: „Das Buch der Männer. Die Krise als Chance nutzen." S. 21

83. T.S. Eliot, Choruses from „The Rock", „Collected Poems", 1909–1962

84. KI-Fakten: Philip Specht, „Die 50 wichtigsten Themen der Digitalisierung. Künstliche Intelligenz, Blockchain, Robotik, Virtual Reality und vieles mehr verständlich erklärt." 5. Aufl., Redline, München, 2021, S. 221/222

85. Richard Florida, „The Rise of the Creative Class", Updated Edition, Basic Books, 2019. Zitat aus Klappentext siehe hier: https://www.basicbooks.com/titles/richard-florida/the-rise-of-the-creative-class/9781541617742/

86. Peter Kruse: Kultur als Voraussetzung für Kreativität: https://www.youtube.com/watch?v=oyo_oGUEH-I

87. Elsa Bernadotte: https://www.xing.com/news/articles/grunderin-elsa-bernadotte-fur-quereinsteiger-in-der-tech-branche-ist-es-nie-zu-spat-4679608?cce=em5e0cbb4d.%3AVQXf2Vtfsn_6YAHH5H-TAr

88. MoonSwatch-Hype und Folgen: https://www.derwesten.de/panorama/vermischtes/swatch-omega-moonswatch-online-verkaufsstart-polizei-schlange-shop-stores-geschaefte-id234921285.html

89. Einschätzung der Swatch-Group: https://toggenburg24.ch/articles/121216-weltweiter-ansturm-auf-neue-swatch-uhr

90. Geschichte der Omega Speedmaster: https://www.chrono24.de/magazine/die-geschichte-einer-legende-die-omega-speedmaster-p_33961/

91. Umsätze Swatch Group: https://de.statista.com/statistik/daten/studie/28503/umfrage/swatch-group-umsatz/#:~:text=Umsatz%20der%20Swatch%20Group%20weltweit%20bis%202021&text=Der%20Nettoumsatz%20der%20Swatch%20Group,h%C3%B6her%20als%20im%20vorangegangenen%20Gesch%C3%A4ftsjahr

92. Studien Auto und Model sowie Kreditkarten-Logos: Robert C. Cialdini, „Die Psychologie des Überzeugens" (dt. Ausgabe von „Influence"), 7. Aufl., Bern, Hans Huber, 2013, S. 257 f.

93. Zitat Matthias Fickinger: https://www.wuv.de/Archiv/Leo-Burnett-und-Ferrero-Frischer-Wind-für-Rocher

94. Nancy Jo Sales: „The Suspects Wore Louboutins", Vanity Fair, März 2010 https://archive.vanityfair.com/article/share/e9cc0cc3-dbf1-4fab-8367-5fc7c05608e6

95. Boris Becker: https://www.stern.de/gesellschaft/boris-becker-hat-immer-geglaubt%2D%2Der-koenne-die-regeln-selber-machen-31816014.html?utm_source=pocket-newtab-global-de-DE

96. Jessica Haller: https://www.gmx.net/magazine/unterhaltung/stars/krebsgefahr-jessica-haller-laesst-brust-implantate-austauschen-36711904

97. Nektarios Sinis: https://www.sinis-aesthetics.de/problematik-brust-und-imtimchirurgie-bei-teenagern/

98. Harari: a. a. O., S. 423 ff.

99. Pamela Reif: https://likeometer.co/deutschland/influencer/alle/ und https://www.capital.de/wirtschaft-politik/werbung-instagram-pamela-reif-und-das-influencer-geschaeft-9206

100. Kontrasteffekt: Siehe z. B. Rolf Dobelli, „Die Kunst des klaren Denkens", München, Hanser, 2011, S. 41 ff.

101. Umsatzrendite Swatch Group: https://de.marketscreener.com/kurs/aktie/THE-SWATCH-GROUP-AG-60857058/fundamentals/

102. Bruno Frey: https://www.faz.net/aktuell/wirtschaft/wirtschaftswissen/gluecksforschung-ein-ferrari-macht-nicht-lange-gluecklich-1742418.html

103. Earth Overshoot Day: https://de.wikipedia.org/wiki/Erd-überlastungstag

104. Sealand: https://www.sueddeutsche.de/wirtschaft/mini-putsch-staat-auf-see-1.2961751-0#seite-2

105. Sealand-Fall/-Urteil: https://www.jura.fu-berlin.de/fachbereich/einrichtungen/oeffentliches-recht/lehrende/heintzenm/veranstaltungen/archiv/0102ws/v_bezuege_des_GG_heinzen/Einf__hrung__Die_V__lkerrechtsordnung.pdf#page=5

106. Fleischgewordene Götter: https://www.planet-wissen.de/geschichte/antike/pharaonen/index.html

107. Margaret Thatcher: https://www.theguardian.com/politics/2013/apr/08/margaret-thatcher-quotes

108. Karl Marx: Wikpedia https://de.wikipedia.org/wiki/Gesellschaft_(Soziologie)

109. Van Reybrouk: Film „Tomorrow" („Demain") von Mélanie Laurent und Cyril Dion (F 2015) und https://de.wikipedia.org/wiki/David_Van_Reybrouck

110. Princeton-Studie: Film „Tomorrow"

111. Situation in Deutschland: https://www.deutschlandfunkkultur.de/die-zukunft-der-demokratie-mehr-teilhabe-von-unten-wagen-100.html

112. Friedrich-Ebert-Studie: Küpper, Beate „Das Denken der Nichtwählerinnen und Nichtwähler. Einstellungsmuster und politische Präferenzen", Friedrich-Ebert-Stiftung, Berlin, 2017

113. Ece Temelkuran: https://hoffmann-und-campe.de/products/56813-wenn-dein-land-nicht-mehr-dein-land-ist-oder-sieben-schritte-in-die-diktatur

114. China: https://www.ardmediathek.de/video/reportage-und-dokumentation/china-ueberwachungsstaat-oder-zukunftslabor-xl-vorschau/das-erste/Y3JpZDovL2Rhc2Vyc3RlLmRlL2JlY9ydGFnZSBfIGRva3VtZW50YXRpb24vZGVuLzI5ZThkMTMzLTEzNzkkt-NDdmOS1iYjE0LTEyYTAyZGE4NmNiOQ

115. Texas: Film „Tomorrow"

116. Island: Film „Tomorrow" und https://de.wikipedia.org/wiki/Islands_Finanzkrise_2008–2011

117. Magdeburg: https://www.deutschlandfunkkultur.de/die-zukunft-der-demokratie-mehr-teilhabe-von-unten-wagen-100.html

118. Leipzig: https://www.deutschlandfunkkultur.de/die-zukunft-der-demokratie-mehr-teilhabe-von-unten-wagen-100.html

119. Singapur: https://www.tagesschau.de/wirtschaft/weltwirtschaft/immobilienmarkt-singapur-101.html

120. Gelungene Kommunikation von Habeck und Baerbock: https://www.rnd.de/politik/lindner-habeck-scholz-

kommunikations-experte-erklaert-geheimnisse-der-politiker-sprache-MXL6NPNARFBNVNCEJMAGK MRWCA.html und https://www.dw.com/de/das-gr%C3%BCne-powerpaar-habeck-und-baerbock/a-61822848 und https://www.focus.de/politik/deutschland/insa-umfrage-politiker-ranking-so-schneiden-der-kanzler-und-seine-minister-ab_id_107944947.html

121. Bewusstsein allgemein: https://de.wikipedia.org/wiki/Bewusstsein

122. Schafe: https://www.peta.de/themen/schafe/

123. Bewusstheit/Yoga: https://wiki.yoga-vidya.de/Bewusstheit

124. Goethe-Zitat: Zahme Xenien VIII, 1827

125. Viveka Chudamani – Lebe aus der Bewusstheit: https://wiki.yoga-vidya.de/Bewusstheit

126. Gemeinschaft für Selbstverwirklichung: https://srf-nbg.de/

127. Vigyana Bhairava Tantra (deutsche Transkription): https://en.wikipedia.org/wiki/Vijñāna_Bhairava_Tantra

128. Osho, „Das Buch der Geheimnisse: 112 Meditations-Techniken zur Entdeckung der inneren Wahrheit", München, Arkana, 2009

129. Lücke zwischen Atemzügen: Osho, a.a.O., S. 46 ff.

130. Selbst-Erinnerung: Osho, a.a.O., S. 567 ff.

131. Vergangenheit mit Abstand (mit Zitat): Osho, a.a.O., S. 236 ff.

132. Yogananda-Zitat: Film „Awake: The Life of Yogananda", Regie: Paola di Florio, Lisa Leeman (USA, 2014)

133. Hermann Hesse, „Narziß und Goldmund", S. 68

134. Fünf größte Umweltprobleme https://www.dw.com/de/so-bekommen-wir-die-5-gr%C3%B6%C3%9Ften-umweltprobleme-in-den-griff/a-36073501

135. Industrieproduktion, Verschuldung, Ernährungsweise: Film „Tormorrow"

136. Osho: „Das Buch der Geheimnisse", S. 157 ff

# Stichwortverzeichnis

Printed in the United States
by Baker & Taylor Publisher Services

Printed in the United States
by Baker & Taylor Publisher Services